大数据背景下
高校英语教学转型新模式

梁 彬 赵 欣 祝长兴 ◎ 著

吉林出版集团股份有限公司

图书在版编目（CIP）数据

大数据背景下高校英语教学转型新模式 / 梁彬，赵欣，祝长兴著． — 长春：吉林出版集团股份有限公司，2023.4

ISBN 978-7-5731-3063-1

Ⅰ．①大… Ⅱ．①梁… ②赵… ③祝… Ⅲ．①英语－教学模式－教学研究－高等学校 Ⅳ．① H319.3

中国国家版本馆CIP数据核字（2023）第041956号

大数据背景下高校英语教学转型新模式
DASHUJU BEIJINGXIA GAOXIAO YINGYU JIAOXUE ZHUANXING XINMOSHI

著　　者	梁　彬　赵　欣　祝长兴
责任编辑	王　平
封面设计	林　吉
开　　本	787mm×1092mm　　1/16
字　　数	242 千
印　　张	11.5
版　　次	2023 年 4 月第 1 版
印　　次	2024 年 1 月第 1 次印刷
出版发行	吉林出版集团股份有限公司
电　　话	总编办：010-63109269
	发行部：010-63109269
印　　刷	廊坊市广阳区九洲印刷厂

ISBN 978-7-5731-3063-1　　　　　　　　　　　定价：78.00 元

版权所有　侵权必究

前　言

　　大数据改变了人们的方方面面，当然也会对教育界产生影响，由此引发了一场教育革命，这场革命的实质就在于依靠网络，对学习者的知识获取方式加以改变，提升学习者的自主意识与能力。从本质上而言，大学英语教学是为了向社会输送更多的英语人才，同时满足英语学习者自身价值的需要。在当前背景下，大学英语教学从大数据的特点出发，对固有的教学模式加以改变，以促进教学的革新，不仅是教育界讨论的话题，也是提升我国英语人才素质的题中之义。新型英语人才的培养并不是一蹴而就的，需要教学者具有创新思维和勇于挑战的决心。

　　高校英语教学与信息化是互进互促的关系。一方面，推进教育信息化需要有课程来支撑。在高校人才培训方案中，英语课程的定位有公共必修课、公共选修课、专业基础课等，从教者和学习者众多。这些课程实施或推进信息化教学，覆盖面大，影响广。另一方面，高校英语教学肩负用人企业、教育主管部门、学校、家长、学生等多重期望，因此增强教学效能、提升育人价值是其长期以来追求的目标。高校英语教学通过信息化，有望实施"课程革命"，建成建全数字化、移动化、互动性强的教学资源，全面提升师生信息素养，教法学法在融合应用中创新发展。

　　由于笔者水平有限，书中难免存在疏漏和不妥之处，恳请广大读者、同行和专家批评指正。

梁　彬　赵　欣　祝长兴
2022.11

目 录

第一章 大数据时代的到来 1
第一节 大数据时代背景分析 1
第二节 大数据的内涵解析 3
第三节 大数据的核心价值 4

第二章 大学英语教学的基本理论 6
第一节 大学英语教学的内涵解析 6
第二节 大学英语教学的理论依据 8
第三节 大学英语教学的基本原则 24

第三章 大数据驱动下的大学英语教学 28
第一节 大学英语教学的信息化诉求 28
第二节 大数据给大学英语教学带来的巨大变革 36
第三节 大数据驱动下大学英语教学的优势 41
第四节 大数据驱动下大学英语教学的属性 42

第四章 大数据时代英语教师专业发展理念 44
第一节 大学英语教师在教师专业发展中的作为 44
第二节 英语教学改革与英语教师专业发展 46
第三节 人文教育与英语教师专业发展 48
第四节 大数据时代英语教师专业发展模式 51

第五章 大数据教学软硬件建设与开发 57
第一节 智慧教室 57
第二节 信息化条件下的教学资源建设 60
第三节 高职英语信息化软硬件建设的生态融合 71

第六章 大数据驱动下大学英语教学模式的转型 74
第一节 多模态交互教学 74
第二节 慕课与微课教学 78
第三节 翻转课堂教学 82

第四节　线上线下混合式教学 …………………………………………… 87
第七章　大数据时代的英语自主学习实践研究 …………………………………… 96
　　第一节　自主学习研究的历史背景及基本历程 ………………………… 96
　　第二节　大数据时代的自主学习 ………………………………………… 110
　　第三节　英语自主学习实践研究 ………………………………………… 122
第八章　大数据背景下的高校英语听说教学 ……………………………………… 130
　　第一节　英语听说与听说教学 …………………………………………… 130
　　第二节　高校英语听说教学中存在的不足及分析 ……………………… 133
　　第三节　大数据背景下高校英语听说策略探讨 ………………………… 139
第九章　大数据背景下的英文写作教学 …………………………………………… 143
　　第一节　主要写作教学法 ………………………………………………… 143
　　第二节　信息化与英文写作教学 ………………………………………… 155
第十章　大数据驱动下大学英语教学评价的多元化改革 ………………………… 166
　　第一节　大学英语教学评价概述 ………………………………………… 166
　　第二节　大数据驱动下大学英语教学评价的基本原则 ………………… 170
　　第三节　大数据驱动下大学英语教学评价体系的构建 ………………… 172
参考文献 ……………………………………………………………………………… 176

第一章　大数据时代的到来

当今社会已经迈入了大数据时代，大数据在深刻地改变着人们的生活、工作与学习。无论是在科学研究上，还是在商业活动中，无论是政府还是个人，都可以看到大数据的影子。显然，大数据已经渗透到人们工作与生活的方方面面。大数据给这个时代带来的改变是不言而喻的，它不仅改变了人们的生产生活方式，也改变了人们的思维与决策方式。可见，大数据不仅是一门技术，更属于一种社会现象。本章作为开篇，就来探讨一下大数据时代的到来。

第一节　大数据时代背景分析

一、数据无处不在

互联网的迅猛发展，要求机器设备采集信息应该具有及时性，加上移动互联网的应用，导致产生大量的文本、数据、音频、视频等，这对存储技术提出了更高的要求。同时，位置信息、关系信息等使数据的种类更加丰富，因此对数据进行挖掘显得非常重要，也得到了人们的重视。当然，如何对这些数据进行挖掘和存储成为一个关键问题，这时大数据的理念与方法正在悄然诞生。

根据中国互联网络信息中心发布的报告，当前我国的网民数量已经稳居世界首位，每天产生的数据量也在世界名列前茅。很多人早晨起床后的第一件事就是刷手机。现如今，手机已经成为人的身体的一个重要"器官"，而看手机实际上就是看信息，看信息其实就是在看数据。也就是说，现如今人们已经离不开数据。

随着互联网技术的迅猛发展，物联网、云计算、社交网络以及智能终端等应运而生，这些都是数据采集方式的手段。此外，为了避免数据出现遗失，也出现了很多存储设备，这样就使数据保存更为快捷与安全，也让数据变得更为强大。

数据的快速增长吸引了更多的数据管理与分析服务。政府、互联网、电子商务、医疗、金融等行业开始采用多种新兴信息技术来收集各类数据，便于从中挖掘出价值与知识。数据规模与类型越来越大，这已经成为当今社会的显著特征。对于组织而言，数据采集已经不是障碍，关键在于如何对其进行完善，挖掘出更有效的信息，让信息变得更容易理解并且便于采取行动。

二、数据成为战略资源

《华尔街日报》指出了引领未来繁荣的三种技术：智能化生产技术、大数据技术以及无线网络技术。麦肯锡公司指出数据属于一种生产资料，是下一个竞争与创新的前沿。世界经济论坛的报告指出大数据是一种新的财富手段，价值甚至要超过石油。

结合上述这些论调，我们应该知道这一时代需要更好地认识与掌握大数据，并对大数据进行合理的开发与利用。大数据的价值主要体现在其具体的应用上，人们对大数据的关心实际上也是对应用的关心，关心如何从业务与应用出发，挖掘大数据的价值，从而使大数据为人们的生产生活服务。

在大数据时代，谁能够挖掘与掌握数据的价值，谁就能够在竞争中获胜，无论这是对商业组织而言，还是对于国家文明而言。下面从以下几个层面来看大数据的战略价值。

（一）从国家战略看大数据

当前，大数据已经成为对国家竞争优势进行重塑的新机遇。在信息化迅猛发展的今天，大数据已经成为国家的重要战略资源，其价值几乎与今天的自然资源、人力资源等同，大数据在信息公开、国家安全、设施布局、隐私保护等层面的作用非常大。大数据及其应用已经成为各行各业制胜的关键。

对大数据的恰当应用，实现数据规模、质量的提升，发掘其潜在的价值，有助于更好地发挥大数据的战略作用，提升网络空间数据的保护能力，维护国家安全，进而提升国家的竞争力。

（二）从企业发展看大数据

大数据是随着网络发展而不断产生的，其应用领域非常广泛。大数据在精准广告、搜索引擎、商贸零售等层面都得到了广泛的应用，其对数据的挖掘与应用是得到人们认可的。同时，在互联网金融、医疗等领域，大数据得到了人们的关注。不仅如此，大数据也对传统行业产生了巨大的冲击。

如果企业能够运用大数据，那么就能够抢占先机；如果能够将数据作为核心资产，那么就能够提升自身的竞争力与国际地位。在大数据时代，将会有更多的企业有数据的需求，这些需求能够促进企业进行良好的转型。百度、腾讯等公司就为这些企业提供了相关服务，有些企业在经营中并不盈利，但是它们通过这些服务，可以获取广大用户的数据，从而开发这些用户资源，进而获得利润与价值。电信运营商是典型的数据资产运营者，他们有着丰厚的用户数据、视频数据、流量数据等，这些数据给予了他们极大的优势，目前，主要的电信运营商都在努力开发数据资源。显然，在大数据时代，可以毫不夸张地说，得数据者得天下。

从大数据的案例到实际运用，从数据收集到挖掘，这本身是一个非常复杂的过程。大数据的数据量并不是一个最为重要的问题，最为重要的问题是数据质量问题，即要保证数据的实效性。

（三）从公众视角看大数据

在当今时代，公众不仅是数据的消费者，也是数据的生产者与加工者，他们在对数据进行生产、加工等的过程中，能够提升自身对世界的认知，并对他人的决策判断产生影响，进而影响其消费需求。因此，在大环境下，培养自身的数据基因与思想，并对这些数据基因与思想进行分析，对复杂的现象进行判断，成为当代人必备的生存技能与个人修养。

第二节 大数据的内涵解析

一、大数据的内涵

大数据的英文表达是 Big Data，意思是"海量数据"。数据的规模大到了已经无法用当前的技术和工具来处理，那就必须突破瓶颈，以此产生数据革命。对数据的处理包括很多方面，有收集、整理、分类、存储、分析、预测和输送等。

数据如同人体的血液，大数据则是整个人体系统与血液有关的部分。最早涉及这个概念的是天文学和基因学领域，因为这两个学科非常依赖数据的分析方法，尤其对"海量数据"的分析。它也是电脑和互联网结合的产物，因为电脑实现了数据的"数字化"，让它们像数字一样容易储存，互联网则实现了数据的"网络化"，让它们通过网络可以自由快速地传输。

之后，大数据才真正获得了无穷的生命力。互联网的技术不断发展，渗透到我们的工作和生活中，加上移动网络、物联网与其他各种联网设备的出现与普及，一个必然产生的现象就是数据的迅速增长。有90%的数据是互联网出现以后才产生的，它以指数级的速度在我们的生活中不断增加，从海量至于无穷大，世界正被数据淹没。

我们需要更加关注的是数据从量变开始质变，其体现在多方面，触发蝴蝶效应，会推动其他领域的变化。

二、大数据需要考虑的问题

从企业与个人信息安全的角度来说，大数据需要考虑五个层面的问题。

（一）网络安全

随着在线交易、在线对话、在线互动的兴起，在线数据越来越多，黑客们的犯罪动机也比以往任何时候都来得强烈。如今除了个人黑客之外，还出现了国家黑客，其组织性更强，更专业，作案工具更强大，作案手段更是层出不穷。相比于以往一次性数据泄露或者黑客攻击事件的小打小闹，现在数据一旦泄露，对于整个企业、个人和国家而言，无异于重大打击，一着不慎就会满盘皆输，不仅会导致声誉受损、造成巨大的经济损失，而且严重的要承担法律责任（如金融机构的安全漏洞）。所以，在大数据时代，网络的恢复能力以及防范策略可以说是至关重要的。

（二）云数据

云技术是新时代的技术产物，现在人们快速采用和实施。诸如云服务时仍然存在大量的压力，这是因为我们对其可能带来的风险和后果仍然没有办法预料和控制。尤为重要的是，云数据是黑客的目标，其极具吸引力并能获取高价值信息。因此，这就对企业制定与云计算相关的安全策略提出了极高的要求。

（三）移动化

这个时代在变得"移动化"，人们对数据的需求增加，而数据的收集、存储、访问、传输等工作都需要借助移动设备，所以大数据时代的来临也带动了移动设备的猛增。比如，越来越多的员工用自己的移动设备办公，他们上班时拿着移动设备来到公司，下班后又拷贝了数据离开。我们不能否认，这很便利，有利于工作，也帮助企业节省了很大一笔开支，但也给企业带来了更大的安全隐患。要知道，移动设备是黑客入侵内网的绝佳跳板。移动化给企业的管理和安全保护带来了难度。

（四）微妙而紧密的供应链

在今天这个全球化时代，每个企业都是复杂并互相依存的，都是全球供应链的一部分，但供应链本身恰恰是最薄弱的环节。信息将供应链紧密地联系在一起，从简单的数据到商业机密再到知识产权，而某一环节信息的泄露就可能导致整个供应链上的企业遭受巨大损失，甚至会违反法律，受到司法制裁。对于全球化来说，信息安全是如此重要，它在整个供应链上扮演着血液的角色，如果血液中有了病毒，那么后果不堪设想。

（五）隐私安全

随着产生、存储、分析的数据量越来越大，隐私问题在未来的几年也将愈加凸显，所以新的数据保护要求以及立法机构和监管部门的完善应当提上日程。

第三节　大数据的核心价值

一、促进了思维数据化

从目前来看，当大数据时代到来时，任何一家公司的竞争力都可以划分为三种类型。第一种是大数据本身，第二种是与大数据相关的技术，第三种是大数据思维。这三种竞争力不可替代，亦缺一不可，但其中最为关键的部分，就是将数据与思维结合起来。数据可以被复制，技术也可以被超越，只有思维难以被窃取。拥有领先思维的大数据玩家,最有资格发动一场胜算极大的战争,或者占据最大份额的市场,形成自己坚不可摧的竞争力。可以发现,具备大数据思维优势的公司往往是那些新兴的创业型公司,它们在一个全新的领域内崛起,而且它们的创始人大多具备大数据思维能力和大数据技术,能够及早发现某特定商业领域中大数据的应用价值,并且做到第一时间把自己的思维付诸实施。在别人进入该领域之前,这些公司就已完成了垄断。

大数据时代的到来,不仅是技术的更新,而且标志着我们处理信息方式的变化,我们思考问题模式的升级,我们思维深度的掘进,是我们智能的进化。随着时间的推移,大数据将会彻底改变人们思考这个世界的方式。

之前已经有预言,大数据的到来将引发一场新的"智慧革命"。人们可以从海量、复杂、实时的大数据中发现知识,提升智能,为社会创造更大的价值。所以,尽管存在这样或那样的不足,但大数据时代一定是美好的时代,因为数据化正在可控的范围内让我们的生活更美好,让人们的工作更方便,让人们的未来更精彩,也让人类看到了改变世界整体结构的希望,让它逐步具备"智慧"特征,从而通过数据这一工具,实现人与自然的沟通,互相之间进行智慧与理性的交流。

那么,到那时候,人们的学习、工作、生活、娱乐以及交通、医疗、能源利用方式等都将随之改变。人们可以改变自己的头脑,从海量数据中获取所必需的工具和技能;可以提升自己的智慧,以大数据的思维重塑自己的人生战略,增强竞争力。

二、促进了生活变革

大数据时代给人们的生活带来的好处当然是显而易见的。现在,每个人都拿着一部手机,有的人甚至有好几部智能手机;人们面前亦摆着电脑,并且随时可以上网;面对爆炸式的信息,人们遨游在信息海洋中,可以轻松地获取数据,来改善生活,享受科技带来的乐趣。

数据爆炸引发了生活变革。这使人们的世界充斥着比以往更多的信息,同时信息的增长速度飞快,快得让人眼花缭乱,应接不暇。这种信息总量和速度的变化,最终导致了信息形态的变化,从量变引发了质变。

三、促进了社交变革

在社交领域内,人们能想到的第一个概念就是"关系"。关系并不局限于自己所认识的人,如朋友、亲戚、同事和客户。这些直接关系的"关系",也涉及人脉资源。

传统的社交理念是碎片式的,就是只跟直接关系有联络,然后再通过他们去认识他们的人脉资源,就像一片片的叶子,通过互相之间的支脉相连,建立一种间接联系。

大数据时代改变了这一传统社交理念,将碎片式的社交连接变成了网式关系库。所谓网式关系库,就是"点对点"的直接连接,人们在大数据工具的帮助下,直接与目标关系人建立联系。

第二章　大学英语教学的基本理论

在我国高等教育教学中，大学英语教学有着重要的地位，并且随着人们对大学英语教学越来越重视，对大学英语教学的要求也越来越高。当前的大学英语教学不仅在于传播英语知识，还承担着培养英语实用型人才的责任。本章就对大学英语教学理论展开研究。

第一节　大学英语教学的内涵解析

一、大学英语教学的界定

作为一项活动，教学贯穿于整个人类社会的生产与发展过程中。也就是说，教学在原始社会就产生了，只不过原始社会将教学与生活视作一回事，并不是将教学视作独立的个体存在。但是，随着社会的不断发展，教学逐渐独立出来，成为一个单独的形态，并对人们的生产生活产生了重要的影响。由于角度不同，人们对教学概念的理解也不同，因此笔者从常见的几个定义出发进行解释。

有人认为教学即教授。从汉字词源学上分析，"教"与"教学"有着不同的解释，但是在我国的教育活动中，人们习惯从教师的角度对教学的概念进行解释，即将教学理解为"教"，因此"教学论"其实就等同于"教论"。

有人认为教学即学生的学。有些学者从学生"学"的角度对教学进行界定，认为教学是学生基于教师的指导，对知识进行学习的过程，进而发展学生自身的技能，形成自身的品德。

有人认为教学即教师的教与学生的学。教师与学生将课程内容作为媒介，为了实现共同的目标，共同参与到教学活动中。也就是说，教学不仅包含教，还包含学，教与学是同一过程的两方面，彼此相辅相成、不可分割。教学的根本目的在于促进学生的进步和发展。因此，这一观点是对前面两个观点的超越。

有人认为教学即教师教学生学。对于这一观点，其主要强调的是教师指导学生"学习"，即教师"教学生学"，这一观点强调教师要教会学生学习，重视学生学习方法的传授等，让学生学会自主学习。

二、大学英语教学的属性

（一）有目的、有计划的系统性活动

说教学具有计划性、目的性，主要在于教师是为了让学生获得知识与技能，实现多层面的发展。在教学活动中，教师需要从教学任务与教学目的出发，将课程内容作为媒介，通过各种方法、手段等引导学生进行交往与交流，促进学生的全面发展。

大学英语教学的系统性主要体现在其制定者的工作中，如教育行政机构、教研部门和学校的教学管理者等的工作。大学英语教学的计划性指的是对英语基础知识的计划性教学，如大学英语语音、词汇、语法、写作、阅读等具体知识和技能的教授。

（二）教师教与学生学的统一活动

前面通过对教学的定义进行介绍可知，无论从哪个角度而言，人们都不能否认教学活动是"教"与"学"的过程，且二者是相互制约、相互依赖的关系。在课堂中，教师的教离不开学生的学，学生的学自然也离不开教师的教，因此二者是同一过程的两个层面。正如王策三在《教学论稿》中所说："所谓教学，乃是教师教、学生学的统一活动；在这一活动中，学生掌握自身需要的知识与技能，同时促进自己身心的发展。"[1]

需要明确的是，大学英语教学并不是教与学的简单相加，而是教师知道学生学习的过程，二者是相统一、相结合的过程。要想保证教与学的统一，不能片面地强调只有教或者只有学，也不能片面地简单相加，而应该从学生自身的学习规律与身心发展特点出发，进行教与学的活动。从这一点来说，教师教学能否成功的关键在于学生的学。

（三）教师与学生以课程内容作为媒介的活动

也就是说，在教师教与学生学之间，课程内容充当中介与纽带。师生围绕这一纽带开展教学活动。因此，大学英语课程内容是教学活动能否开展的必要条件。

（四）以建构意义作为本质的活动

大学英语教学活动的目的在于促进学生的全面发展，实际上这一目的的实现过程就是学生不断建构知识意义的过程，即学生对原有知识与经验进行重组，对新知识的意义加以建构的过程。在实际的学习中，学生只有将新旧知识的意义结合起来，才能真正地学好知识、掌握知识。

---

[1] 王策三.教学论稿[M].北京：人民教育出版社，2005.

第二节　大学英语教学的理论依据

一、语言本质理论

（一）语言结构与实际话语

美国描写主义语言学和结构主义语言学的代表人物，有博厄斯（F.Boas）及其学生萨丕尔（E.Sapir）。他们对美洲印第安人百来种土著语言的描写，开了描写语言学和结构语言学的先河。索绪尔的《普通语言学教程》①的出版，标志着结构主义语言学的诞生，并在20世纪30年代初至50年代末，成为世界上占统治地位的语言学流派。布龙菲尔德完全赞同索绪尔把语言区分为语言和言语两方面的观点，并根据这一观点，把语言区分成语言结构和实际话语两个因素。

（1）语言结构。语言结构的特征对社团全体说话者来说都是一样的，是语音、语法范畴和词汇等组成的一个严格系统。语言系统，是一个语音、词汇、语法习惯的稳定结构，是一个语言社团可能说出的话的总和。

（2）实际话语。实际话语（言语）的特征是语言系统未固定的方面，各方面各不相同，而且在系统的特征上都是因时因地和因具体情境无限变化的。实际上布龙菲尔德描述习惯的、稳定的和严格的语言结构系统与实际话语的区别特点，与索绪尔的语言与言语的内涵几乎完全一致。

（二）语言与言语行为

奥斯汀（Austin）的言语行为理论首次将语言研究从传统的句法研究层面分离开来。奥斯汀从语言实际情况出发，分析语言的真正意义。言语行为理论主要是为了回答语言是如何用之于"行"，而不是用之于"指"的问题，体现了"言则行"的语言观。奥斯汀首先对两类话语进行了区分：表述句（言有所述）和施为句（言有所为）。在此后的研究中，奥斯汀发现两种分类有些不成熟，还不够完善，并且缺乏可以区别两类话语的语言特征。于是，奥斯汀提出了"言语行为三分说"，即一个人在说话时，在很多情况下，会同时实施三种行为：以言指事行为、以言行事行为和以言成事行为。

1. 表述句和施为句

（1）表述句。以言指事，判断句子是真还是假，这是表述句的目的。通常，表述句是用于陈述、报道或者描述某个事件或者事物的。

换句话说，不论它们所表达的意思是真还是假，它们所表达的命题均存在。但是，在特定语境中，表述句可能被认为是"隐性施为句"。

（2）施为句。以言行事是施为句的目的。判断句子的真假并不是施为句表达的重

---

① 费尔迪南·德·索绪尔.普通语言学教程［M］，高名凯，译.北京：商务印书馆，1980.

点。施为句可以分为显性施为句和隐性施为句。其中，显性施为句指含有施为动词的语句，而隐性施为句则指不含有施为动词的语句。

总结来说，施为句主要有以下几个特点。

第一，主语是发话者。

第二，谓语用一般现在时第一人称单数。

第三，说话过程包含非言语行为的实施。

第四，句子为肯定句式。

隐性施为句的上述特征并不明显，但能通过添加显性特征内容进行验证。例如：

学院成立庆典现在正式开始！

通过添加显性施为动词，可以转换成显性施为句：

（我）（宣布）学院成立庆典现在正式开始！

通常，显性施为句与隐性施为句所实施的行为与效果是相同的。

2. 言语行为三分法

奥斯汀对于表述句与施为句区分的不严格以及其个人兴趣的扩展，很难坚持"施事话语"和"表述话语"之间的严格区分，于是提出了言语行为的三分说：以言指事行为、以言行事行为和以言成事行为。指"话语"这一行为本身即以言指事行为，指"话语"时实际实施的行为即以言行事行为，指"话语"所产生的后果或者取得的效果即以言成事行为。换句话说，发话者通过言语的表达，流露出真实的交际意图，一旦其真实意图被领会，就可能带来某种变化或者效果、影响等。

言语行为的特点是发话者通过说某句话或多句话，执行某个或多个行为，如陈述、道歉、命令、建议、提问和祝贺等行为。并且，这些行为的实现还可能给听者带来一些后果。因此，奥斯汀指出，发话者在说任何一句话的同时应完成三种行为：以言指事行为、以言行事行为和以言成事行为。例如：

我保证星期六带你去博物馆。

发话者发出"我保证星期六带你去博物馆"这一语音行为本身就是以言指事行为。以言指事本身并不构成言语交际，而是在实施以言指事行为的同时，包含以言行事行为，即许下了一个诺言"保证"，甚至是以言成事行为，因为听话者相信发话者会兑现诺言，促使话语交际活动的成功。

在奥斯汀之前的实证哲学家都认为，句子只能用于对某种情况、某种事实加以描述与陈述，因此认为其只适用于正确或错误的价值，但是言语行为理论明确指出话语在现实中有着行事的能力，其不仅强调发话者的主体作用，而且强调听话者的反应，因此其在英语教学中有着重要意义。

对于教师来说，言语行为理论的核心在于以言行事或以言成事，即强调语言需要在具体的实践中得以应用才更有意义，语言研究也应该侧重于具体的运用，而不仅仅是对词汇、语法等的研究。这一理论对于大学英语教学而言是非常重要的，也给予了教师一定的启示，即在大学英语教学中，可以融入言语行为理论，转变教师的角色，使他们从主导者转向参与者或组织者,让学生能够积极地参与到学习之中。同时,言语行为理论也要求教师在讲课中应该保证体裁与题材的广泛性,内容要与时代要求相符,并融入跨文化交际的知识与内容,这样才能让学生在语言知识与文化知识上得到全面的进步与发展。

对于学生来说,言语行为理论对于他们的二语学习非常重要,因为英语这门语言实践性很强,而大学英语教学主要是为了培养他们的能力,也是立足实践的,因此英语这门语言与他们的需求不谋而合。以言语行为理论作为指导,学生可以积极地参与到实践中,在实践中不断提升自身的语言能力与文化能力,调动自身学习语言的积极性与主动性。

(二)语言与会话分析

要想了解会话含义,首先需要弄清楚什么是含义。从狭义角度上说,有人认为含义就是"会话含义";从广义角度上说,含义是各种隐含意义的总称。含义分为规约含义与会话含义。格赖斯认为,规约含义是对话语含义与某一特定结构间关系进行的强调,其往往基于话语的推导特性产生。

会话含义主要包含一般会话含义与特殊会话含义两类。前者指发话者在对合作原则某项准则遵守的基础上,其话语中所隐含的某一意义。

特殊会话含义指在交际过程中,交际一方明显或者有意对合作原则中的某项原则进行违背,从而让对方自己推导出具体的含义。因此,这就要求对方有一定的语言基础。

提到会话含义,就必然会提到合作原则,其是会话含义的最好的解释。合作原则包括下面四条准则。

1. 量准则,指在交际中,发话者所提供的信息应该与交际所需相符,不多不少。
2. 质准则,指保证话语的真实性。
3. 关系准则,指发话者所提供的信息必须与交际内容相关。
4. 方式准则,指发话者所讲的话要清楚明白。

二、语言学习理论

(一)行为主义学习理论

行为主义学习理论源自著名生理学家巴甫洛夫(Pavlov)的"条件反射"这一概念。受巴甫洛夫的影响,很多学者开始研究行为主义学习理论,如著名的学者华生(Watson)与斯金纳。

美国著名心理学家华生创立了行为主义学习理论。20世纪初期,他提出了采用客观手段对那些可以直接观察到的行为进行研究与分析。在他看来,人与动物是一样的,任何复杂的行为都会受到外界因素的制约与影响,并往往需要通过学习才能获得某一行为,当然在这之中,一个共同的因素——刺激与反应是必然存在的。基于此,华生提出了著名的"刺激—反应"理论,这一著名的行为主义心理学公式可以表示如下。

S—R，即 Stimulus—Response

美国学者斯金纳在华生行为主义学习理论的基础上进行了深入的研究与探讨。在斯金纳看来，人们的言语及言语中的内容往往会受到某些刺激，这些刺激可能来自内部的刺激，也可能来自外部的刺激。通过重复不断的刺激，会使得语言效果更为强化，使得人们学会合理利用语言相对应的形式。在这之中，"重复"是不可忽视的。

行为主义学习理论在实际教育中的应用普遍可见。例如，在课堂教学中，对于认真听讲的学生，教师会不吝表扬，这部分学生受到激励后会保持认真听讲的态度与行为，而不认真听讲的学生为了受到表扬，也会转变学习态度，认真听讲。事实上，让上课不认真的学生变得认真是教师表扬上课认真听讲的学生的主要目的。

下面简要论述行为主义学习理论的基本观点。

1. 学习是刺激与反应的连接。

2. 学生的学习过程是尝试错误的渐进过程。错误在学习中难免会出现，对此要正确看待。

3. 表扬、批评等强化手段是影响学习的重要因素。

对于英语教学而言，行为主义学习理论有着重要的指导意义。具体而言，主要体现为以下几点。

1. 即时反应，即位于刺激后的反应，二者有着较长的间隔，反应会逐渐淡化。

2. 重视重复，即通过重复，能够加深学生对知识的记忆程度，从而使行为发生得更为持久。

3. 注意反馈，即教师应该让学生明确反应是正确的反应还是错误的反应，然后给出具体的反馈。

4. 逐步减少提示，即减少学生的学习条件，然后期待学生朝向理想的程度发展。

总之，行为主义学习理论促进了视听教学、程序教学及早期计算机辅助教学（Computer Aided Instruction，CAI）的发展。但是，行为主义学习理论也存在着一些缺点：它是对人类学习的内在心理机制的完全否定，将动物实验的结果直接生搬硬套地推到人类学习上，忽视了人类能够产生主观能动作用，其实是走向了环境决定论和机械主义的错误方向。

（二）认知主义学习理论

认知主义学习理论认为学习个体本身会对环境产生这样或那样的作用，大脑的活动过程能够向具体的信息加工过程转化。布鲁纳、苛勒、加涅和奥苏贝尔等是认知主义学习理论的主要代表人物。

人要在社会上生存，必然要与周围环境互相交换信息，作为认知主体的人也会与同类发生信息交换的关系。人是信息的寻求者、形成者和传递者，从一定意义上来讲，人的认识过程也就是信息加工的过程。

认知学习理论的基本观点为，在外界刺激和人内部心理过程的相互作用下才形成了人的认识，而不是说只通过外界刺激就能形成人的认识。根据这个理论观点，可以这样解释学习过程，即学生从自己的兴趣、需要出发，将所学知识与已有经验利用起来对外界刺激提供的信息进行主动加工的过程。

从认知学习理论的基本观点来看，教师不能简单地将知识灌输给学生，而要将学生的学习动机激发出来，对学生的学习兴趣进行培养，使学生能够将已有的认知结构和所要学的内容联系起来。学生的学习不再是被动消极的，而是主动选择与加工外界刺激提供的信息。

认知主义学习理论认为，影响学生学习的因素中，学生自身已有的认知结构具有非常重大的影响，在教学中应将教学内容结构直观地展示给学生，让学生对各单元教学内容之间的相互关系有深入的了解。

（三）建构主义学习理论

建构主义学习理论认为个体与外部环境的交互作用使知识得以产生，人们会从自己的已有经验出发来理解客观事物，每个人对知识都有自己的理解和判断。维果斯基、皮亚杰等是建构主义学习理论的主要代表人物。

建构主义学习理论认为，学生是在一定的情境下，通过自己的主观参与，同时在他人的帮助下，通过意义建构的方式获得知识，而不是通过教师传授得到知识的。

建构主义教学理论要求教师在学生主动建构意义、获取知识的过程中起到帮助和促进的作用，而不是给学生进行简单灌输和传授知识。因此，在教学过程中，教师首先要转变教育思想，改革教学模式。学生是在一定的学习环境下获取知识的，学生在获取知识的过程中需要主观努力，也需要他人帮助，同时离不开相互协作的活动。建构主义学习理论要求有利于学生获取知识的学习环境应具备情境创设、协作、会话、意义建构等基本属性或要素。下面具体分析以下四个基本要素。

学习环境中必须有对学生意义建构有利的情境。在建构主义学习环境下，教师要基于对教学目标的分析与对学生建构意义的情境创设问题的考虑而设计教学过程，并在教学设计中把握好情境创设这个关键环节。

在学生的整个学习过程中都离不开协作，如学生收集与分析学习资料、提出和验证假设、评价学习成果及最终建构意义等都需要不同形式的协作。

在协作过程中，会话这个环节是不可或缺的。学习小组要完成学习任务，必须先通过会话来商讨学习的策略。学习小组成员之间协作学习的过程也是相互不断会话的过程，在这个过程中，学生的学习资源包括智慧资源都是共享的。

学习过程的最终目标就是意义建构。建构的意义指的是事物的本质、原理以及事物与事物之间的内在联系。帮助学生在学习中建构意义，就是帮助学生深刻理解学习内容反映的事物的本质、原理及其与其他事物之间的内在联系。

（四）二语习得理论

除了对第一语言习得的关注，心理语言学对第二语言习得也非常重视。所谓第二语言习得，即人们的第二语言的形成与发展的过程，其与第二语言学习有所不同，各有侧重。

作为一门独立的学科，二语习得理论真正形成于20世纪70年代。该理论的主要代表人物是美国南加州大学语言学系的教授克拉申（S.Krashen），克拉申是在总结自己和他人经验的基础上提出这一理论的。

二语习得理论主要对二语习得的过程与本质进行研究，表述学生如何对第二语言进行获取与解释。对于这一理论的研究，学者克拉申做出了巨大贡献，并提出了五大假设。

1. 习得—学得假说

所谓习得，指学生不自觉、无意识地对语言进行学习的过程。所谓学得，即学生自觉、有意识地对语言进行学习的过程。

2. 自然顺序假说

克拉申提出的这一假说主要强调语言结构的习得需要一定的顺序，即根据特定的顺序来习得语法规则与结构。当然，这也在第二语言习得中适用。

在英语作为第二语言习得的过程中，人们对进行时的掌握是最早的，对过去时的掌握是比较晚的；对名词复数的掌握是比较早的，对名词所有格的掌握是比较晚的。

3. 监控假说

克拉申的监控假说区分了习得与学得的作用。前者主要用于输出语言，对自己的语感加以培养，在交际中能够有效运用语言；后者主要对语言进行监控，从而检测出是否运用了恰当的语言。

同时，克拉申认为学得的监控是有限的，受一些条件的影响和制约，具体归纳为以下三点。

（1）需要时间的充裕。

（2）需要关注语言形式，而不是语言意义。

（3）需要了解和把握语言规则。

在这些条件的制约下，克拉申将对学生的监控情况划分为三种。

（1）监控不足的学生。

（2）监控适中的学生。

（3）监控过度的学生。

4. 输入假说

克拉申的输入假设和斯温纳（Swain）的输出假设是从两个不同的侧面来讨论语言习得的观点，都有其合理成分，都对外语教学有一定的启示。输入假说的内容主要有以下几点。

（1）与习得有着紧密关系而非学得。

（2）掌握现有的语言规则是前提条件。

（3）i+1模式会自动融入理解中。

5. 情感过滤假说

"情感过滤"是一种内在的处理系统，它在潜意识上用心理学家称之为"情感"的因素阻止学习者对语言的吸收，它是阻止学习者完全消化其在学习中所获得的综合输入内容的一种心理障碍。

克拉申的情感过滤假说是指在第二语言习得中，将情感纳入进去。也就是说，自尊心、动机等情感因素会对第二语言习得产生重要影响。

克拉申把他的二语习得理论主要表述为两条：习得比学习更重要；为了习得第二语言，两个条件是必需的，即可理解的输入（i+1）和较低的情感过滤。

三、需求分析理论

需求分析理论对英语学习策略具有重要的指导意义。学习策略的选择只有以需求分析为基础，才能提高其有效性。因此，下面就对需求分析理论进行论述，主要内容涉及需求分析的内涵、对象、内容、过程及启示五个层面。

（一）需求分析理论概述

需求分析有广义与狭义之分。广义的需求分析是指学习者除了自身的学习需求外，还需要考虑单位、组织者、社会等其他方面的需求。狭义的需求分析则仅涉及学习者个人自身的学习需求。

学者陈冰冰认为，"需求分析是通过访谈、内省、观察、问卷等方式对学习者的学习需求进行的调研，这种方法已经广泛应用于教育、经贸、服务、制造等行业中"[①]。

在语言教育领域中，最早出现的需求分析是针对专门用途英语展开的。在专门用途英语的学习中，学习者的学习需求主要表现在为了达到某些目标所需要的语言知识、语言技能而展开学习。后来，随着高校英语教学的深入发展，"需求"的应用范围越来越广泛，涉及语言、教材、情感等方面的人的需求、愿望、动机等。

（二）需求分析的对象

需求分析的对象包括以下四方面：

（1）学习者。这主要包括学生以及其他有学习需求的学习者。

（2）观察者。这方面主要包括教师、教学管理人员、助教、语言项目的相关领导等。

（3）需求分析专家。这主要是指专业人员或者具有丰富经验的大纲设计教师等。

（4）资源组。这方面指的是能够提供学习者信息的人，如家长、监护者、经济赞助人等。

（三）需求分析的内容

一直以来，众多学者对需求分析展开了研究，不同学者对这方面的研究存在不同视角，自然所得出的成果也存在差异。同样，对于需求分析的内容，不同学者也提出

---

① 陈冰冰. 大学英语教学改革新探 基于独立学院需求分析的调查研究[M]. 上海：上海交通大学出版社，2010.

了不同的主张。

1. 哈钦森和沃特斯的观点

学者哈钦森和沃特斯（Hutchinson，Waters，1987）认为，需求分析包括目标需求、学习需求两方面。其中，目标需求指的是学习者在目标情景中所能掌握的可以顺利使用的知识、技能。另外，这两位学者又进一步将目标需求分为必备需求、所缺需求、所想需求。学习需求指的是学生为了掌握所需要掌握的知识内容所进行的一切准备活动。

2. 布朗的观点

学者布朗（Brown，2001）认为，学习需求在内容上可以分为以下三大类，他认为这种分类方式可以有效缩小需求分析的调查范围。

（1）形式需求与语言需求。

（2）语言内容的需求和学习过程的需求。

（3）主观需求和客观需求。

3. 伯顿和梅里尔的观点

伯顿（J.K.Burton）和梅里尔（Merrill）认为需求分析涉及以下六大层面。

（1）预期需求，即将来的需求。

（2）表达需求，即个体将感到的需求进行表达的需求。一般来说，这可以采用多种形式，可以是座谈，可以是面谈，还可以是观察等，便于对方提取信息，从而对表达需求予以确定。

（3）标准需求，即学习者个体与群体的现状与既定目标间存在的某些差距。

（4）感到的需求，即个体感受到的需求。

（5）相比需求，即通过对比找到个体与其他个体的差距，或者同类群体之间的差距。

（6）批判性实践的需求，即一般不会轻易发生，如果发生那么必然会导致某些严重的后果的一种需求。

4. 布林德利的观点

布林德利（Brindley，1989）认为需求主要包含以下两大层面。

（1）主观需求，即学习者学习语言的情感、对语言学习的认知层面的需求，包含对语言学习的态度、是否保有自信心等。

（2）客观需求，即学习者性别、年龄、背景、婚姻状况、当前的语言水平、当前从事的职业等各方面的信息。

（四）需求分析的过程

1. 制订计划

需求分析的第一步就是制订计划，这一步骤非常关键。首先，制订计划要对需求分析的时间加以确定，具体来说包含三个阶段：课前阶段、课初阶段、课中阶段。然后对需求分析的对象进行确定，其涉及教师、学生、文献等。最后对研究方法加以涉及，并确定采用何种技术进行数据的收集。当然，在其中应该确定需求分析由哪些人进行参与。

2. 收集数据

在进行需求分析的过程中，可以运用工具和程序，对数据与资料进行收集。一般来说，数据收集的方式可以是观察，也可以是案例分析，还可以是访谈或者调查，除此之外还可以是测试、观摩等。在实际操作中，我们可以具体问题具体分析，从不同的因素加以考量，这样才能保障调查结果更为准确、科学。

3. 分析数据

分析数据就是对数据展开排列和优化，从而形成结论。在分析过程中，应该采用合理的数据分析方法，并且与自身的研究目的一致。

分析方法存在差异，那么研究方法也存在差异，这时候可以从整体上对学生的需求进行满足，如在测试结果分析中，对及格人数的百分比进行分析，并研究单向技能通过率的平均值；在问卷结果分析中，对各个选项的人数与百分比进行计算。

4. 写分析报告

需求分析的最后一个环节就是写分析报告，在这一阶段，可以总结需求分析的对象、过程以及学习的目标，基于数据分析的结果，用简要的图表或者文字将结果表达出来，并提出合理的建议。

在需求分析时，一些问题需要注意，具体来说主要有以下几个问题：

（1）特定环境下如何定义需求。

（2）在现实问题中需求的实质。

（3）需求的程度及其严重性。

（4）需求的原因以及具体动机。

（5）需求的预报。

（6）需求问题的数据分析。

（7）需求的范畴、种类等，以及需求分析的复杂性。

（8）需求所包含的成分。

（9）需求重点考虑哪些问题。

（10）关注需求引起的后果。

（11）未关注需求引起的后果。

总之，需求分析的过程需要遵循有效性、可靠性、可用性的原则。需求分析的反馈结果可以为今后学生的学习和课程的设置提供一定的指导和理论依据。

（五）需求分析理论对英语教学的启示

需求分析理论对英语教学的启示主要体现在以下两方面：

1. 突出英语重难点

大学英语教学往往是在教学目标的指导下展开的，所以需要明确教学的重点与难点,如此才能有针对性地展开教学。可见,教学重难点是为整体教学目标提供服务的。

需求分析有助于确定教学中的重难点问题。通过实践,国内大学生对于听力学习、阅读学习及口语学习都存在困难,因此在对教学目标进行规划时,可以将其视作重难点。而目标的多样性决定了重难点也是多种多样的。

当我们把英语教学目标从认知向非认知扩展的时候,也需要重点和难点的相应扩展;当我们把教学重心从认知向非认知转移的时候,也需要重点和难点的转移。

2.提升教学设计的效果

通过需求分析,可以对教学设计的必要性与可能性进行充分的辩论,旨在使教师与学生集中精力,对教与学中的重难点问题加以解决,从而不断提升教与学的质量和效率。

具体来说,通过需求分析,教师可以对"差距"资料进行准确的把握,基于此来设计教学目标,同时需求分析可以作为教学目标、教学策略等设定的依据。

因此,需求分析对于大学英语教学而言是十分重要的,甚至决定着大学英语教学的成败,需要教育者加以关注。

四、信息化教学理论

既然涉及教育,那么必然涉及教与学这两大要素,而随着研究的深入,一些学者形成了很多关于教与学的理论,这对于教育信息化而言是非常重要的理论支撑。

(一)视听教育理论

1.视听教育理论的核心——"经验之塔"

在教育中,教师会运用到各种视听教学媒体,这些教学媒体发挥着非常重要的作用,视听教育理论也指出了这一点。视听教育理论是现代教育技术应用的基础理论之一,也是教育技术应用需要遵循的一个基本规律。

关于视听教育理论的研究,美国教育家戴尔于1946年出版了《视听教学法》,在当时产生了巨大的影响,其中视听教育理论的核心——"经验之塔"[①]理论出自本书。"经验之塔"理论将人们获得的经验划分为三种类型,即做的经验、观察的经验和抽象的经验,并将经验获取方法分成若干层次。

(1)做的经验。做的经验主要源自三个层面:直接有目的的经验、设计的经验、游戏的经验。

其一,直接有目的的经验。在"经验之塔"模型中,位于底部的是直接有目的的经验,指的是从日常生活的具体事物中获得的知识。这类经验最具体也最丰富,在日常生活中总结而来,学生获得直接经验是形成概念和进行抽象思维的基础。

其二,设计的经验。通过间接材料(如学习模型、学习标本等)获得的经验就是设计的经验。由人工设计、仿制的学习模型与标本及实物是有差异的,如大小差异、

---

① 戴尔.视听教学法[M].杜维涛,译.北京:中华书局,1946.

结构差异、复杂度差异等,尽管如此,学生利用这些材料可以更好地理解实际事物。

其三,游戏的经验。通过演戏、表演等获得的经验更接近现实。学生要获得关于社会观念、意识形态、历史事件等事物的经验,通过直接实践是行不通的,因此要根据这些事物的特点来设计相应的戏剧活动,让学生在活动中通过角色扮演获得直接的经验。

上述这三种经验的共同特征是都通过学生的亲自实践而获得,比较具体、丰富。

(2)观察的经验。观察的经验主要源自以下几个层面。

其一,观摩示范。学生先模仿别人,再亲自尝试,以获得直接经验。

其二,广播、录音、照片与幻灯。学生听录音、广播,看幻灯与照片,可获取相关信息,形成视听经验。这些经验来源的真实性不及电视、电影,比较抽象,但和完全抽象的经验相比,还是具有直接性的。

其三,参观展览。学生通过观察展览活动中陈列的实物、图表、模型、照片等事物而获取经验。学生在参观展览中看到的事物缺乏真实性,也不具有普遍意义。

其四,电视与电影。学生观看电视与电影获得的经验是间接的。利用电视、电影艺术可以将教学中的难点内容形象地表现出来,表现手法有编辑、动画、特技等,采取这些丰富的手法可以生动形象地呈现教学内容,使学生理解起来更方便。电视和电影相比,具有直接功能,学生观看电视获得的经验比观看电影获得的经验更直接一些。

其五,见习旅行。学生在参观访问、考察等活动中对真实事物进行观察与学习,从而增长见识,获得丰富的经验。

在学生学习过程中,抽象思维伴随着其整个过程,只是在程度上存在某些差异。随着信息技术的普及与发展,应在这层经验和电视电影之间增加"计算机互联网"这个新的层次经验。

以上经验的共同点都是通过学生的"观察"而获得的,它们在"经验之塔"中的分布越高,就越抽象。

(3)抽象的经验。抽象的经验主要源自言语符号与视觉符号两大类。

其一,言语符号。在"经验之塔"模型中位于顶端的言语符号的抽象程度是整个模型材料中最高的。言语符号是事物与观念的抽象表示方法,包括口头语、书面语等。言语符号几乎不能单独发挥作用,而要和模型中的其他材料结合起来发挥作用。

其二,视觉符号。学生在示意图、图表等事物中获得的经验都是视觉符号经验,如水的流动方向用箭头代表、铁路用线条代表,等等。这些符号是真实事物的抽象表示形式,学生在这些视觉符号中无法看到真实事物的形态。和语言文字相比,视觉符号更直观一些,学生要对视觉符号所代表的事物有正确的理解,这样才能学到知识,获得有价值的经验。

2. "经验之塔"理论的要点分析

"经验之塔"理论的基本要点如下。

(1)"经验之塔"模型中底层的经验是最直接和最具体的学习经验,学生容易掌握,层次越高,经验的抽象程度和间接程度就越强。最抽象的是顶层经验,这一层次的经验便于形成概念,应用起来较为便捷。学生并不是一定要经历从底层到顶层的这个过程才能获得经验,也没有说哪个层次的经验比其他层次的经验更有价值,对经验进行层次划分,只是为了对不同经验的抽象程度有一定的认识。

（2）观察经验在"经验之塔"中处于中段位置,和抽象经验相比,这类经验更形象、具体,更容易被学生理解,有利于对学生的观察能力进行培养,并使其直接经验得到弥补。

（3）获得具体经验并不是学习的目的,要在获得具体经验后过渡到抽象经验,以形成概念,便于应用。在推理中需要用到概念,思维与求知都要以概念为基础,这有利于对实践进行有效的指导。在教育中不能过分重视直接经验和过分追求具体化的教学,而要尽可能使学生达到普遍化的充分理解。

（4）在学校教学中,为了使教学更直观、具体,应充分运用丰富的教学媒体手段,这也是使学生获得更好的抽象经验的重要手段。

总之,"经验之塔"理论模型对学习经验进行分类,说明各种经验的抽象程度,这与人们的认知规律相符,即从具体到抽象、从感性到理性、从个别到一般。

3. 视听教育理论的优劣

视听教育理论的核心是"经验之塔",其对现代教育技术主要起到以下几方面的作用。

（1）"经验之塔"理论划分出具体学习经验和抽象学习经验两种类型,提出学生的学习规律是从直观到抽象,这与人类的基本认识规律相符,为教学中对视听教材的应用提供了重要的理论依据。

（2）为划分视听教材的类型提供了重要的理论依据,即划分视听教材时,应参考的一个主要依据就是各教材所对应的学习经验的抽象程度,对视听教材的合理分类能够为划分教学媒体的类型和优化选择教学媒体打下基础。

（3）有机结合视听教材与课程,也是现代教育技术研究与应用的思想基础。

除了上述这些贡献,视听教育理论也具有以下局限性。

（1）只对视听教材本身的作用进行强调,而对设计、开发、制作及管理等一系列环节不够重视。

（2）视听教育理论对媒体在教学中地位与作用的认识不到位,认为视听教材只是教学的辅助手段,这会导致教育改革的不彻底和视听教育的作用得不到充分发挥。

（二）教育传播理论

在现代教育学中,用传播学理论对媒体与教学过程进行研究,从中对教学过程中媒体的作用机理进行探索,这是比较传统的一个研究手段,教育传播学就产生于这个研究。下面主要对教育传播理论的模式、应用、传播过程的功能条件及教学传播中媒体的作用进行分析。

1. 传播理论及模式

传播源自拉丁文 communicure，是共享、共用的意思。英语中的传播 communication 被译为沟通、交流、传递等。当前，传播一般被解释为传播者运用一定媒体与受传者之间进行信息传递和交流的社会活动。传播有自我传播、人际传播、大众传播和组织传播四种类型，这是按照传播涉及人员的范围及传播对象划分的结果。关于传播的理论与模式，下面主要列举几个具有代表性的。

（1）香农－韦弗模式

美国伟大的数学家香农曾喜欢研究一些电报通信问题，他在 20 世纪 40 年代提出了一个和通信过程有关的单向直线式数学模型。之后又与著名信息学者韦弗共同对这个模型进行了改进，将反馈系统加入该模型，于是便形成了香农－韦弗模型，如图 2-1 所示。该模型在技术应用方面发挥了重要作用。

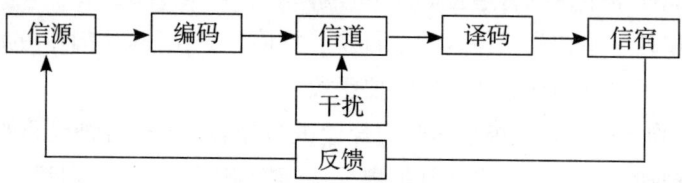

图 2-1　香农－韦弗模式[①]

（2）拉斯韦尔模式

美国学者拉斯韦尔指出，传播过程是由"谁""说什么""通过什么途径""对谁""产生什么效果"五个线性要素共同组成的一种线性结构，也就是"5W 模型"。从传播学的角度来看，这五个因素分别对应的是信息源、信息本身、受传者、媒体以及期望的产出，它们之间的关系如图 2-2 所示。

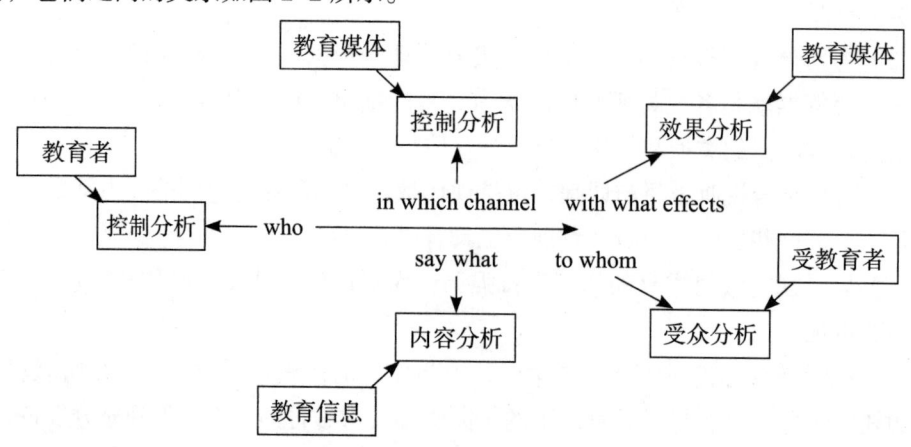

图 2-2　拉斯韦尔模式[②]

2. 传播理论对教学过程的解释与说明

利用以上传播模式可以对教学过程进行解释与说明，这些模式为教育传播学研究

[①] Shannon C E, Weaver W. The mathematical theory of communication [M]. Urbana: University of Illinois Press, 1949.

[②] 戴元光，金冠军. 传播学通论 [M]. 2 版. 上海：上海交通大学出版社，2000.

奠定了重要的理论基础。

（1）指出教学过程的双向性。早期传播理论片面地认为传播过程是单向的，也就是受传者对信息内容被动接受的过程。这种理论对信息接收者作为独立个体所拥有的主动性和自主性没有正确的认识。施拉姆模式指出传播过程是双向的互动过程，传播主体不仅包括传播者，还包括受传者。之所以能够循环不断地进行传播，主要是反馈机制在起作用，这也说明了受传者的主体作用。按照施拉姆传播模式，教学过程中包含教师与学生共同的传播行为，教师传播教学信息，学生接受的同时做出反馈，因此要从教与学两方面出发来设计与安排教学过程，并将学生的反馈信息充分利用起来，及时调控教学过程。

（2）说明教学过程包含的要素。拉斯韦尔提出了"5W"直线性传播模式，用该模式可以解释一般传播过程。有人以此为基础构建了"7W"模式。该模式指出，传播过程包含七个要素，将该模式运用到教学中，也能说明完整的教学过程包括七要素，如表2-1所示。

表2-1　教学过程的要素[①]

Who	谁	教师
Says what	说什么	教学内容
In which channel	用什么方式	教学媒体
To whom	对谁说	教学对象
Where	在什么情况下	教学环境
With what effect	有何效果	教学效果
Why	为什么	教学目的

需要注意的是，在教学过程研究、教学设计安排及教学问题解决中，这些要素都应纳入考虑范围。

（3）确定教学过程的基本阶段。传播是一个连续的不断变化的过程，具有明显的动态性。为便于研究，可将其划分为六个阶段，每个传播阶段都对应教学过程的一个环节，具体分析以下。

其一，确定教学信息。将所要传递的教学信息确定下来，这是教学传播的首要环节。教师要从教学目标出发来确定要传递的教学信息。通常，要传递的教学信息出自专家按照教学大纲精心编写的课程教材中。在这一阶段，教师要对课程教材认真研究，细致分析各教学单元的内容，并进行适当分解，确定被分解后的内容所要达到的传递效果。

其二，选择传播媒体。这个阶段主要是进行信息编码，选择适当的媒体手段来呈现与传递信息。这个过程比较复杂，需要在科学原理的指导下循序渐进地完成。教师所选的传播媒体要满足以下要求：能将教学信息内容准确地呈现出来；方便获取，且传播效果较好；与学生的知识水平、经验相符，使学生接受和理解起来更快一些。

---

① 瞿堃，钟晓燕．教育信息化概论［M］．重庆：西南师范大学出版社，2012．

其三，传递信息。在这个阶段重点是将以下两个问题解决好：一是确定媒体信号传播的范围，二是合理安排信息内容的传递问题，利用媒体对教学信息进行有序传递，尽可能减少外界环境对媒体信号的干扰。

其四，接受和解释信息。在教学过程中，学生作为教学主体，不仅要接收教师利用教学媒体传递的教学信息，还要对此进行解释，做出反应。从传播学的角度来看，这个环节主要是进行信息译码。学生先用感官接收信号，然后从自身知识水平与经验出发将接收的信号解释为信息意义，并在大脑中加以保存。

其五，信息反馈与教学评价。学生接收并解释信息后，知识得到增长，智力得到发展，但还需要通过评价来判断预期教学目的是否实现。观察学生的行为变化、课堂提问、课后作业、阶段性测试等都是可采用的评价方式。

其六，调整再传递信息。对比信息传播效果与预期教学目标，发现教学的不足，及时调整传播内容、传播媒体，然后再传递，以达到预期教学目标。例如，对于课堂上出现的问题，要在课堂上迅速解决；对于学生课后作业中存在的问题，如果是个别问题，以个别辅导为主，如果是共性问题，需要在课堂上集中解决；对于远程教育中的问题，多提供有价值的资料，或创造条件提供面授辅导。

（4）揭示教学过程的一般规律。随着传播学与教育学的不断融合，现代教学与信息传播逐渐拥有了共同的规律，将传播学与教育学理论方法综合运用起来对教学过程与规律进行研究，可有效提高教学效果。

下面具体分析传播理论揭示的教学过程的规律。

其一，共识律。共识的含义有以下两点：教师对学生的知识水平和经验予以尊重，在共同经验范围内建立传播关系；教师以教学目标、教学内容的特点为依据对教学方法与媒体进行选择与运用，以便向学生传授知识和技能，使学生将已有经验和即将接受的教学内容信息建立连接，从而取得良好的传播效果。

共识是教师与学生在教学传播活动中顺利交流与沟通的前提与基础。学生的知识水平、已有经验及发展潜能是教师选择、组合及传递教学信息时必须参考的依据与考虑的要素。学生的知识与技能水平在不断变化，教学传播也是动态的变化过程，所以一般不存在绝对的"共识"状态，而是一个螺旋上升的反复变化的过程，即不共识—共识—不共识等在共识经验的创设中，教师必须根据学生的"最近发展区"来设定教学目标。

其二，选择律。选择教学内容、教学方法和教学媒体是教学传播过程中的主要工作环节，对这些教学要素的选择要与学生的身心特点、学习规律相符，要为教学目标服务，争取以最小的代价最大化地实现教学目标。选择教学媒体在教育传播活动中最受关注。师生选择教学媒体一般与需要付出的代价成反比，与可能取得的教学成效成正比。所以，在教学媒体的选择中，要想方设法选择那些需要付出代价最少的教学媒体，花最小的代价取得最好的功效。

选择教学媒体的规律是，对于功效相同的教学媒体，优先选择需要付出代价少的，对于需要付出相同代价的教学媒体，优先选择能够取得良好功效的。

其三，谐振律。谐振指的是传递信息的"信息源频率"接近接收信息的"固有频率"，在信息传递中，二者产生共鸣。要维持教学传播活动，并提高传播效果，就必须具备谐振条件。师生双方能否达成谐振，与信息传播的速度快慢、容量大小有关，如果速度、容量不合理，就会导致传播过程受阻，传播活动无法继续。

教师传递信息的速率和容量要与学生认知的规律、接受能力相符。此外，还要在教学中营造宽松和谐的信息传递氛围，建立民主的师生关系，并注重对学生反馈的收集与对教学传播过程的调控，只有满足这些要求，信息传播的谐振现象才能顺利产生。不仅如此，教师还应有节奏地变换使用各种媒体方法与手段，只有如此才能使谐振现象长期保持下去。

其四，匹配律。匹配指的是在教学传播过程中，对教学对象、教学目标、教学内容、教学方法、教学媒体环境等因素进行深入剖析，使各要素按自己的特性有机和谐对应，从而维持教学传播活动循环进行。

围绕预期教学目标而有机组合各教学要素，发挥各要素的优势与作用，从而增强教学系统的整体功能，这是实现匹配的主要目的。每个教学要素所具有的特性、功能与意义都是多元化的，要充分发挥各要素的功能，为教学目标的实现创造条件，使既定的目标能够顺利达成。如果在教学传播活动中，各要素游离松散，功能得不到发挥，则预期的目标就很难实现。

教学中采用的传播媒体直接影响教学活动的匹配效果。因此，在教学传播过程中，要对需要用到的各种传播媒体的特性、功能有全面的了解，这样才能合理组合这些传播媒体，取长补短，发挥各自的优势与功能作用，最大化地提高教学传播过程的效率与效果。

3. 教学传播过程的功能条件

教学系统的结构是在系统各要素相互组合和联系的基础上形成的。这种结构可能是功能较弱的静态结构。只有在信息传播中让系统各要素相互联系与作用，并产生连续循环的动态过程，系统的多重功能才能形成。教学传播过程就是在教学系统各要素相互作用的基础上产生的循环动态过程。

教学系统内部信息传递是实现教学系统多重功能的基本条件，而要维持教学传播过程，需要教学系统各要素具备一定的条件或满足一定的要求，并在此基础上实现自己的功能，具体分析如下。

（1）教师层面。作为教学系统中起主导作用的重要组成部分，教师应达到较高标准的要求，如精通专业、熟悉教材、了解学生、教学态度端正、传播技能良好等。此外，教师在教学中必须对教学系统的其他要素及相互关系有深入的了解，如教学对象、内容、方法、媒体、环境等。

教师自身功能的实现需要具备以下几个条件：教师在所教学科领域的知识水平要高于学生，教师通过不断的学习来提高自己的知识水平；教师要有良好的教学技能，如语言表达技能、教学媒体运用技能等；教师对教学活动要有良好的调控能力，包括调节自身状态和师生关系等。

（2）学生层面。学生完成学习任务，各方面素质协调发展是教学系统功能实现的首要条件。学生实现其功能要具备以下几个条件：明确的学习目的、一定的学习能力、良好的自控能力。

（3）教学内容层面。具体来说，要做到随着社会的发展与时代的进步而不断更新教学内容；在教学内容体系中纳入具有潜在发展意义的前沿知识，注重理论与实践的有机结合；按照学科逻辑、学生认知规律来编排教学内容，如从已知到未知、从整体到部分；教材内容纵横联系、融会贯通，便于学生接受，又能启发学生进行探索。

（4）教学方法层面。根据教学规律、教学目的任务、教学内容特点、教学环境、学生的适应性及教师的教学能力选用教学方法；对各种有效的教学方法进行适当的优化组合，达到优势互补、相得益彰的效益。

（5）教学媒体层面。根据教学目标任务、学生特点、学校教学条件合理选用教学媒体；了解各类教学媒体的优缺点，综合使用教学媒体，达到相得益彰的效应；教学媒体功能的发挥受其自身特点及一些实践因素的影响，如媒体操作的复杂程度、媒体资源软硬件添置的可能性、媒体资源配合使用的灵活性等。在教学媒体选用中要综合考虑这些影响因素，将不良影响降到最低。

教学系统中每个要素的功能都直接影响着教学系统的运行，只有充分发挥教学系统各个要素的功能，才能保证教学系统的正常运行。此外，教学系统中各要素之间的相互关系与作用情况直接决定了教学传播效果，因此要按照信息传播的规律与法则来传播教学信息，以最大化地提高教学传播效率。

第三节　大学英语教学的基本原则

一、可行性原则

英语教学中的教学设计是为课堂教学所做的系统规划，要真正成为现实，必须具备两个可行性条件：一是符合主客观条件，二是具有可操作性。

符合主客观条件是教师实施教学设计的重要条件，主观条件是指教师应考虑学生的年龄特点、已有知识基础及生活经验；教师只有遵循学生的认知规律，尊重学生身心发展的特点，立足学生的生活经验和学习基础，在综合分析的基础上进行教学设计，才能增加设计的针对性，更具有实效性。如果教学设计脱离了学生的年龄特点，超出了学生的认知能力范围和脱离了生活实际，是不可行的。

客观条件是指教师进行教学设计需要考虑教学设备、地区差异等因素。教师首先要了解学校所处的地域环境和教学条件、学生的学习能力等客观因素，了解学校能够提供什么样的教学设施。教学的环境和条件、学生的学习能力是教师进行教学设计的重要参考。如果教师不考虑教学的客观条件，只凭自己的主观设计，不考虑地域学生的差异，把目标拔得太高，教学设计也是无法落实的。

具有可操作性是教学设计应用价值的基本体现。教学设计的出发点是为指导教学实践做准备，应能指导具体的教学实践，而不是理想化地设计作品。教师的教学设计要在教学实践中检验，去验证设计的理念是否正确，方法是否恰当，学习效果是否满意，这样才能体现教学设计指导教学的作用。

二、趣味性原则

英语教学的目标是要培养学生综合运用语言的能力和学习英语的兴趣。英语教学不仅要符合学生的知识、认知和心理发展水平，还要充分考虑学生的兴趣、爱好、愿望等学习需求，紧密联系学生的实际生活，设计生动活泼、形式多样、趣味性强的学习活动，创设愉快的语言运用情境，引导学生积极参与，提高学生的学习兴趣，加强其学习动机。例如，根据不同学段学生的年龄特征，设计不同的任务型教学，创设不同的情境，采用不同形式的教学媒体，使课堂教学生动活泼。

三、互动性原则

根据生态的基本观点，任何事物都处于一定的关系中，学校是教育生态系统的子系统，在学校这个子系统中，教师与学生作为其中的两个因子相互作用与交往。教师与学生之间是一种以学生最终的发展为目的而联系在一起的共生关系。教学过程中信息的传递是相互的、双向的。只有教师与学生之间的互动保持相对平衡性、有序性，他们才能有效发挥各自的作用，进而实现和谐统一的发展。如果教师和学生之间的互动被打破，那么教育要素之间的平衡也会被打破，这不仅会损害师生自身的发展，也会损害整个学校甚至整个教育生态的发展。师生之间的交流与沟通是一种连续不断的过程，在不断的动态变化发展中寻找平衡点。教师不断提高自身的教学水平与理论水平，从而应用到实践教学中，促进学生的可持续发展。学生获得的成绩也体现了教师的价值，并且是对教师的一个鼓励。因此，在大学英语教学中，师生之间是一种相互依存、共同发展的关系。

四、系统性原则

英语教学的设计是一项系统工程，系统中的各要素相当于子系统，既相对独立，又相互依存、相互制约，形成一个有机的整体。教学设计各子系统的排列具有程序性的特点，即各子系统有序地成等级结构排列，而且前一子系统制约、影响着后一子系统，而后一子系统依存并制约着前一子系统。一个规范的教学一般由教材分析、学情分析开始，根据分析结果，确定教学目标。

从形式上看，教材分析、学情分析和教学目标是相对独立的，但又是相互依存的。学情分析制约着教学目标，教学目标的制定建立在学情分析的基础上，彼此之间存在着内在的逻辑关系，它们之间的逻辑性是保证前后各要素相互衔接的前提。在这种逻辑的基础上，一旦教学目标明确了，教学重点、教学难点就能够确定。

重点、难点是教师选择教学方法的重要指标和依据，它在一定程度上决定了教师选择什么样的方法突出重点、突破难点，以实现教学目标。所以，教学设计的程序是无法随意改变的，教学设计中教师应遵循其程序的规定性和联系性，保障教学设计的系统性和科学性。

五、情境性原则

课堂教学环境对于教学活动的顺利展开有着很大的影响。大学生的注意力集中水平有限，大学英语教师更应该注意课堂教学环境的建设。一般来说，课堂教学环境分为人文环境、语言环境和自然环境。

（1）人文环境。人文环境主要通过师生之间的情感交流与互动氛围体现出来，它是一种隐形的环境。大学生缺乏人际交往经验，所以大学英语教师应该在营造人文环境方面起主导作用。教师要通过倡导师生之间的平等交流以及歌曲、游戏、表演等方式，来营造一种自由、开放的人文环境，打开学生的心门，帮助学生的英语学习。

（2）语言环境。根据认知发展心理学，大学生需要借助具体事物来辅助思维，不容易在纯粹语言叙述的情况下进行推理，他们只能对当时情境中的具体事物的性质与各个事物之间的关系进行思考，思维的对象仅限于现实所提供的范围，他们可以在具体事物的帮助下顺利解决某些问题。语言与认知的发展是相互促进的。个体语言能力是在个体与环境相互作用的过程中逐渐发展起来的。语言环境对于外语学习非常重要，而中国学生没有现成的语言环境，因此大学阶段的英语教学应该创设具体、直观的语言情境。为此，教师要充分利用与开发电视、录像、录音、幻灯等教学手段，设计真实的语言交流，使学生在运用语言的过程中学习与掌握语言。

（3）自然环境。课堂教学的自然环境主要指课堂中教学物品、工具的呈现方式。其一，要求让教师与学生之间进行更加亲近的交流，教师应该设置开放的桌椅摆放方式，应该摒弃那种教师高高在上、学生默默倾听的桌椅摆放方式。其二，要求教室的布置取材于真实的生活场景，这不仅拉近了学生对课堂教学的距离，也使得学生更容易理解英语，更有助于创造英语语言交流的环境。

六、开放性原则

大学英语教学的一个重要特征在于开放性，具体体现在两个层面。

（1）教学资源的开放性。大学英语教学资源不仅来自教材，还来自大学生的课外生活。当然，教学资源都是经过筛选的，选择的依据是师生之间的知识交流、情感传递。

换句话说，教学主体在日常生活中进行生活体验，并不断总结经验教训，然后积极构建出相关的知识，真正实现课堂教学的知识在生活中的运用。

（2）教学主体的开放性。在大学英语教学中，教师与学生不断地重复信息传递与信息接收的过程，进行着持续的互动交流，教师与学生有着巨大的差异性，主要体现在生活阅历、知识水平、情感态度等方面。教师会无意识地将自己的知识水平、生活阅历、情感态度等带入实际教学活动中，同时学生根据自身发展特点有选择地吸收。因此，伴随着课堂教学活动的是教师与学生之间的信息流动。

第三章　大数据驱动下的大学英语教学

大数据驱动下的大学英语教学是时代发展的要求与必然趋势，能够促进大学英语教学的改革，对于新兴的英语人才的培养有着十分重要的作用。但是，在大数据驱动下的大学英语教学中，还需要注意一些基本层面的问题。本章就从大学英语教学的信息化诉求、大数据为大学英语教学带来的巨大变革，以及大数据驱动下大学英语教学的优势与属性几个层面展开论述。

第一节　大学英语教学的信息化诉求

一、大学英语信息化教育的开展

（一）信息技术

当今社会已进入信息化高速发展的社会，信息和知识已成为推动社会发展的两大动力，现代信息技术已经渗透人们生活的方方面面。

就信息技术的概念而言，目前人们多从广义和狭义两方面来理解和解释。

从广义上说，信息技术指的是对信息加以处理与管理的各种技术的综合，包括通信技术、感测技术、控制技术、计算机技术、智能技术等。

从狭义上说，信息技术指的是能够展现信息技术特点的一些技术，具体而言，主要可以从以下四个层面理解。

1. 信息技术可以被定义为信息与通信技术，其主要是运用计算机对信息系统与应用软件进行开发与设计，包括计算机技术、传感技术等。

2. 信息技术可以被定义为3C技术，即计算机技术、控制技术、通信技术三者的集合。

3. 信息技术又可以称为IT技术，指的是运用计算机技术获取、传递、分配、处理信息的技术。

4. 信息技术指的是应用管理技术，并在科学、技术等层面对信息加以控制与处理，实现人机互动。

通过对上述信息进行分析不难发现，信息技术的核心在于计算机技术，并且在其他技术的共同作用下，实现信息的获取与传递、转换与交流、检索与存储等。

（二）信息技术教育

很多学者认为，信息技术教育应该分为古代信息技术教育、近代信息技术教育、现代信息技术教育，或分为传统信息技术教育和现代信息技术教育，这实际上是不规范的，也就是说，不能以明确的时代划分作为对信息技术教育的界定标准。有学者指出，信息技术教育作为一个新兴学科，其发展起来也是近几十年的事，现代教育理论和现代科技成果是信息技术教育得以发展的重要基础，因此不需要以传统和现代为标准来划分教育技术。

但随着信息时代的到来以及信息技术的高速发展，人们已经普遍接受了"信息技术教育"一词，我国信息技术教育学术界指出，现代的信息技术教育指的是以现代信息技术为核心技术、在现代教育思想和方法及学习心理学成果的指导下进行的教育技术研究与实践活动。在信息技术教育还没有大量出现之前，信息技术教育的发展主要是依赖教育理论与媒体技术，当时产生的信息技术教育与现代信息技术教育是有区别的。可见，信息技术教育的内涵与信息化、信息技术、信息时代息息相关。

1. 以信息技术为主要依托

从本质上说，教育的过程是由信息的产生、选择、存储、传输、转换及分配等一系列环节组成的系统工程。在这个工程中所运用的多媒体技术、电子技术、信息处理技术、网络通信技术等各种先进技术都属于信息技术。在教育中引进这些信息技术，可使信息传播速度更快，教学效率更高。当今社会，知识迅速增长，在这个环境下，教学效率备受重视，教学质量的提高首先需要提高教学效率。

2. 强调以学习者为中心

以学习者为中心是信息技术教育学科强调的一个重要观点，具体表现为以下几方面：

（1）在确定教育目标时，使社会的要求、学习者的需求都得到满足，鼓励学习者发展的多样化。

（2）在选择教育内容时，要以学习者需要学和适合学的内容为主。

（3）在选择教育方法时，鼓励学习者自主学习和小组合作学习，培养学习者的合作能力、团结意识、人际交往能力等非认知技能，使其更好地适应生活。

（4）在安排教育形式时，以灵活的形式为主，与学习者的学习、生活相协调，巩固终身教育的地位。

3. 使教育资源的配置更加合理

多媒体技术与计算机网络的普及使得社会成为一个密不可分的整体，学习者可从自身的学习目的、学习需求出发对学校、课程及教师进行自由选择，学校之间、学校与社会之间逐渐失去了明确的界限，社会教育资源将根据学习者的需求而合理分配，人为因素的影响会越来越弱，社会人力、物力、财力等资源将会得到更加充分的运用。

（三）信息技术教育的研究范畴

信息技术教育的研究内容是控制与分析研究对象，具体包括以下几方面：

1. 学习过程和学习资源的设计

在相关理论（教学理论、媒体传播、学习心理等）的指导下，完整而详细地设计教学系统，以达到预期的学习目标。这个过程包括多个环节，如分析学习者、学习目标、学习内容，选择教学媒体、教学策略，评价学习效果等。在教学设计中，这是一个非常重要的组成环节，也是比较独立的研究方向。

2. 学习过程和学习资源的开发

信息技术教育研究在教学过程中如何有效应用各种教学模式、媒体技术，这其实是用实践数据支持理论发展的过程。并不是仅仅采用某种媒体技术对教学产品进行制作就能完成对学习过程与资源的开发，更重要的是要从实践上改进整个教学系统。开发的范围有大有小，某个教学项目、某节课或某个系统工程规划都可以。

3. 学习过程和学习资源的利用

信息技术教育研究如何对源源不断的新技术、最新学科成果及相关信息资源进行利用与传播。

4. 学习过程和学习资源的管理

信息技术教育研究如何规划、组织及调控学习过程和优化整合学习资源。管理对象包括信息与资源、教学系统、教学研究等。优化教学效果离不开科学的管理。

5. 学习过程和学习资源的评价

信息技术教育研究如何评价整个教学系统的运行状态及运行效率。既要评价单一环节或因素，又要评价整个系统，将形成性评价与总结性评价结合起来，从多角度，采取多种方式进行科学评价，完善评价体系，从而更有效地改进教学系统研究。

以上分别解释了信息技术教育各部分的内涵，各部分之间相互联系、相辅相成，而非绝对孤立与封闭。在教育实践中，各部分经常是结合在一起出现的，如设计与开发的结合、开发与利用的结合、设计与评价的结合、利用与管理的结合等。可以说，信息技术教育是为了实现最优化的教学效果而在综合运用相关理论与技术的过程中对各教学系统的研究和实践。

从学科属性来看，信息技术教育属于教育学科的范畴，但具有交叉性、综合性等鲜明特征的教育技术又不仅仅属于教育学科，正因为如此，才对学习者的综合素质提出了更高的要求。

（四）信息技术教育的巨大作用

1. 更新教育观念

信息技术教育的创新与应用可使教育者对教学过程与教学资源利用有新的思考，进而推动教育观念的更新。

在传统教育中，以教师为中心，教师作为传授知识的主体在教育教学过程中发挥着十分重要的作用，而且这种作用被放大，整个教学都围绕教师来进行，学生只是被动地参与学习。教师是教学技术（黑板、教学教具模型）的绝对使用者，学生只是被动观看。

在教育教学观念方面，信息技术的科学应用为教育的发展提供了新思路、新思想、新办法，促进了现代教育观、现代学校观、现代人才观的形成。

信息技术在教育教学过程中得到了广泛利用，多媒体计算机技术增加了师生之间的交流与沟通，网络技术实现了师生之间交互的双向教学，教师从单纯地讲授书本知识转变为利用多媒体技术进行教学设计。信息技术在教学过程中的应用，使学习者从被动地接受知识转变为利用信息技术进行自主学习，学生能更加主动地获取知识，教师也在教育教学过程中逐渐建立起以学习为中心的观念，"应试教育"更加彻底地向"素质教育"转变。

2. 提高教育质量

信息技术的应用极大地提高了教学质量。具体来说，教育教学质量的提高表现在教育教学过程中真正实现了教育教学目标，促进了学生德、智、体、美、劳等多方面的发展。信息技术在教育教学过程中的应用对于学生多方面素质的发展均有较高要求，学习过程中学生的各项知识与技能不断得到提高，手、眼、耳、鼻、口各个感官共同应用到学习过程中，还促进了学生大脑思维的发展，可实现学生的全面发展。

信息技术对教学质量提高的促进具体分析如下：

（1）信息技术为教学提供技术支持，能为现代师生的教学提供一个良好的交互环境，给学生提供更加自主的学习机会，使学生更加主动地投入到学习中去，更加积极地去收集、处理、加工、反馈各种学习信息，有助于增强学习效果，促进学生主动性发展、个性化发展，提高个体化教育品质。

（2）现代信息时代，信息技术教育无时间、空间限制的特性，有利于创建大教育的格局，能更加高效地调动各种教学资源，使优质教育资源得到有效整合，扩大优质教育资源的受益面，进而促进教育质量的整体提高。

（3）现代化的教育教学强调高素质全面发展的人才的培养，强调学生的发展应与社会发展相适应，现代教育为提高教育质量、促进社会现代化发展服务，新的教育观念将会催生新的教育质量评估体系和评价方式，并有助于建立信息全面的大数据跟踪与检测，促进每一名学生的全面发展。

3. 提高教学效率

生产技术的改革必然会促进生产效率的提高，在教育领域，信息技术也具有相同的提高教学效率的作用。

所谓教学效率，具体是指一定时间内完成更多的教学任务，或者完成相同教学任务量使用更少的教学时间。信息技术的发展和教学应用可缩短教学时间，能更加高效地实现教师和学生在教学过程中的知识输出与输入。

在信息技术教育的应用过程中，丰富且先进的信息技术可使学生综合利用多种感官进行学习,使学生充分获取知识。有实验表明,在学习过程中,学生利用的感官越多,越有利于学生对知识的记忆、理解,越能帮助学生获得较佳的学习效果,进而提高教学效率。

4. 促进教育改革

信息技术教育的发展是教育改革与发展的制高点和突破口,引起了教育领域的多方面变革。具体分析如下:

(1) 教学模式的变革。在教育教学模式上,传统的教育模式限于校园内的教室、教师、黑板和教科书。现代教学媒体改变了原有教育过程的结构,形成了多种人—机—人的教育新模式。

信息技术在教学中的应用突破了有围墙的学校模式,卫星电视网络、计算机技术、多媒体技术、网络技术的发展与教学应用,使教师的"教"与学生的"学"均摆脱了学校、课堂、时间、地域的限制,远距离教学的模式——"网络大学""开放大学""全球学校"得以实现。

(2) 教学组织形式的变革。在传统的教育中,教学组织形式以学校、班级和课堂为主要场所,在教学过程中,也重视学生的个体化发展,提倡个别答疑、分组学习;但是,受多种条件限制,学生的统一化教学仍是主要教学形式,学生的个性化教学难以得到实现。

随着现代化信息技术在教学中的应用,学生的小组学习、个别化学习成为可能。例如,计算机教学中,应用电子教室,可实现全体、分组和个别化的自主学习;网络化的传输功能还能在各学科中实现实时交互学习。

(3) 教学手段与方法的变革。信息技术在教学实践中的应用为教师的多样化灵活教学提供了更多的技术支持,也能丰富学生的感官体验,有助于提高教师和学生教与学的积极性与主动性。

教育手段多媒化,教学方法多样化。在教育教学实践过程中,教师对多样化的教学工具与方法的选择,能为学生的不同教学内容的学习提供最佳的教学环境与教学体验。

5. 丰富教育资源

随着现代教学手段的发展,特别是多媒体技术、通信技术、网络技术等信息技术在教学中的应用,教师不再是唯一的教学信息来源,学生通过多渠道获得信息和知识,拓展了学生的知识信息来源。

以多媒体教学技术为例,多媒体教学可以实现文字、数据、图形、语言、视频等教学信息的统一处理,可令教学内容更生动、形象,可调动学习者的多种感官参与学习,能在更短的时间内向学习者传递更多、更立体化的教学信息,提高教学信息的传递效率,实现教学信息资源的高效利用。

6. 扩大教育规模

信息技术能扩大教育规模,加速教育事业的发展。从我国的教育现状来看,国家正在实施科教兴国战略,充分利用现代教育技术,如广播电视网络(包括卫星电视、有线电视)、计算机网络、邮电通信网络等,开展各种远程教育,让更多偏远地区的学生受益,客观方面大大地节省了师资、校舍和设备,并有效推动了教学规模的扩大。

(五)大学英语信息化教育的目标

1. 激发学生的问题意识

人从出生就具有了求知欲和好奇心,这是人能够自由、理性的基础,表现在学习态度与兴趣上,就是人能够积极地去探索与解决问题,不断创新、不断超越。学生学会学习的最佳路径就是逐渐学会启发式的学习,即教师引导学生发现问题,并让学生找到合适的方式解决问题,师生之间围绕问题展开自主学习与探究学习,使学习活动向思维活动转变,这样才能让学生具备多元思维。

在信息技术教育背景下的高校英语教学中,要强调问题引领的作用,即教师要以问题作为起点,以问题解决作为主要的活动过程,从而将学生对问题的敏感性激发出来;同时,要求教师主要探讨那些与现实联系紧密的问题,对这一领域的学术前沿问题进行跟踪和了解,将学生潜在的能力挖掘出来,培育学生的研究精神与素质,形成面对困难的积极潜质与解决问题的能力,并塑造自己的人格与工作特质。此外,还要求教师为学生创设自由的学习氛围,师生之间围绕提出的问题,通过交流与对话形式解决,并进行分析与评价,帮助学生形成问题意识与问题解决能力,培养他们判断真假、独立思考的能力等。

2. 转变学生学习的方式

学习方式是学生在展开学习任务时自主、探究的基本认知取向与行为特征,其主要包含发现学习、接受学习、合作学习等。在新时代背景下,高校选择的教学方法一般是多种多样的,具有针对性与灵活性,将极大地推动学生学习方式的转变,要求教学应该从学生的学习能力出发,符合学生的学习要求,这样才能培养出符合社会发展需要的应用型人才。具体来说,主要可以从以下四点考虑:

(1)倡导自主探究式学习,让学生自定节奏。具体来说,就是在学习中要发挥学生自身的主观能动性,教师引导学生大胆地接受挑战,挑战传统的识记性学习方式,让学生真正地学会学习,成为学习活动的主人,推动他们灵活地转换学习方式,在创造与研究中学习。

(2)推动学生走向团队合作式学习,即单打独斗的学习显然效果差,学生只有学会与其他同学探讨、与教师合作,才能真正地弄懂知识,掌握技能。

(3)实施应用情境式教学,即关注学生在特定情境中的认知体验,通过新兴技术,为学生创设真实的场景,让学生主动参与其中,提高他们的认知能力。

(4)关注学生的在线学习与移动学习。由于网络技术的发展,学生的学习资源越来越丰富,这就给学生提供了学习的便利,学生可以打破时空的限制,获得教师或者其他同学甚至一些专家学者的帮助,从而在课外不断提升自身的语言能力。

3. 促进学生的深度学习

所谓深度学习，即学生在理解的基础上，能够批判性地学习新知识，并将这些知识融入他们原有的知识结构中，建构这些新旧知识之间的联系，并且能够将已有的知识迁移到新的情境中，从而独立地解决问题。采用深度学习策略的学生要更善于整合知识、迁移知识，这样才能取得好的成绩。

当前，高校应该努力为学生创设深度学习情境下的课堂环境，让课堂不仅成为学生知识深度加工的重要场所，还要把原来教师单向传授的教学过程转变为师生互动的过程，创设真实的、批判性的课堂环境，还需要围绕问题的解决探究深度学习的情境机制，让学生逐渐实现知识的吸收与内化，从而有效培养他们的理性思维与创新思维。

4. 强调学生学习的责任

当前，要想培养出具备应用型能力的人才，要求学生在具体的实践中发挥自身的主体作用。也就是说，学生能够主动为自己的学习行为承担责任，让学生逐渐成为自己学习的主人，成为教学活动中主动、自觉的参与者，成为知识主动的发现者与探索者，推动教学从"教"逐渐转向"学"，让课堂上不再仅仅强调以教师的教授为主，还强调以学生的学习为主，实现师生之间协同的教与学。

这就是说，在信息技术教育背景下的高校英语教学中，不仅要将学生的积极性与主动性激发出来，还需要引导学生将精力、时间等投入到学习之中，帮助学生减少学习的盲目性与随意性，逐渐建构自主式、探究式的学习。同时，要给予学生应有的权利，赋予他们自主学习的权利，自主选择学习内容与策略，让他们充分发挥自己的主观能动性，发挥自己的学习优势。

5. 培养学生的核心素养

人应该必备的能力与品质就是核心素养。核心素养的提出主要包含以下四个层面：

（1）未来个人发展与社会生活需要的能力与品格是无法预料的，个人在受教育阶段唯一能够选择的是对自己的必备品格与关键能力进行发展。

（2）知识是以几何级数增长的，能力以几何级数进行分化，学校教育无法对知识和能力进行穷尽。

（3）社会生活纷繁复杂，价值取向也是多元化的，学校教育无法面对社会上各种的问题。

（4）学校教育应该专注于对学生必备品格与关键能力的培养。

"核心素养"一词源自西方，英文是 Key Competencies。Key 在英语中的意思是"关键的、必不可少的"的含义。Competencies 的意思是"能力"，但是从其范畴与内容来说，可以翻译为"素养"。因此，"核心素养"也就是所谓的"关键素养"。

进入 21 世纪，欧盟国家为了应对经济全球化，在教育领域提出了"核心素养"这一概念，目的是培养学生的创新能力，这一概念的提出是为了对传统的以阅读、计算等为核心的概念进行改变，从而提高学生的综合应用能力。

2014 年 3 月，教育部发布了《关于全面深化课程改革　落实立德树人根本任务的意见》，要求英语教学应该将社会主义核心价值观的内容引入教材与课堂，努力使学生了解中华文化，明确提出了"核心素养"的概念。在语言教学中，核心素养主要包含以下内容：

（1）语言能力。语言能力是指基于社会情境，通过语言来进行理解与表达的能力。从英语技能教学来说，语言能力是学生应该具备的基本能力，也是学生核心素养的体现。从语言学科来说，听、说、读、写、译这五项能力是最基本的语言能力，掌握这些能力才能更好地学好语言。同时，新时代条件下学生需要面对各种数据、图表等，因此他们还需要掌握好"看"的技能，这样才能对第一手资料有明确的把握。

（2）文化品格。文化品格不仅指的是了解一种情感态度、文化现象，还指了解语篇反映的社会文化现象，通过进行归纳来构建自己的文化立场与文化态度。

语言教学的核心素养更加注重从多元文化层面来思考，通过比较，了解中西方文化的差异，这样学生才能更加自信与自强，从而对西方文化予以理解，并将中华文化更好地传播出去。

（3）思维品质。思维品质与一般的语言能力、思维能力不同，指的是与英语技能学习相关的一些思维品质。在核心素养中，这一品质与学生更为贴近，学生思维品质的提升与优化也是"立德树人"的彰显与表现，与高校英语教学改革的目标相吻合。

总之，学生的生存与发展需要多种素养，但是在21世纪的挑战下，这些素养并不是所有都并重的，也就是需要对这些素养的重要性进行排列。其中创新能力、合作能力、信息素养等是优先的素养，这些应该排在最前列，因为这些素养是学生应对挑战、为国做贡献的关键。这就是所谓的核心素养。其他的一些素养如身体素质对于个人来说是非常重要的，但是由于太基础，所以可以将其视作基础素养。此外，传统的读、写、算也可以算作基础素养。

在全球化背景下，各国关于学生核心素养的范畴存在着某些共性。就全球范围来说，国际组织、一些国家等在核心素养指标的选取上，都反映了该组织、该国家、该地区的经济发展情况，并强调信息素养、创新能力、社会贡献、国际视野等素养是非常关键的层面。但是受国情的影响，由于各国所面对的关键问题存在差异，因此核心素养的内容与程度也会存在着某些不同。

6.增强学生的学习体验

个体的发展具有特殊性，因此教学需要在尊重学生个体差异性的基础上，对学生的学习体验予以关注，努力为学生创造更多锻炼的机会，激发他们学习的内部驱动力，发挥他们对知识的探索精神。当前，很多高校的评价强调甄别与选拔，对评价的激励与促进作用予以忽视，往往对结果过分看重，对学习过程予以忽视，这样的评价就导致了个别优秀的学生得到了愉快的体验，但是那些成绩差的学生失去了学习的兴趣，很难培养出健康的情感体验。

在具体的教学过程中，高校教师应该努力让学生用感官去实践、去体验、去解决问题，与社会实践相联系，研究教学方法是否符合学生的需要，采用多种技巧和方法展开教学，增强学生的学习体验，让课堂脱离传统课堂的弊端，不被教材与大纲等约束，让学生广泛地参与到课堂之中，实现师生之间、生生之间的互动，这样才能让他们学会思考、学会辨析、学会研究，进而发现课堂的魅力。另外，教师还需要注重选择科学的评价方式，让学生能够更好地体会到成长的快乐，享受学习的快乐，帮助学生正确地认识自己，激发他们学习的动力和积极性。

第二节 大数据给大学英语教学带来的巨大变革

一、大数据给大学英语教学带来的影响

（一）与传统课堂的碰撞与对接

1. 与传统课堂的碰撞

大数据驱动下的大学英语课堂与传统课堂的碰撞主要表现在教育理念上，因为当前的教育仍旧难以摆脱"应试教育"的枷锁，并且大数据驱动下的大学英语教学要求革除传统教育理念、教学方法上的弊端。下面就对这两点做具体论述。

（1）难以摆脱"应试教育"的枷锁。众所周知，在大数据背景下，传统的教学模式已经与当今的课堂不相适应，但是面对毕业、就业压力，当前的大学英语教学仍旧未脱离"应试教育"的枷锁。当前的大学英语教学要求学生学会自主探究、自主预习、自主总结，同时培养自身学习的习惯与思维，要在教师的指导下体验概念与规律的探究过程，并在学习中培养求知精神。但现实是，在大学英语课堂教学中，很多教师侧重于讲授，对学生进行满堂灌式的教学，未能顾及每一位学生的接受与感受情况，使学生的主体地位丧失。也就是说，当前的大学英语课堂教学中，教师的教学思想还未发生根本变化。

很多家长对于学生的考试成绩过分看重，却忽视学生整体素质的提升，教师也未考虑学生的全面发展与终身发展，一味地追求成绩，导致课堂教学以知识传授为主，教学过于机械化，搞题海战术，这就很容易让学生丧失探究能力与解决问题的能力。因此，如果不对传统教学观念与方式进行改变，包含信息化时代下的大学英语教学在内的任何教学形式都很难进行到底，教学大纲的要求也就很难实现了。

（2）大数据的运用要求革除传统教学理念、教学方法上的弊端。由于应试教育理念的存在，很多大学英语教师在教学理念与方法上存在着某些问题，这对于他们自身的专业发展是非常不利的，也会影响学生的全面发展。具体来说，这些问题和弊端表现如下：

首先，教师将教学视作教学目的实现的一种方式和手段。教学是传输知识的过程，因此教师只关心对教学手段的研究，而并未探究教学的目的何在。

其次，教师认为教学是教师教与学生学的拼接，教师将书本的知识教授给学生，

学生被动地接受，这如同将知识灌输给学生一般，学生只是接受知识的容器。

最后，教师在教学中忽视了学生主观能动性的发挥，缺乏与学生的互动，也缺乏让学生与其他学生进行互动。

基于此，传统教学模式下的教学阻碍了学生人格的全面发展，导致学生成为应试的机器，这样的教学与教学目的相背离。

大数据驱动下的大学英语教学要求教师对教育观念进行改变，但他们是否愿意改变，是必须要解决的首要问题。这种教学模式还需要教师具备一定的信息素养，这样才能做得更好。可见，大数据驱动下的大学英语教学要求教师具备较高的素质与能力，要不断地在知识的海洋中充实自我，要不断地发挥自身的气场对课堂的节奏与进度加以控制，要以宽广的视野来引导学生探索更大的世界。

2. 与传统课堂的对接

虽然传统课堂教学有着明显的弊端，大数据驱动下的大学英语教学的优势已凸显出来，但并不是说要完全舍弃传统课堂，而是要求二者进行完美对接。具体而言，主要从以下几点入手：

（1）学校作息时间安排问题。大数据驱动下的大学英语教学需要学生花费很多的课后时间展开自主学习，要求教师在教学时间上进行合理安排。在大数据驱动下的大学英语教学中，教师不应该占用学生过多课余时间，应该让他们能够有时间展开自主学习。学生在课后的主要任务就是观看教学视频，进行针对性练习。

（2）学科适用性问题。目前，国外的很多信息技术与大学英语教学结合的实践都是针对理科来说的，且理科具有明确的知识点、概念等，教师只需要讲好一个公式、一个例题就可以，因此容易实施这一模式。但是，对于文科来说，其讲授的内容比较广泛，需要师生之间展开思想、情感上的交流与沟通，这对文科类教师提出了一个大的挑战。这就要求教师不断提升教学视频的质量，通过教学视频，将所要讲授的知识点进行概括，将相关的理论加以阐述，让学生在课后查阅相关的资料，并主动思考，然后在课堂上与教师或其他学生进行讨论，直至深化对该问题的理解。因此，对于不同的学科，教师需要采用具体的策略来实现信息技术与大学英语教学的完美结合，并从学生的反馈情况入手，对相应的教学情况加以改革。

（3）教学过程中信息技术的支持。大数据驱动下的大学英语教学的实施必然需要信息技术的支持，教师对教学视频的制作、学生的观看等，都需要信息技术的参与。但是当前，网络宽带、速度等问题对我国各大高校开展在线教学有了一定的限制，因此在实施信息化时代下的大学英语教学时，学校需要对这一问题加以解决。同样，在教学视频制作的质量上，教师也需要进行拍摄、剪辑等，因此需要一些专业人士的帮助，当然不同的学科有不同的风格，教师需要根据自身学科的特点来定。

（4）对教师专业能力的挑战。在大数据驱动下的大学英语教学的实施过程中，教学视频的质量、与学生展开互动指导、课前学习任务设计等都需要教师完成，因此要加强对教师进行培训。在提升教师专业理论水平的基础上，不断提升他们的科研能力，对学生的个体差异进行关注，并给予个性化指导。同时，在教师的技术素质上也需要进行培训，便于他们制作出生动活泼、丰富多彩的视频资源。

（二）对大学英语课程资源的影响

大数据技术的发展与应用，推动了优秀学习资源的共享，学校、公益组织、个人都参与到教学资源共享的过程中来。当前，通过信息化技术的共享，大学英语教学课程资源主要有以下几类：

（1）CORE(China Open Resources for Education)。是指中国开放式教育资源，是中国优质教育资源的世界推广。CORE 充分借鉴与吸收了美国麻省理工学院、耶鲁大学、牛津大学、剑桥大学等世界一流大学的优秀开放式课件、先进教学技术、教学手段，通过教育创新，不断提高我国的教育质量，并将我国优质的教育资源向全世界进行推广，实现优质教学资源的积极交流与共享。

（2）OOPS(Opensource Opencourseware Prototype System)。开放式课程计划，是将国外一流大学的开放课程翻译并制作成中文课程，面向我国的师生授课，使我国师生能更好地享受到优质的教学课程。

（3）OCW 是 Open Course Ware 的简写，是世界优秀学校教育资源的全球共享，这些学校将本校所开设的全部课程的教学资料与课件在网上公布，以便全世界范围内有需要的人下载参考学习。

（4）网易公开课。网易公开课是通过视频免费分享国内外著名学校的公开课程，如 OCW 翻译成中文的课程。

当前，信息技术在大学英语课堂教学中的应用越来越普遍，这些技术的使用对教育过程、教学过程、教学方法和手段均产生了深刻影响。课程资源的共享是新时期信息化教学带来的一个最明显的教育教学改变。

为了推广和普及信息化教学，我国开通了"校校通工程"，使全国 90% 左右独立建制的中小学校能够上网，共享网上教育资源，在提高中小学学科教学质量的同时，为教师的再教育提供了条件。

在网络信息时代，个人、教育机构、学校与外界进行不同层次的信息沟通、信息获取、信息利用、信息共享，实现信息技术与教学的有效整合，既推动了教学的发展，也促进了教师与学生的发展。

（三）对大学英语教师的影响

大数据技术的广泛应用对大学英语教师有巨大的影响，具体表现如下：

（1）大数据技术对大学英语教师的最大影响在于学生获取知识途径更加多样化了，大学英语教师不再是学生获取知识的唯一来源。

（2）新时期，新的媒体和技术的应用对教学观念、方式和手段也带来了极大的冲击，对大学英语教师的教学过程影响显著。

（3）大数据技术在大学英语教学中的应用对教师素质能力的提升有重要作用。将大数据技术融入课堂之中，可以优化教学方法、提高教学效率。但是，由于学生选择学习的时间、内容等具有了灵活性和自由度，很可能会导致学习的失控。从传播学的角度来说，大学英语教师不仅是教育信息的传播者，更是把关人，因此应该考虑实际情况，对信息有针对性地选择，科学调配教学过程。

（四）对大学生自身的影响

大数据技术的教学应用对大学生的影响如下：

1. 大学生是大数据技术发展的最大受益者。大数据技术提供的个别化、网络化的学习方式，可以使大学生根据自己的特点和水平选择合适的学习进度，在轻松的环境中学习，实现真正的"教育平等"。

2. 大数据技术的应用拓展了大学生获取信息的途径，改变了大学生的基本听、说、读、写的方式，具备了更加自由化、多样化的表达方式。

3. 信息社会，任何一名学习者都必须具备一定的信息素养，具备独立的终身学习能力。大数据技术不仅对教师的教学能力有较高要求，而且对大学生的自主学习能力也有较高的要求，要求大学生具有信息社会要求的观念、意识和现代教育技术能力。

此外，大数据技术发展对教学的影响不仅局限于上述几方面，大数据技术发展推动了教育现代化发展，推动了教育教学的改革，现代化的教育教学是以培养创造型人才为目标的新型的现代教育体系。信息的发展通过信息技术影响教学，不仅体现在教学物质基础、教师与学生"教"与"学"的影响方面，还间接推动了教育思想现代化、教育内容现代化、教育管理现代化。

二、大数据给大学英语教学带来了挑战

（一）对高校英语教师的信息素质提出了更高的要求

大数据技术发展对教师对于教学信息的加工、传播、反馈与收集能力提出了一定的要求。新时期，大学英语教师要胜任大数据技术并合理应用于大学英语教学，就必须掌握一定的信息技术知识，并具备现代信息的加工、处理能力。

大数据时代对整个社会有着很大的影响，对人们的生产、生活、学习等有较大的改变。在教育层面，也逐渐改变了大学英语教师的角色，传统教学中的教师是教学内容的唯一提供者，但是在信息化时代下，学生除了从教师那里获取知识外，还可以通过很多渠道获取知识，大学英语教师的角色也发生了改变，即成了引导者、辅导者、指导者。

大数据驱动下的大学英语教学对教师提出了更高的要求。具体来说，教师不再仅仅扮演知识的传授者与引导者的角色，其扮演的角色更加趋于多元化。因此，大学英语教学与大数据技术的融合还要求教师不断提升自己的专业化水平，促进自身的专业化发展，进而适应信息时代对大学英语教师的要求。

随着大数据技术融入大学英语课堂教学，学生的学习与大学英语教师的教学都发生了革命式的变革，新兴的课堂教学环境即互联网技术教学环境得以产生，大数据驱动下的教师角色一部分是基于传统教师角色中的"传道、授业、解惑"者，应积极汲取传统教师角色中的优点，认真扮演知识的传授者角色，同时应看到传统教师角色已不适应教育信息化的发展，如管理者、灌输者等角色的局限，应实现自我角色的转变，处理好传统角色中的教师角色延续，并重视"互联网+教育"下教师角色的转换，不断提升自身的信息素质。

（二）对学生的独立学习、全面发展提出了更高的要求

学生是教学的对象，教师的一切决策都要围绕学生开展，教师应充分考虑到学生群体和学生个体的身心特点与学习、发展需要。教师应关心和尊重学生，为引导学生积极参与教学创设良好环境与情景。

在大数据时代背景下，教学活动中学生的主体性地位发生了改变，主要表现在以下几方面：

（1）对教育对象的自主选择权。学生对教师教学的影响并非无条件地接受，这就要求教师的教学尽量适应学生的发展需求，学生有根据主体意识，积极地或消极地进行选择的权利。

（2）对教学内容的自主选择性。学生主动参与教学内容的选择是当代教学思想所提倡的，学生选择教学内容是学生自主性中最活跃的因素。当然，必须强调的是，学生是在教学目标的框架内参与一部分教学内容选择，在课程专家根据社会和教育目标所做的初步筛选后进行。

（3）参与教学活动的积极性和主动性。学生学习活动的主动性、自觉性是学生学习主体性的本质体现，教师的教学活动要建立在学生对学习的自觉、主动、自我追求的基础上。学生在学习过程中能积极地参与教学活动，并能通过自己已有的知识经验、认知结构主动地认识、理解、吸收新知识。

（三）对信息技术下师生的有效互动提出了要求

在大数据技术出现之前，教师与学生交流沟通的场所主要是教室、操场、学校活动中心。

在教室内上课过程中，教师与学生之间首先要完成本次课的教学任务，然后才能进行课程外学习内容的交流，因此，师生在学校各教学场所的交流是十分有限的，主要是教师在讲、学生在听，一节课下来，师生之间的交流与互动往往仅仅有几个点名提问，并没有师生探索、讨论互动。很多教师在完成教学工作后忙于其他事情（如进行科研），也没有时间与学生交流。师生交流缺乏主动性。

课堂之外，教师在学校除了日常教学还有很多其他工作，学生的校园生活也十分丰富，由于师生的教与学的任务不同，在不同的时间段，他们需要分别在不同的空间场所内开展教与学的工作，这就更加使师生课堂关系难以在课外继续保持联系。

课上的交流有限，在课外，教师与学生之间的交流更是少之又少，调查发现，很多学生在课外时间难以接触到教师，即便有交流机会，也是"不怎么愉快"的"被动交流"。上述情况充分表明了学校师生存在着交流障碍，这些障碍有主观和客观原因，有教学安排的局限性，也受制于教育技术，教师与学生在课外缺乏沟通与交流的平台。

大数据技术的发展和教学应用，为师生之间更加频繁的交流提供了技术支持，教师与学生可以通过 QQ、微信、校园网、教学 APP 等实现随时随地的线上交流，但是，由于线上网络课程教学中师生不是面对面的，学生在教学中对教学内容的投入状态、对教师的回应在很大程度上依靠自觉，因此，教师很难像在真实课堂教学中那样监督学生，也不能给每一位学生形成一种紧张、专注、融洽的课堂环境氛围，因此，很多学生在线上课程的学习中都处于沉默、"潜水"状态。

大数据驱动下的大学英语课程教学中，学生的"线上沉默"有一部分是课堂时空环境和氛围造成的，此外，与教学内容难易程度、教学内容呈现方式、教师的线上互动方式方法等有密切的联系。

第三节　大数据驱动下大学英语教学的优势

一、提高教师工作效率

计算机作为一种工具，可以不断提升教师工作效率，如设计教案、录入成绩、查询资源等，这些都是通过计算机来辅助的，对于教师来说非常重要。

在大学英语教学中，教师可以通过服务器对自己备课的内容进行讲解，并对学生的学习状态进行实时的观察，之后进行测评，检验学生的学习情况。

在作业批改上，一些客观性的题目可以通过计算机来操作，主观题在学生作答之后，教师可以通过处理软件来批改。这样就大大地提高了教师的工作效率，将有更多精力置于讲解与研究层面。

二、发挥学生主体作用

大学英语教学与大数据技术的融合可以将学生的主体地位凸显出来，学生可以从自身的需要出发，选择自己的上课时间，采用恰当的方法调控自己的学习进度，从而借助信息技术进行掌握。当在学习中遇到问题时，他们也会调整自己的学习速度，随时对问题进行解决与补充，从而不断提升自己对知识的掌握情况。当在学习中感到非常容易时，他们也会提升自己的学习速度，这样便于掌握更多的知识，也可以进行测试与检验。

在这一过程中，学生能够正视自己的不足，巩固自己的语言知识，便于自身形成良好的学习习惯。同时，无论学生处于何处、什么时间，他们都可以运用各种教材与课件，查询、访问或者下载，这样有助于他们进行针对性的学习。当然，如果学生在学习中遇到问题时，他们可以发送邮件与教师进行沟通，让教师为他们答疑解惑。因此，信息技术使学生清楚地了解自己的学习情况，发挥自己学习的积极性，促进自己的学习进步。

大学英语教学本身是一门能力课，如果仅仅学习理论，这样的学习显然达不到成效，还需要通过锻炼，将理论付诸实践。在传统的大学英语教学中，很多学生因为害怕或者自信心不足，导致不愿意在公共场合开口讲英语，在课堂上也不愿意回答问题，显得非常焦虑，这样的情况是非常常见的。但是，在大数据驱动下的大学英语教学中，学生不用担心这一问题，因为他们不是面对面的，学生会不断释放自己的压力，从而愿意回答问题与解决问题。

另外，大数据技术在大学英语教学中的运用，为学生提供了一种交互式的学习环境，其中实现了文字与图片、动与静的结合，因此显得更为逼真，学生的学习也具有趣味性。

三、提供丰富的资源信息

在大数据驱动下的大学英语教学中，教师应该考虑学生的基本情况，对各种资源进行调用，进而制作成课件，当然要与学生学习的需求与风格相符。教师需要在网上搜索相关资料，不断丰富教学内容。

此外，由于国际信息技术的通用语言为英语，因此在网上存储着应有尽有的多媒体形式的资源，有专门的教学资源，有实时性极强的报刊资源，这些资源都为学生提供了原汁原味的资料。

第四节　大数据驱动下大学英语教学的属性

关于大学英语教学的学科属性，长期以来有着不同的观点，并未达成一个统一的见解。根据教学观点，大学英语教学是从语言学、心理学等学科建构起来的一门新兴学科。

我国的大学英语教学语言学研究中并不属于一门独立的学科，而是置于应用语言学科之下。

由于大学英语教学属于一门综合学科，其跨度非常大，这就给其属性的研究和探讨带来了难度，这也是大学英语教学这门学科地位至今未确定的主要原因。

事实上，大学英语教学除了与语言学、心理学等学科有着紧密的联系，其还涉及一些系统的领域，如教师与学生、知识与技能、德育与智育等。

现如今，在大数据驱动下，大学英语教学需要拓宽自己的范畴，探索教育与技术更为广阔的空间。换句话说，大学英语教学不仅需要对语言学进行研究（如对语言特征进行描述、对语言功能加以分析与解释等），还需要对包括本族语在内的整个社会大系统的多学科领域进行研究，这是因为语言系统对大学英语教学的作用仅仅限制在语言形式与内容上，而英语的运用则需要语言符号与文化的双重转换。可见，在大数据背景下，也是如此。

根据上述分析可知，大学英语教育不仅是一门应用语言学科，语言学也不是大学英语教学的唯一归属学科。在大数据驱动下，大学英语教学的目标不仅是将语言视作一种符号来教授词汇、语法、语义等；还应该将语言视作一种交际工具，从功能、意念等多个层面实现人与人的交互；或者将语言视作一种生理机制，将语言认知与习惯视作教学目标，教学采取英汉语对比的形式开展；或者将语言视作思维工具与文化载体，通过英语这门语言的学习，对另外一种文化进行观察与分析，掌握另外一种文化中人们的思维方式与价值观，从而更好地融入这种文化中，顺利完成交际。

第四章 大数据时代英语教师专业发展理念

英语教师也要紧跟时代脚步,在教学方式的探索和实践中充分利用大数据时代的优势,并坚持以学生作为教学主体,有效地提升教学质量和效率。英语教师不但要做好教学工作,更应该注重自身经验和水平的提升,并在大数据信息技术的支持下,加强和学生的沟通、互动,从而确保学生的英语综合能力得到较好提升,推进英语教师专业的持续发展。鉴于此,本章主要探讨大学英语教师在教师专业发展中的作为、英语教学改革与英语教师专业发展、人文教育与英语教师专业发展以及大数据时代英语教师专业发展模式。

第一节 大学英语教师在教师专业发展中的作为

近年来,教师的专业化建设得到极大重视,各种各样的方法被应用于提升教师队伍的建设,主要包括以下方面:一是提升教师培养的专业化水平,二是使教师具备更多的专业发展平台,三是教师在专业方面的自主权利越来越突出。当然教师队伍专业水平的提升不但需要教师本身不断提高自己的专业素质,更离不开教育机构、科研机构、学校领导以及相关部门的协调和配合,并要获得政策和法律上的支持和保障,同时教育理论的发展、教育者的自主参与都是非常重要的因素。大学英语教师更应该注重自己专业化水平的不断提升。

英语教师的职前培养成为英语教师专业化培养的关键组成部分,也就是说要基于在校师范生的专业化水平培养,作为教师职前培养的出发点,其质量好坏和水平高低将直接制约着教师能否顺利地进入角色、胜任教学工作等。在校师范生的教育需要达到以下目的:一是能够让所有学生都树立起教书育人的职责感和责任感,并能够在英语教学中灵活运用各种思想教育方法。二是具备较为深厚的英语运用能力,对英语语言知识能够开展数量运用。三是对英语教学的基本理论有较好掌握,并可以灵活运用各种英语教学技能。四是掌握一定的现代教育知识。五是对与英语教学相关的心理学、教育学等知识有所了解和掌握,而且能够灵活地将其运用到日常英语教学中。因此,如何设置师范教育课程和灵活运用各种培养方法,也成为师范教育学者和教师的重要任务和职责所在,需要结合课程教学、学术讲座、教育实习指导以及其他学术活动等来促进学生的专业化水平,使得其毕业后能够顺利地进入英语教师角色,并不断地提升自己的专业化水平和专业化质量。随着教育理论的不断发展，教师也需要与时俱进，更新和完善自己的知识体系，同时最为关键的是要培养自己独立发现问题和解决问题的能力，才能保障自身获得长远发展。

现在的基础教育改革以培养顺应国家基础教育课程改革需要的新型教师为目标，所以，从事教师教育的大学英语教师既要承担起专业课程教学任务，还要对基础教育课程改革有所了解和认识，从而跟上时代发展需求，做好在校师范生的教育和培养工作，确保其专业化水平得到不断提升，以利于在校师范生对实际的教育问题、教育现实及解决方法予以重点关注和了解。

从事教师教育的大学教师首先要深入地了解和研究基础教育课程改革，要做好大学生的教育实习和毕业论文指导工作，因此想要顺利地担负这些职责，就需要对英语课程改革的目标、理念和内容都有所认识。

高等院校调整和优化基础教育教师培养和培训的内容和教学方式都需要建立在对英语新课程六大基本理念的认识和理解的基础上，如此才能更好地满足新课程教师的培养和培训需求。

（1）注重素质教育，促进全面发展。结合英语教育和其他相关学科教育的共同发展是素质教育的基本要求，并以提升学生的整体素质为目标，使学生的人文素养、实践能力和创新精神都获得较大发展；需要提升学生的情感认识、学习能力、综合语言运用能力，使其在思想上也得到较大提升。

（2）面向全体学生，尊重个体差异。要求关注每一个学生，因材施教，不能顾此失彼，只顾个别而忽视全面。学生在学习风格、学习基础、学习潜能及兴趣爱好上都有着较大差异，教师要对学生的差异给予尊重和理解，并针对不同的学生采取不同的教学材料和教学方法，从而发挥每个学生的特长和优势，促进学生的整体发展。

（3）强调学习过程，倡导体验参与。新课程所采用的教学方法和教学手段都以促进学生的语言学习过程学习成效为目标，并提倡学生经过教师的指导后，能够积极自主地进行学习实践、学习探究、学习合作及学习体验等，从而把握语言规律，完善自己的语言知识和技能体系，并形成自己的学习策略和学习方法。

（4）注重评价过程，促进学生发展，新课程需要对注重学科知识考查的传统教学方法予以改革，不能将目标建立在学习成绩和学习结果上，而是要引导学生积极地参与到过程中去，并加强对学习过程的评价，这对学生的全面提升非常有利。

（5）开发课程资源，拓展学用渠道。以往的教学中可能只利用一套教科书，但是随着信息化时代的到来，课程资源也不断丰富起来，需要教师予以选择和甄别，使其对自己的教学产生积极的促进作用，此外，还应该指导学生合理地运用海量的学习资源，促进自身知识体系的构建和完善。

第二节　英语教学改革与英语教师专业发展

随着信息化和全球化的发展，英语教育也成为全世界瞩目的重要课题，国内的英语教学经历各种改革和完善，获得较好效果；国内在21世纪重点改革英语教育的体制问题上，对英语教师提出了新要求，其培养的专业化也成为现在的重要问题。英语教育体制问题的不断革新，使得教师的知识结构、教学研究及教育观念都面临着新的挑战。

一、英语教学改革对英语教学的挑战

1.对英语教师教育观念的挑战。教师的教育教学行为都以其本身的"教育观念"为指导。因此，要改革英语的课程体制，英语教师的教育教学观念也要做出必要的调整和改变。英语教学从初级到高级的最终目的都是加强与培养学生对英语知识的综合应用以及学生素质的全面发展。英语体制的改革是从以"传授理论知识"为根本转向"以学生为主，促进学生全面发展"为教学最终目的，调整对英语课程的认知和定位。语言在人们之间不仅具备工具的功能，还有传播人文知识等作用。因此，英语教育教学不仅是注重培养学生应用沟通工具的能力，更强调学生素质的全面培养，即"人文教育"的实施。

2.对教师的学生观和教学观的挑战。传统英语教学体制中的学生观和教学观是对英语教师专业素质水平整体提高的限制，因此也需要改革。传统意义上的教学强调的是教师的主动传授和学生的被动接受，教和学相互分开。这种教学观违背了"以学生为主体"的现代教学原则以及学生的"主观能动性"。新理念下的课程教学则强调教和学之间的互动，即师和生之间注重相互联系、沟通、交流、分享及启发等。他们可以分享和交流各自的想法和观点、丰富课堂教学内容、探讨新发现等，最终实现"教学相长"共同进步。除此以外，教师应该丰富自己在课堂中所扮演的角色并根据不同教学情景调整自己的角色定位。因此，教师在教学过程中不应该只担任知识传授的角色，更重要的是要积极组织课堂活动，引导学生学习，收集和聆听学生的观点和想法，及时有效地解决学生面临的各种疑难问题，积极主动地为学生提供充分的知识资源并参与到学生的讨论中去。如今，信息化手段丰富了英语教学和学习的资源和渠道，因此学生对知识和技能的学习不再仅限于课堂中，这会让他们对新的课堂内容产生各种不同的想法和观点。所以，英语教师应该承认学生个体的能力和潜力，并积极引导学生将自己的观点和想法表达出来以充分了解学生的学习需求。如此才能促进学生"主观能动性"的发挥，由传统的"教师观"转向符合现代教学观念的"学生观"。

3.对教师知识结构的挑战。英语课程强调培养学生综合运用英语的能力，为了实现此目标，英语课程在具体内容方面都提出了更高的要求，教材编写也随之有了大幅度改变。新教材的题材广，涉及中西方社会文化知识、自然知识、科技知识等各种学科知识，如果教师不了解这些知识，就无法准确地理解英语课文，更不能深入细致地讲解课文内容，而只能简单地讲解语言，或停留在表层意义的讲解上。优秀的学生对知识有更多的渴求，对教师也有更高的要求，他们不只是希望英语老师能够讲解语言知识和西方文化知识，还希望老师能够使他们开阔思路和视野，增长见识。

二、英语教学改革下英语教师专业发展途径

教育的质量要取决于教师水平，教育改革的成败也在很大程度上取决于教师专业素质的高低。国家教育的发展需要一支高水平的专业化教师队伍。为了推进英语教师的专业发展，还需要在以下两方面不断进行探索：

（一）优化师范院校英语专业课程的结构

师范教育是教师教育的基础阶段，师范教育的课程设置是培养专业化教师的重要环节。师范院校英语专业的课程需要在三大类别方面加以强化：英语专业课程、教育专业课程和普通教育课程。

英语专业课程包括综合英语、泛读、视听说等英语语言课程和英美文学、英美概况、语言学、翻译、英语报刊阅读等课程，我国师范院校英语专业一直以来都非常重视英语专业课程，重视培养学生的英语语言知识和语言技能。英语专业方面的课程总体上受到重视，其原因是人们有着很强的专业意识，人们把"英语专业"放在第一位，重视师范生英语素质的发展是应该的，因为优秀的英语专业素质是成为优秀英语教师的首要条件。师范院校英语专业的课程设置充分体现了英语的专业性。

师范院校英语专业的课程设置除了体现英语专业性之外，还应该体现师范性，师范性需要通过开设多种门类的教育专业课程来实现，我国师范院校所开设的教育专业课程主要有心理学、教育学、教学法和现代教育技术。英语教学法是英语专业师范教育中一门重要的课程。通过英语教学法课程，师范生了解英语教学的理论和方法，学习英语教学技能。

教育实习也是师范教育的重要组成部分。通过实习，师范生一方面获得初步的课堂教学和学生管理体验，学习如何处理常见的教育、教学问题，获得教育教学的感性认识，了解教育改革的理念和方向，为将来从事教师工作打下一定的基础。另一方面，在实习过程中可以发现实习生知识和教学技能方面的缺陷，反映出师范教育的问题，为改进师范院校的教学提供依据，同时使师范生意识到自己的不足，并明确下一步的努力方向。

（二）健全教师继续教育制度

随着信息时代的到来，知识的更新速度逐渐加快，随着新的理论与观念的变更，教师在学校获得的知识开始逐渐退化与落伍。同时，社会信息变更不断，教育也同样日益跟进与变化。表面上英语教师教授的是一门语言，但是语言在社会经济以及科技

变化中也不断推陈出新，新的语言表达方式陆续更新，教师需要持续不断地加强自己的学习与摸索，才能适应信息时代变更对教学的需求，教师不断学习与探索专业素养是我国教育更进一步的保障，所以，教师继续教育的相关制度务必不断健全。

教师继续教育的培训应充分利用各种教育资源。师范院校、教育学院、具有教师教育优势的综合性大学、教育研究机构可以建立教师继续教育联合体，优势互补，共享资源，共同研究教育问题并探索对策，各所学校可以制订教师继续教育培训计划，实行轮流培训制，保证每位教师都有接受继续教育的机会。

英语教师继续教育培训可以加强语言教育专业课程。英语教育心理学、英语教学理论与实践、英语教学法、第二语学习得、交际语学教学、跨文化的英语教学等都有利于提高英语教师的实际语言教学能力。教育教学研究能力是现代教育发展对教师的要求，所以，教育研究方法和英语教学研究方法也是英语教师继续教育中必不可少的课程。

英语教师继续教育有其必要的需求与趋势——强化对外交流。每一个国家的语言都承载着当地的文化，英语教师需要去亲自领略异地文化生活，通过去相关英语国家生活学习，不仅可以非常透彻地了解与运用英语语言，更有利于培育其正确的世界观。

综上所述，英语教学体制改革对英语教师提出了更高的要求，解决英语教学中的各种突出问题，不仅需要从体制上进一步完善，还需要全体英语教师的努力，推进英语教师的专业发展，是教育改革取得成功的重要保障。

第三节 人文教育与英语教师专业发展

英语教师专业发展中，自主发展意识和全面发展的提出正好和人文教育所倡导的以人为本和全面发展的理念不谋而合。人文教育最早出现在欧洲文艺复兴时期，是基于人文学科发展而来，是针对学习者的人文素养和人文精神的培养而形成。英语学科是组成人文学科的重要部分，其人文精神和人文因素也非常丰富。英语专业复合型人才既要掌握扎实的英语语言知识，也需要具备一定的文化底蕴，同时，要不断地提升自己的创新能力、合作精神、心理承受能力和协调能力等。传统的英语专业教师要想适应新时代的英语教育发展，就要加强自身人文素养的提升，从而为培养英语专业复合型人才贡献自己的力量。英语教师专业发展的根本就在于教师本身的发展问题，并以促进学生的整体提升为目标，这也符合人文教育以人为本的教育方针。所以，英语教师的专业发展可以以人文教育的要求和理念为基础。英语专业教师在人文教育理念下如何实现专业发展和采取何种方法来提升专业化水平是本书研究的主要课题。

一、人文教育对英语教师专业发展的适切性

复合型英语专业人才培养是为了最大化地激发学生的潜能，并促进学生的全面发

展。所以，人文教育在其中的作用也不可忽视，人文教育的理论和方法也同样适用于英语教育。英语教师专业发展是不可或缺的职后教育形式，所以其教育过程可以充分结合人文教育的优势。因为英语教师专业发展的本质和人文精神的培养相统一，换句话说，人文教育在英语教师的专业发展中产生着重要的推动作用，其主要有以下三方面的体现：

（1）教师专业发展的目的：人文教育和教师专业发展的目的相同，都是激发学习者的最大潜能。人类潜能最大化是人文精神发展的重要目标。英语专业教师既要具备深厚的英语语言基础，也要具备一定的人文知识和人文素养，以激发学习者的最大潜能为目标。这在一定程度上也和人文教育的理念不谋而合。而对于英语学习者来说，其目的就是参与到社会交际中，并将自己的最大潜能充分体现在社交中。所以，教师专业发展的目标是最大化地发挥出潜能，不仅是针对教师，也是针对学生。

（2）教师专业发展终极目标：人文教育最终是为了获得精神的自由和解放。人文教育是为了促进人的和谐、完整和丰富化发展而存在。英语教育教学是为了体现生命追求和生命价值而存在，也是基本的生存方法。职业和生命价值的关系密不可分，促进英语教学的专业化发展在本质上也是促进生命的价值体现。而且教师专业化发展也是为了让教学获得更高的协调性和统一性，并让教师从工具理性的禁锢中脱离出来，真正地得到精神的解放和自由。

（3）教师专业发展的基础：人文教育具有类群体意识等特征存在。人文教育是为了树立起类群体意识，其最高的行为准则就是人类的生存和发展，并促进其协调、和谐发展的过程。英语专业发展也是为了促进教师自身和周边环境的感受，并进行自我分类的过程。教师的发展以所在群体为基础，教师通过自己的探索、能力和智慧的发挥以及和其他群体成员之间的互动来实现自身的持续发展。所以，教师专业发展建立在人文教育类群体意识的环境基础上。教师自我分类和自我定义就是为了实现自身的专业发展，并依据不同的专业场景来进行各个层次的合作和沟通，并通过不断的自我反省来获得能力的提升。

二、人文教育下英语教师专业发展的途径

人文精神的教育能够促进英语教师专业的发展并与之契合，能够引导教师专业的发展。英语教师专业发展途径从人文教育层面来看有以下三方面：

（一）着力提升英语专业教师人文素养

语言学习的过程中，伴随着丰富的人文教育，所以英语教学不只具备工具性，还具备人文性。首先，教师在教学时要将人文思想传递给学生，培养出更加全面的英语人才，使其具备国际视野和人文精神，最大化开发学生的潜能，让学生综合发展。英语教师专业发展最重要的就是细致的专业知识，这是由语言的人文性决定的。教师一定要不断磨炼自己的听说读写技能，让自己的英语基础更加扎实，在课堂上能够更加

灵活地应用语言方面的知识。其次，教师还应当接受多元的文化，具备国际视野，修养内心，以线的方式来看待世界，拓宽自身的思维，让自己能够独立于文化的交流与融合中。教师要有包容的胸襟，接受多元文化。最后，教师需要具备较成熟的跨文化交际能力。从本质上来看，英语学习是两种文化的交流，是语言的转换。文化学习能够促进语言技能的掌握，教师若想使学生的跨文化交际能力得到提高，必须要对目的语国家的文化、历史和风俗都有深刻了解，能够灵活地将文化融入教学中，使讲课更加生动，提高学生的交际能力。

（二）形成正确的职业发展观

自由精神和人的全面发展是人文教育重视的内容。优秀的英语教师需要具备教师的职业道德和职业观。在教师的专业发展过程中，职业观是内部动力，能够使教师的专业发展意识得到增强，教师在拥有坚定教学信念的情况下，更能在职业生涯中稳步前进。教师职业发展的内在动力是自我发展意识和教学信念，是在教师拥有正确的职业道德和职业观的情况下存在的信念，只有这样，教师才能够更加重视教学本身，热爱教学，在追求知识的道路上不懈努力，发展自身的实力与精神世界，更能获得真正的精神自由与解放。

（三）优化教师发展环境的人文性

专业的发展离不开人文环境，良好的人文环境能够促进专业发展，资源和社会环境都是教师发展环境的部分。教师所在院系、领导、同事、学生和家庭组成了教师的社会环境，此外，还包括间接社会环境，如教育政策等。教师学习的资源是主要资源环境，包括图书刊物和学习机会等。教师若要发展，必须要依靠教师发展的人文环境的改善，以下三方面是着手点：

首先，以人为本是教师所在院系要遵循的内容，对教师应当予以尊重和深入了解，注重教师的发展和心理需求，全方位地为教师的发展提供服务。可以在教师遇到培训和学习方面的实际困难时给予帮助，适当提高待遇等。

其次，学校和教师可以建立教师教学科研群体，打造学习共同体有利于促进教师的发展，贯彻人文精神类群体意识，使教师在实践过程中能够获得群体和自我效能感。

最后，应当放宽对英语教师所在学校和院系的制约和管理，让教师能够具有更大的自由空间，进行专业发展，将教师发展的重要性体现出来。可以引导和促进教师专业发展，让英语教师得到更多国外访学和短期交流的机会。

综上所述，人文精神非常全面地开发了英语教师的发展潜能，从中可以看出人文精神其实也是人文教育的价值取向。人文精神与教师成长的路径相符，主要是让教师行业建立组织意识，同时让教师行业拥有更加自由和开放的发展环境。各院校需要最大限度地去改革教师环境发展的人文性，需要教师建立正确的教学观，使人文教育引导下的人文素养得到不断提高，这也是教师行业得以不断发展的重要路径。英语教师专业不断地发展进步，离不开学校与教师的同心协力。这是繁杂的发展进程，需要每个层次共同努力，方可培育出各方面均优秀的发展型人才。

第四节　大数据时代英语教师专业发展模式

英语教师专业能力要求越来越高，尤其在如今的大数据时代下，如何规划教师专业发展路径？本节将从教师专业的进步与实施措施探究两方面来展开论述。

一、大数据时代英语教师的自主发展模式

自主发展模式包含两方面：一是反思教学模式，二是教育行动研究模式。每一种模式都有其操作流程与具体操作方式。

（一）反思性教学模式

反思是一种思考模式，主要指对于所有的教学信条以及相关知识，不断地进行主动且周全的思索，反思性教学主要指教师在整理了解学生的各种信息以后，通过了解其态度和信念等方面的反思情况，要求教师对自己的教学行为等推陈出新，其中也包括对教学各个方向问题进行批判说明。

反思遵循教学进程可以分为三个阶段，包括教学前、中、后三方面的反思，反思不仅可以大大增强教师的内在知识与精神信念，还可以增强教师的自我认知与各方面能力。英语教师不仅仅是古板的教书先生，从某种意义上来说，他们也是反思教学的践行者。反思教学的详尽措施及操作程序如下：

1. 教学前反思。英语教师需要具备各方面的方法与技能，如教学方式、上课模式、教育知识和相关理念等，同时需要不断地推陈出新、更新观念，不断地提高教学效果；另外，教师还需要根据实际情况来制订教学计划，仔细研究各种有可能出现的情况。教学之前充分准备好，是我们进行反思教学的一个基础。

2. 教学中反思。教学反思指的是什么呢？具体是指反思教学的实施。一方面，教师需要开展有用的教育教学。另一方面，教师也需要从不同方面去同步监看与考察自己的教育教学，从中获得更多的反思和信息以及提高教育教学技能。可以采取多种方式，比如，编写教学日记、教师之间相互监督、进行问卷调查、教学研究以及教育教学案例分析等。

3. 教学后反思。教学后反思是指教师进行后期补充以及从中得到提高的阶层，教师在教学过程中需要根据各方面的学习变化来不断地改变自己的教学行为，从而使教学过程变得更加明确，其可以通过教育教学的后期监控以及后期反思来得到。因此，教育教学后期的反思时间，需要教师明确其目标才能不断地提高自己的教学能力。

4. 建构教学行为反思的连续体。不管是英语教师还是英语教学，都有其可持续发

展性。反思性教学从表面看来是针对几节课的行为,但实际上在整个教育过程中都持续存在。所以,从教育教学的初期准备到后期的补充与拔高,反思性教学在这一过程中逐渐成为紧密连接的网络以及不断更新发展的系统。

教学过程中要懂得自我反思,它是我们实现教师行业发展的一个主要方式,反思过程中需要注意多方面,如教学合作、团队活动等,需要根据各个成员之间的相互配合来实现教育教学的共同发展,单纯地只看重自己的发展以及自己反思是不可行的。此外,教师在教学过程中还需要对自身进行反思与研究,从长远的教学角度来规划自己的整体发展,从而实现教育教学的不断发展。

(二)教育行动研究模式

教育行动研究在另一方面可以看作一种教育思想,它要求教师在教学的过程中主动地推陈出新,改变自己的教育理念。从课堂教学开始,将教学过程中的具体行为与教学探索相结合,从而提高教学质量,同时可以提升教师素质。此种行为模式中的教学理念和传统中的单从研究方面得到结果的方式有着不同的性质。在教育行动研究中,教育行动与其教育研究是相辅相成、相互依靠的轮回过程。

教育的基础是实践,其行动研究方式主要有五方面:

1. 录音录像

录音录像就是对教师的课堂教学活动进行记录,英语教师可以通过语言转录的方法,对自己的课堂行为进行多角度的思考和探究。这种方式是教师对录音或者录像进行反复播放和探究,使教师发现自己的一些比较隐性的教学行为,从而有利于对自己进行反思研究,探究这些行为发生的原因,寻求问题解决的突破口,有利于自身教学素质的提高,实现有效教学。

2. 课堂观摩

课堂观摩是教师同行、专家或者学生作为第三者,对教师的课堂教学行为进行观察和记录,进行多维度和多层面的分析和研究。课堂观摩能够为英语教师提供及时的反馈,使教师发现教学上的优缺点,并不断地改善自己的教学。课堂观摩可以提升英语教师的教学技能,并赋予教师更多的权利,使教师互相合作,促进知识和经验的共享,提升教师的专业能力。

3. 问卷调查

问卷调查是指教师通过问卷调查表,通过不记名方式,要求学生根据课堂实际情况,在问卷上做出回答,目的是使教师对自己教学实践的某些方面进行自我观察、自我监控和自我评价,有利于了解学生的真实感受和需要。问卷可以根据学生的兴趣爱好,从教学内容、方法、进度、课堂管理及效果等方面进行设计。通过这样的方式,可以呈现出经过量化的数据材料,问卷一般还有访谈的环节,教师通过对学生进行访谈,可以了解学生的背景知识及心理状态等,有助于对整体数据进行阐释。

4. 教学档案袋

教学档案袋主要包括教学、学习、研究、反思、评价等内容。教学档案袋中主要涉及教学内容、班级情况、方法、策略、教学前的准备和教学组织、学生评价及其他相关的学校环境；反思部分是教师对自身的教学行为进行感悟和思考的过程。档案袋评价功能的有效载体是学习、研究和评价，教学档案袋内容丰富、目的明确、建构自主、反思理性，作为一种有结构的反思工具和寻求教学改善而呈现信息的方法，有其突出的优势。教学档案袋可以培养教师的反思习惯，关注过程；倡导教师自评、同行评价和专家评价相结合的多元评价体系；教师自我展示和教学创新，可以通过个性化的方式得到体现；实现学习、研究、评价、管理的功能整合。

5. 教学报告

教学报告是指对一次课堂教学重要特点的回忆做出记录，目的在于检测课堂教学情况，也为下一次课堂教学提供重要信息。教学报告是教师对自身的教学情况进行描述，可以是单独完成，也可以是合作小组共同进行。教学报告要与课堂教学目标和内容保持一致，在这个过程中，教师可能就会发现一些教学问题和差异，要对这些问题和差异进行比较分析，如果确实存在很大问题，应该改进教学方法、策略或者改换教学材料等，对教学做出合理的调整。教育行动研究是英语教师将教学与科研紧密结合的一个重要切入点。在教学报告的描述过程中，各种教学理论可以在教学实践中得到测验，教师可以进行很好的反思，从而检验自己的教学设计，改进自己的教学设计理念。在教学过程中，要不断地反思，从而实现教学实践反思的良性循环，提高自身的教学效果与水平。

二、大数据时代英语教师的信息环境模式

目前信息技术发展的主力便是大数据技术，知识的产生、宣扬和实践都在以崭新的式样进行，教师在教学方面的成长，一方面可以借助网络开展，另一方面可以依托现代教育理念，以其来作为教育教学开展的平台及新的机会。

（一）大数据与英语教师专业发展

1. 大数据技术为教师提供了丰富的学习与教学资源

大数据时代的发展给英语教师供应了一个大的资源库。英语教师不仅可以从中学到更多新的知识，还可以从中更新自己的资源库，而且这种方式没有时间以及空间的局限，可以根据自身要求，随意挑选学习的内容以及途径。英语教师自己也可以通过不同种类的博客，丰富自己的知识，同时网络平台，比如百度、谷歌等，通过类似搜索引擎来寻找更多相关教学资料。当然，通过网络等途径还可以看到或者听到更多更为优秀的教师演讲以及课堂报告，利用此种途径来达到资源共享，让教师之间通过相互学习与相互竞争来使自己变得更加优秀。另外，英语教师同样可以查询网络中的资源库以及相应的英语教师讨论平台来相互沟通学习；各种网络资源的集合让教师有更好的学习环境，通过众多的网络教程可以迅速拥有更多适合自己的教育教学资料。

2. 大数据技术有助于教师进行教学反思

教师反思是自省的过程，是让教师在教学中，以自身与整体的教学行为作为探索研究的主体，通过规划自己的教学过程，自主地去计划教学、检查过程、评价改进教学方案等，后期再经过不断地调整与检查，然后再总结，最后完成整个教育教学。此外，教师还可以在各种网络博客上发表自己的感想感悟、心得体会、教学规划、上课记录、科研成果及相关资料等，通过各种网络途径，教师可以很好地记录下自己的各种事项，从中得到反思，进而去调整教学规划，让自己变得更加专业。

3. 大数据技术为英语教师的合作以及平等交流提供了空间

教育需要相互合作，单单一个教师的能量是不够的。单单进行同样的工作，不仅浪费教学资源，而且对于解决教育教学问题也是不利的，在教师教学过程中，教师可能遇到各种普遍存在的问题，甚至是极为复杂的问题。所以在此过程中，教师需要相互之间交流与合作，方可解决相关教育教学问题，从而让大家共同进步。在如今的大数据情况下，教学交流不仅仅是单个学校的教育，其可以在各个学校之间相互交流，有同样喜好的教师之间通过网络途径，如电子邮件、网络博客及论坛等，开展教学方面的交流，相互督促与学习，共同进步。大数据技术环境下的相互交流可以促进英语教师之间的协作，共同解决教学过程中的相关难题，一同探索思路进程，互相合作，促进教师的学习兴趣，同时促进教师间的相互合作、相互交流以及教学探究和教学反思与感悟，从而提高教师的教学素质。教学交流不仅可以让教师个人得到好的学习，也可以让教师之间相互交流学习，从而加强教师的专业性，提高教育教学的品质。

4. 校园培训网可最大限度地为英语教学服务

大数据技术在教学领域的广泛传播以及实践应用在如今起着非常大的作用，更加优良的教学环境使网络上的培训以及学习更加方便，英语教师的自主学习以及相关学习规划和方式方法也更加优良。各个学校需要有各自的培训网，教师可以在校园网上了解学习更多好的优秀课程；将专家的优秀讲座在校园网播放，可以让没有参加的教师随时相互研究。英语教师的相关教学培训需要充分利用网络，发挥网络能动性以及教授培训体系的优势，从而提高教师的培训品质与教学效益。新形势下的教学模式需要以当代信息技术和大数据平台为依托，但是目前好多教师却没有当代信息技术的相关知识体系以及教学技术。所以，现在迫在眉睫的是让教师的当代教学技能等得以提高，以及教学方式得以改善。英语教师是两个角色的扮演者，他们不仅仅是教育者，还是学习者。作为一名英语教师，需要提升教学技能以及改善教育方式，同时需要提高相关的教育教学理念。

（二）信息技术与英语教师专业发展

1. 英语教师教育信息化体系

目前，我国各级学校基本已经有了教师教育信息化的雏形，利用校园网，通过腾讯QQ群、手机内部网络，建立三级教师教育信息化体系：学校—学科—学习小组。

以学校为单位的校本培训相对独立，学校之间可以通过全国教师教育网络联盟或其他方式联合起来，开展教师教育活动；而在学校内部，以学科教学为单位组建相应的教师教育共同体，各学科单位之间相互交流，在学科单位内部建立紧密的伙伴关系，形成学习小组，他们联系最为紧密，经常在一起进行校本研讨，形成师徒关系。各类成员间的紧密关系由紧到疏依次是学习小组成员、学科单位成员、学校单位成员。

理论研究、过程实施、校本共同体构成的三级体系从逻辑上体现了教师教育的过程，信息化教师教育过程也就自然从这三级体系中折射出来。但"信息化"特征需要落实在具体的手段、方法和联系方式上。目前，最受关注的便是全国教师教育网络联盟，此联盟还将构建以高水平大学为先导，师范院校和其他举办教师教育的高等学校为办学主体，区域教师学习与资源中心为服务支撑，社会力量积极参与，联合协作，优势互补，职前职后教育一体化，教师教育系统、卫星电视网与计算机互联网相互融通，系统集成，学校教育与现代远程教育等多种教育形式相结合，学历教育和非学历教育相沟通，共建共享优质教育资源，覆盖全国城乡的教师教育网络体系，从而实现教师教育的创新、集成和跨越式发展，为教师素质的不断提高和终身学习提供服务与支持。

2. 信息技术与学科教学的整合

信息技术与课程整合是信息化时代教育发展的必然趋势。信息技术与学科课程的整合就是通过将信息技术有效地融合于各学科的教学过程，营造一种新型教学环境，其本质与内涵是指在先进教育理论的指导下，把计算机与网络核心技术应用到教学过程中，实现各种资源的优化和整合，改善教学环境，促进学生自主学习，从而促进传统教学方式的根本变革。在这种整合的过程中，教师专业发展面临新的要求，教师专业发展模式中会出现现代教育技术的应用。信息技术与课程整合要将信息技术与课程教学真正地融合，而不是将它作为简单的教师演示道具。在整合过程中，要结合教师自身的知识背景情况、技术掌握情况以及个人教学风格等，制订最优化的教学方案，使教师在优化课堂教学目标的实现过程中达到最高的层次。

3. 技术提高信息化教学能力

通过信息技术与教学理念的整合提高教师信息化教学能力是体现信息时代新型教师独特性的核心专业素养。利用现代技术改变教学方法是教师专业发展的必然趋势，因此，教师要适应时代发展需求，大胆尝试并接受新技术及新方法。通过不断学习并掌握现代教育技术促进教学。新技术主要有信息检索技术、知识管理技术、表达展示技术、探究教学技术、思维汇聚技术、实践反思技术、教学评价技术、网络教学技术——英语教师应该在比较短的时间内掌握这些实用的技术，提高创新能力，促进教师专业技能发展。

4. 智能化计算机辅助英语教学系统

早期的计算机辅助英语教学主要利用编程逻辑自动教学操作（plato）系统，通过多个计算机与中心计算机互联实现教学。这有利于对学习效果进行反馈，及时发现学习者的学习问题和错误，并进行及时的分析和讲解；也有利于减轻教师繁重的作业批改负担,提高教学效率。智能化计算机补助英语教学是在计算机技术和英语教学结合长期研究发展的基础上逐步形成的。它可以将学习者的学习成果与计算机中的正确答案进行对比,而且添加了自然语言处理功能后,计算机可对语段进行自动分析,检验其所用的语法结构,或对口头输入进行处理,做声学分析。

5. 用计算机语料库进行数据驱动学习

大量在线电子语料以及通过各种电子媒介发行的电子文本为语料库的建设提供了无尽的语料来源。语言研究者可以按照研究兴趣和方向自己建设形式多样的语料库,它提供给学习者海量的语言使用数据,无论是经常使用的词语索引、扩展语境,还是完整的文本,其供应量都极其巨大,尤其在大型语料库支撑的条件下,数据量之大,绝非任何传统教学方法可提供的。数据驱动学习以学生自身需求为导向鼓励英语教师间的互助合作、共同探索,英语课堂活动则围绕各种学习内容展开。人们借助于语料库方法对语言系统,以及对语言系统使用情况研究的同时加深了对语料库语言学本身的研究。语料库语言学不仅是一种语言研究方法,更是代表着一种新的哲学思维方式,深刻影响着人们对语言的认识和研究。

第五章 大数据教学软硬件建设与开发

随着信息化时代的到来,信息技术不断推陈出新,信息化教学资源日臻丰富,智慧教室建设方兴未艾,为高职英语教学提供了广阔的舞台。实践证明,学科教学方法与教学资源硬软件有效融合,不仅极大地提高了课堂教学效率,有效地激发了学生的学习兴趣和认知主体的动机,唤起了学生学习的积极性和主动性,而且在学习过程中更有助于学生形成新思想、新观念、新方法,增强了学生的创新意识,培养了学生的观察能力、思维能力和创新能力,较好地提高了教学质量。因此,在信息化教学中进行有效的教学资源软、硬件建设已经成为学校教育发展不可缺少的重要内容。

第一节 智慧教室

一、智慧教室概述

教室是一个教与学的物理场所,是学习环境的物化。信息技术的快速发展对教育领域产生了极大的影响,新科技、新设备,如笔记本电脑、投影仪、计算机、电子白板等进入教学课堂中,构成了数字学习环境。智慧学习环境是在物联网、云计算、人机交互等新兴信息技术的飞速发展下,以及启发式教学、参与式教学、探究式教学等新型教学模式的不断推广与深入下,由数字学习环境演变出的一种高端形态。智慧教室是智慧学习环境的物化,是基于传统多媒体教室和录播教室功能,融合了先进的人机交互、智能感知、云端一体化教学平台等功能的新一代信息化、开放化的互动式教室形态。

智慧教室的特性可概括为内容呈现(Showing)、环境管理(Manageable)、资源获取(Accessible)、及时互动(Real-time Interactive)、情境感知(Testing)五个维度。这五个维度正好组成"SMART",是智慧教室(Smart Classroom)特征的表现。

1. 国外智慧教室现状

国外对智慧教室的研究起步较早,随着 IBM 提出"智慧地球"后,围绕智慧教室的探索开始发展。目前,国外已有很多成熟的智慧教室的案例。

(1)加拿大麦基尔(McGill)大学智慧教室

麦基尔大学的智慧教室(Intelligent Classroom)项目是通过技术来改进教学,教室内安装有能够捕获现场信息的软硬件,实现对课堂教学的音视频、PPT 演示及手写注释的捕获并存储,方便学生课后再次访问。该智慧教室已在校内应用。麦基尔大学智慧教室中配备有计算机、笔记本电脑、实物投影仪、交互式电子白板、手写板、按钮面板等教学设备，以及分别用来拍摄教学现场和教师教学内容的多台摄像机、麦克风等设备。拍摄的内容经过编码计算机编码后形成视频资料，方便学生课后学习和访问。通过设计按钮面板来智能化控制整个教室的所有设备，包括教室中的扩音系统和灯光系统等物理环境的控制以及对教学设备的控制，方便教师的操作。

（2）苹果明日教室

苹果明日教室是Apple公司与美国公立学校、大学、研究机构进行合作开展的研究项目。该项目的研究目的是探究如何使用现有技术来改变教师与学生间的教与学的方法，经过长达13年的时间，在美国的100多所中小学教室中进行研究，探讨多维度教学、学校与教室新格局以及新技术在教学中的应用。在苹果明日教室中，教师与学生的交流变得更加便捷和高效，教学方式也更加多样化，对于各种技术和设备有了更加直观的认识和了解。在苹果明日教室中，技术成为知识传播的媒介。

除此之外，还有美国西北（Northwestern）大学智慧教室、加利福尼亚大学欧文分校智慧教室、DELL智慧教室、日本i-Japan智慧教室、加拿大多伦多（Toronto）大学智慧教室等。

2.国内智慧教室现状

以国内某师范大学未来教室为代表，其设计理念包括六方面：云端一体化、互动多样化、模式多元化、行为可视化、管控智能化、能耗绿色化。

（1）云端一体化

依托教育云基础环境，集成海量优质教学资源构件、智能学科辅助工具、在线学习社区以及第三方服务，实现课堂教学云端一体化。

（2）互动多样化

提供多种形式的互动教学，包括远程互动课堂实现"面对面"互动教学，师生与教学设备的人机交互，课堂内师生和生生之间通过智能终端等设备进行视频、语音、图像和文字信息的互动等。

（3）模式多元化

提供多种教学模式，教师可根据课堂的需要选择不同的教学模式，包括以教为主的传统授课模式，也包括以学生为主的"翻转教学""补救教学""探究教学"等个性化教学模式，还包括将信息技术运用于传统课堂教学的混合教学模式。

（4）行为可视化

依据教学过程中学生线上线下的行为，基于教育大数据分析，自动输出智能诊断分析报告，为学生提供高质量、个性化的学习体验。

（5）管控智能化

利用教室物联网对教室环境中的视听、计算、显示、交互、光线、温度等进行智能化管制。基于教育云平台，利用校园一卡通和电子课表，实现教学资源智能推送、数据自动收集、教室设备自动管控等服务。提供稳定、实用、适应性最佳的终端管理平台，提供远程维护、安全管理、行为管理等。

（6）能耗绿色化

充分体现绿色建筑的理念，使未来教室在满足教师和学生功能需求的前提下，消耗最小的资源和能源，且对环境的影响最小。未来教室是根据教学模式变革与创新的需要，用先进的信息化教学装备取代现有的传统教学装备，实现双屏教学、交互式教学、课堂直录播等多种教学模式的创新，同时利用智能控制技术实现所有教学设备及教室环境设备的一键式本地或远程管理。

二、智慧教室与英语信息化教学

智慧教室学习环境中的信息化教学平台和移动终端可以促进师生交流，拓展教学智能，提高学生认知。高职英语教师应该充分体现智慧教室信息化教学环境的优势，利用信息技术为学习者营造逼真的学习情境，让学习者在逼真的学习情境中学习体验，激发学习者的学习兴趣，有效促进知识的内化和运用。因此，基于智慧教室的高职英语教学模式应充分利用智慧教室的技术优势，提倡并鼓励学生自主探究、讨论分享，积极参与课堂教学互动，培育学生的创新思维和探究能力。

（一）基于不同智慧教室的信息化教学模式

黄荣怀从内容呈现（Showing）、资源获取（Accessible）、及时互动（Real-time Interactive）三个维度入手，把智慧教室分成"高清晰"型、"深体验"型和"强交互"型三种类型。

"高清晰"型智慧教室支持"传递—接受"式教学模式，双屏显示合理呈现教学内容，学生的座位基本固定，及时交互以师生互动为主。该类智慧教室支持学生即时获取和存储丰富的教学资源，促进学生有意义学习。高职英语教学中听说教学，尤其视听说教学通过"高清晰"型智慧教室能更好地传递教学信息。

"深体验"型智慧教室支持探究性教学模式，学生座位布局灵活，教学内容呈现以学生个人终端为主，支持学生自主学习、深入探究。该类智慧教室支持各种终端接入，保证学生对各种教学资源的方便获取，并通过计算机或移动设备进行信息反馈推动学生进行"个人探究"学习，培养学生的探究与发现精神。在高职英语教学中，当英语教师开展写作训练或翻译训练时，"深体验"型智慧教室有助于支持高职生开展自主性的个人探究学习。

"强交互"型智慧教室支持小组协作学习，学生座位布局以"圆形"为主，教学内容呈现以小组终端为主。该类智慧教室支持学生使用小组无线终端进行即时讨论交流、协同创作，课堂交互以生生互动为主，适合开展以小组协作为主体的课堂教学，培养学生的合作交流意识与创新思维能力。在高职英语教学中，"强交互"型智慧教室能有力地支持开展以小组为单位的讨论。

（二）智慧教室 ARS 互动教学模式

李红美、张剑平结合智慧教室中课堂互动教学的特点，参照定性建模的方法，与一线教师联合进行实践探究，构建了面向智慧教室的 ARS（Audience Response Systems，教学应答系统）互动教学模式，关注课前、课中、课后一体化的教学活动设计，教师的教学策略为问题驱动、引导、调节和评价，学生的学习方式为自主、合作、探究、自我评价。

高职英语教师在教学中运用该教学模式时，可通过课前、课中、课后三阶段得以实现。课前，教师上传资源布置任务，学生预习和完成作业；课中，教师根据学生预习反馈情况确立教学起点，组织课堂教学，呈现问题，学生即时反馈，教师依据学生反馈的信息组织同伴教学或全班讨论，学生互评，最后教师讲评和总结，学生依据反馈信息调整学习；课后，教师布置分层作业，进行教学反思，学生拓展练习，促进学习反思。

（三）基于智慧教室的混合式教学模式

该教学模式注重将线下和线上的资源结合起来使用，强调线下线上一体，注重运用情境增强学习者的感受体验，通过游戏将学习趣味化，创造轻松愉悦的学习氛围。该模式分为三个阶段：混合式教学的前期准备阶段、混合式教学活动阶段、基于智慧教室混合学习实施与评价阶段。

高职英语教师在运用该模式组织英语教学时，在前期准备阶段，首先要进行学习者分析、学习内容分析、学习环境分析，通过对这些要素的分析进行智慧教学资源的设计与开发，将所有资源上传至云平台，供学生观看学习。开始上课前，打开智慧教学系统进行课堂录播，课外学生可以扫码实时进入课堂，也可供学生课后复习时观看。在教学活动阶段，进行课前"热身"活动，教师登录云平台，将提前设计好的教学资源上传至云平台，然后发布任务单，学生查看教师发布的任务单并点击资源完成相应的任务，这部分活动在云平台上完成。课程开始后进入课中学习，教师播放准备好的教学资源，进行新课的讲解，采用传统课堂的上课节奏，并以游戏化教学进行教学点拨，设置相应的教学互动环节，利用情境教学法让学生充分参与，提升交流和沟通能力，让学生更好地理解教学内容，提高学生的学习兴趣，同时解决课程中遇到的实际问题。

第二节　信息化条件下的教学资源建设

一、微课

（一）微课的定义

随着国内教育界对微课实践的不断丰富和相关研究的逐步深化，专家学者们对微课给出了不同的定义。

微课创始人胡铁生在2011年、2012年、2013年先后对微课的定义进行了完善。他认为,微课是以微型教学视频为载体,针对某个学科知识点(如重点、难点、疑点、考点等)或教学环节(如学习活动、主题、实验、任务等)而设计开发的一种情景化、支持多种学习方式的新型在线网络视频课程。该定义表明了以下要点:微课的目的是追求最佳教学效果;微课的设计是基于信息化教学;微课的媒体形式可以是流媒体、视频或动画等;微课的内容是某个知识点或教学环节;微课的时间短;微课的本质是完整的教学活动。

焦建利认为,微课是以阐述某一知识点为目标,以短小精悍的在线视频为表现形式,以学习或教学应用为目的的在线教学视频。[①]

黎加厚认为,微课是指时间在10分钟以内,有明确教学目标,内容短小,集中说明一个问题的小课程。[②]

张一春认为,微课是指为使学习者自主学习获得最佳效果,经过精心的信息化教学设计,以流媒体形式展示的围绕某个知识点或教学环节开展的简短、完整的教学活动。[③]

虽然以上专家对微课定义的表述不一,但是基本上是围绕教学目的、教学时长、教学内容、教学手段、教学效果来展开论述,定义有许多相似之处。

(二)微课的特征

微课具有以下八个主要特点:

1. 教学时间较短

微课视频是微课的核心组成部分。微课视频一般时长不超过10分钟,因此相对于传统的45分钟一节课的课堂教学来说,微课可以称为"课例片段"或"微课例"。

2. 教学内容较少

微课不同于传统的教室,其在实际教学中主要针对特定的主题以及教学重点来展开,这更加便于教师进行对主题的教学。微课存在的价值是突出课堂教学中所要表达的重点及难点问题,通过聚焦的方式进行二次学习,这样使得所要教学的课题更加精练,同时便于学生的学习和理解。

3. 资源容量较小

微课主要通过视频以及其他辅助教学硬件来展开。例如,一堂微课在电脑中所占用的空间只有几十兆字节左右,同时在视频格式的选择上也非常丰富,几乎涵盖了所有的媒体格式,这样师生在进行教学以及学习时就方便了很多。同时微课资源也非常便于储存和携带,通常一些常用的存储设备都能够很容易地进行储存和转发,这样更加方便了教师的讲课以及学生的学习。

[①] 焦建利,王萍.慕课 互联网+教育时代的学习革命[M].北京:机械工业出版社,2015.
[②] 黎加厚.微课的含义与发展[J].中小学信息技术教育,2013(4):3-24.
[③] 张一春.信息化教学技术与方法[M].北京:高等教育出版社,2013.

4. 资源构成情景化

微课的教学形式多样，同时其所要表达的教学内容也非常明确完整。视频片段的播放方式以及多样化的多媒体素材等更加容易使教学内容变得情境化，从而加深学生的共识以及理解。教师在进行微课教学时利用情境化的教学课件更容易将学生带到教学情境中，这样学生将会更加真实和具体地体会到教学中的内容，同时这种教学方式还能锻炼学生的思维能力和感知能力。长期微课的教学同样可以提高教师的相关技能以及专业能力，从而提升课堂教学质量。学校同样可以针对微课进行教学改革，利用微课带来的优势弥补教学模式创新方面的不足，从而提升学校的影响力。

5. 主题突出，内容具体

微课通常表现的主题非常精练且专一，这就体现出了微课具有主题突出、内容具体的特点。通过对单一问题以及难点的精练和学习，可以加深学生对于知识点的理解，同时微课在解决一些如学习策略、学习方法等具体的问题时具有非常积极的作用。

6. 趣味创作

微课以短小精悍而著称，正因为如此，微课为越来越多的人所研究和创造。微课因教学而存在，这就说明微课中所要表达的内容一定是与教学相关联的，而不是专业地论述某一个观点或者学术内容，所以这也就决定了微课所创造的内容一定是与教学息息相关的。

7. 成果简化，多样传播

微课所表达的内容非常清晰完整，而且微课所表达的主题非常突出，微课的教学内容很容易被学生理解和学习。另外，由于微课采用的形式比较前卫，所以微课的传播方式非常方便且多样化。

8. 反馈及时，针对性强

微课教学内容少，而且教学时间短，教师在教学结束后很容易得到学习者对于教学内容的反馈，从而使教学内容更具有针对性。

（三）微课在高职英语教学中的实现路径

1. 合理设定微课内容

教师应该根据学生学习语言的具体需求来确定微课的开展方式，教学的内容需合理且丰富，以获得预期的教学效果。高职阶段学生学习语言的需求主要有两方面：一是需要学习一些英语课程的基础知识，二是提高自身使用英语的技能。教师可以以此为目标来设计微课。针对学生学习基础课的需要，微课中要包括一些与英语考级相关的内容。应根据大学英语的教学目标，按不同的内容和顺序来设计微课的内容，如语义知识和篇章结构知识。

对学生进行听力、口语、阅读及写作能力的培养也是高职英语教学的目标，教师应根据此目标制作一些相关的微课视频，方便学生根据自己的需要来选择学习。将微课引进教学过程后，教师需要及时建立一个方便、快捷的交流平台，引导学生在这个专用平台上开展交流、讨论，潜移默化地提高他们参与微课的热情。

2. 重视媒体资源的选择和作品版权的保护

微课的教学视频是微课重要的教学资源，所以必须做到制作精良、选择准确、共享便捷。视频类资源是微课视频的制作基础，目前我国网络上的各类视频资源良莠不齐，因此需要制作者针对大学语言教学的需要进行精心的筛选，努力制作出质量上乘、丰富实用的微课视频，让微课教学健康有序地在大学英语教育中发挥应有的作用。

从法律层面来看，我国的互联网资源在产权保护及共享方面还缺少严格而周密的相关规定，因此高校和教师都应该增强这方面的意识，在积极投入人力、物力、财力加快制作微课视频的同时，要注意保护好属于自己的微课视频的著作。只有做到保护和发展并举，大学英语微课教学才能沿着健康高效的道路持续前进。

3. 构建微课程网络学习平台及教学资源库

构建微课程网络学习平台及教学资源库是成功运用微课实施教学的条件之一。网络平台要具备发布学习指导、学习资源、微课视频、在线测试及测试结果的即时反馈与统计功能，并在满足日常建设、管理的基础上增加便于应用、研究的功能模块。此外，要对师生就平台管理及应用展开信息化技术培训，提高信息素养。微课资源开发及运用的主要模式有自制方式、合作方式及拿来方式。

针对高职英语教学内容需求、教学设计目标、教学活动方式及微课设计原则，鼓励教师积极投身微课程资源库建设。至于互联网所拥有的大量开放性微课及慕课教学资源，教师可适当甄选，整合利用。可供浏览参考的相关教学资源网站有可汗学院、美国60秒课程网、世界各大名校公开课网站、网易云课堂、中国外语微课大赛网等。

4. 深入开展基于微课的教学设计

基于微课的翻转课堂是一种集课内课外、线上线下、正式学习和非正式学习于一身的混合式教学模式，有助于激发学生灵感和创造力，提升学习兴趣和参与度。要开展基于英语听、说、读、写等活动的项目学习及丰富多彩的课堂教学活动，以任务驱动法推动学习任务的有序进行，进而获得深度学习体验，显著建构知识体系。学习者历经目标制订、自主学习、协作探究、成果展示和交流反馈过程，实质是一种有意义的深层次学习互动体验。微课的核心是教学视频，包括与教学主题密切相关的教学设计、素材课件、习题测试、教学反馈与反思等辅助性教学资源，教师要根据微课的类型（课前复习类、新课导入类、知识理解类、强化训练类、小结拓展类）精心设计，精选典型教学案例，以利于激发学生创造力和发散性思维的、更具弹性的设计方式组织开展教学活动。

5. 构建新型混合式高职英语翻转教学模式

翻转课堂实质是一种混合式教学模式，课前学习通过在线完成，其余活动则在有教师指导和监控的传统课堂上进行。信息技术和活动学习成为支撑个性化协作学习环境的两个支点，学生能对自身的学习时间、地点、路径及进度加以调控。希瑟·斯泰克（Heather Staker）和迈克尔·霍恩（Michael B.Horn）把混合式教学模式分为四类：

轮转模式、弹性模式、自我混合模式和全校虚拟模式。而翻转课堂属于轮转模式的一种类别。

把传统教学模式与翻转教学模式进行有效整合，形成混合式翻转教学模式，以实现课内课外、线上线下多种教学（学习）模式并存，优势互补。（1）传统学习模式：以纸质教材为蓝本，黑板、粉笔为媒介，教师灌输、学生接受的教学模式。（2）协作学习模式：角色扮演、小组辩论、交际任务演练和小组活动成果展示等，学生在课前观摩微课视频，明确任务与活动的目标及策略，并利用网络资源，通过小组交流协作、头脑风暴等形式，共同完成教学任务。（3）传统学习模式与网络化学习模式相结合：基于网络多媒体环境的以阅读教学为主、写译教学为辅的读写译综合技能训练，是一种典型的混合学习模式。（4）网络化学习模式与自主学习模式相结合：基于网络多媒体环境的英语综合技能训练，尤其听说技能训练，学生利用网络学习平台进行个性化自主学习，教师在线答疑解惑。（5）基于网络的探究式学习模式与协作学习模式相结合。（6）基于网络的学习任务和学习者的主动学习课堂相结合的适时教学模式：如基于 JiTT（Just in Time Teaching）的英语翻译、写作教学模式，亦为混合式学习模式的一种。

6. 构建新型翻转课堂教学监控及评价体系

翻转课堂变革了传统的课堂教学模式，将知识传授和知识内化进行反转，重塑了师生角色定位，并对教师和学生形成了双重挑战。教师作为微课视频的制作者、教学的设计者与组织者、学习的协助者与监控者，要善于有效把控课堂，不能让课堂交流讨论流于形式或失控。要善于精讲多练，把握多讲与少讲的分寸与艺术，赋予学生更多的学习自主权。要兼顾不同层次学生的个性化需求，集中探讨典型问题，做到分类指导、因材施教。

教学评价乃教学的重要环节，构建全面客观、科学准确的新型翻转课堂教学监控及评价体系，对于实现翻转课堂教学目标至关重要。要加强自评、互评及对个人与小组的评价，将定量评价与定性评价相结合，强化过程性评价、重视终结性评价并拓展目标性评价，同时关注学生情感、态度、价值观等方面的评价。要对学习进程实施动态观测、评估和监督，并对学习任务及完成情况进行指标量化和在线追踪。终结性评价除传统的纸质笔试考核外，还可结合机测及口试，力求保证多维度考核学生的语言综合运用能力及学习效能。

二、高职英语信息化教学资源库建设

教学资源库建设是促进主动式、协作式、研究型、自主型学习，形成开放、高效的新型教学模式的重要途径。教学资源库建设平台是以资源共建共享为目的，以创建精品资源和进行网络教学为核心，面向海量资源处理，集资源分布式存储、资源管理、资源评价、知识管理为一体的资源管理平台。信息化教学资源是教学资源库的重要组成部分。

（一）信息化教学资源的分类及特点

1. 信息化教学资源的定义

信息化教学资源属于信息资源的范畴，是从狭义上理解的一种特殊的信息资源，是一种经过合理选取、组织之后形成有序化的，有利于学习者自身发展的有用信息的集合。信息化教学资源是指蕴含着大量的教育信息，在学与教的过程中，通过使用者的使用能创造出一定的教育价值，且以数字化形式存在，并可以在互联网上进行传输的信息资源。

2. 信息化教学资源的分类

从信息技术的角度看，教学资源分为媒体素材类教学资源、集成型教学资源、网络课程教学资源三大类。

（1）媒体素材类教学资源

媒体素材类教学资源是教学信息传播的基本材料单元，可分为文字资源、图形/图像资源、音频资源、动画资源和视频资源五大类。

第一类是文字资源。文字是进行信息交流的一种重要手段，它是通过一定的符号来表达信息的一种工具，其根本作用在于承载信息与传递信息。在教与学的过程中，教科书、练习册等主要以文字形式进行信息传播。因在网络信息传播中使用文字时，不仅有字体、字号大小、颜色的变化，还有新的拓展，因此一般用"文本"这个词来代表网络上的"文字"这个词。

第二类是图形/图像资源。图形是教与学的过程中比较特殊的一种资源，因其较抽象，所以在传播中承载的信息量较少。图形有数据量小、不易失真的特点，因此图形在多媒体教学和网络传播中应用较多。从最终的呈现来看，图形与静态图像没有太大区别。图像也是一种较特殊的教学资源。在信息技术环境下所使用的图像，与报纸、杂志和电视使用的图像相比，有以下特点：

①信息量大。信息技术环境下所用的图片色彩丰富、层次感强，可以真实地重现生活环境（如照片），因此其承载的信息量较大。一般情况下，我们都是用数字技术把图片压缩并存储在服务器中，容量巨大。

②选择性强。静态图像非常逼真、生动、形象，可以提供较高质量的感知材料。图片多，传递的信息也多，受众通过图片来获得信息时的选择余地就很大。受众可以根据自己的需要和爱好来挑选图片，将其保存到自己的计算机上，或者将图片打印出来，以后慢慢欣赏。

③可编辑性强。受众可以对图片进行放大、缩小和编辑。报纸、杂志在刊登图片时，其大小是固定不变的，受众更不能对图片进行编辑。信息技术环境下所使用的图片，受众可以点击将图片放大或缩小，也可以用专门的软件对其进行编辑和修改，如用 photoshop 可将图片处理成油画效果、水彩画效果、浮雕效果等。

第三类是音频资源。音频包括波形音频、CD-DA 音频和 MIDI 音频。波形音频是记录声音的最直接形式，对记录与播放的环境要求不高，因此在媒体教学软件中应用最多，缺点是数据量比较大。CD-DA 音频又称数字音频光盘，是高质量立体声的一个国际标准。MIDI 音频的播放需要借助解释器，因此对环境要求较高，但由于其数据量比较小，非常适合在呈现背景音乐的场合使用。音频属于过程性信息，有利于限定和解释画面。音频在教学中如果应用得当的话，不仅能用于传递教学信息，使学生积极使用听觉接受知识，还有利于集中学生学习的注意力，陶冶学生的情操，激发学生学习的潜力。

第四类是动画资源。动画是通过连续播放一系列画面，给视觉造成连续变化的图画，是对事物运动、变化过程的模拟。它的基本原理与电影、电视一样，都是视觉原理。一般来说，用来传递信息的动画都需要借助专门的工具进行制作。这些动画，按动作的表现形式来区分，大致分为接近自然动作的"完善动画"和简化、夸张的"局限动画"；如果从空间的视觉效果上看，可分为平面动画和三维动画；从播放效果上看，可以分为顺序动画（连续动作）和交互式动画（反复动作）；从每秒播放的幅数来讲，还有全动画和半动画之分。动画在制作过程中，忽略了事物运动、变化过程中的次要因素，突出强化了其本质要素，因此有利于描述事物运动、变化过程。此外，经过创造设计的动画更加生动、有趣，有利于激发学习者的学习兴趣和积极性。

第五类是视频资源。同动画媒体相比，视频是对现实世界的真实记录。视频具有表现事物细节的能力，适宜呈现一些学习者感觉较陌生的事物，它的信息量较大，具有更强的感染力。通常情况下，视频采取声像复合格式，即在呈现事物图像的时候，同时伴有解说效果或背景音乐。当然，视频在呈现色彩丰富的画面的同时，可能传递大量的无关信息，如果不加鉴别，便会成为学生学习的干扰。

（2）集成型教学资源

集成型教学资源一般根据特定的教学目的和应用目的集合而成，是一种将多媒体素材和资源进行有效组织的"复合型"资源。按照这些资源的实际应用形态，又可以将其分为课件与网络课件、案例、操作与练习型、虚拟实验型、微世界、教育游戏类、电子期刊类、教学模拟类、教育专题网站、研究性学习专题、问题解答型、信息检索型、练习测试型、认知工具类和探究性学习对象等。

下面就常用的集成型教学资源进行简单介绍。

试题库：试题库是按照一定的教育测量理论，在计算机系统中实现的某个学科题目的集合，是在数学模型基础上建立起来的教育测量工具。

试卷：试卷是用于进行多种类型测试的典型成套试题。

课件与网络课件：课件与网络课件是对一个或几个知识点实施相对完整教学的教育、教学的软件。根据运行平台划分，可分为网络版和单机运行的课件。网络版的课件需要能在标准浏览器中运行，并且能通过网络教学环境被大家共享，单机运行的课件可通过网络下载后在本地计算机上运行。

案例：案例是指由各种媒体元素组合表现的有现实指导意义和教学意义的代表性事件或现象。

文献资料：文献资料是指有关教育方面的政策、法规、条例、规章制度，对重大事件的记录、重要文章、书籍等。

常见问题解答：常见问题解答是针对某一具体领域最常出现的问题给出全面的解答。

资源目录索引：列出某一领域中相关的网络资源地址链接和非网络资源的索引。

（3）网络课程教学资源

网络课程指通过网络表现的某门学科的教学内容及实施的教学活动的总和。它包括两个组成部分：按一定的教学目标、教学策略组织起来的教学内容和网络教学支撑环境。其中网络教学支撑环境特指支持网络教学的软件工具、教学资源以及在网络教学平台上实施的教学活动。网络课程顺应了人们需要终身学习这一趋势，给人们随时获取知识提供便利和强有力的支持。

3. 信息化教学资源的特点

传统的教学资源易受环境、条件的限制，如书本、报纸、杂志等时间长了易发黄，录像带或录音带上的内容时间长了会因环境过于干燥而磁粉脱落，或因环境过于潮湿而发生粘贴。随着信息技术的发展，现代信息技术环境下的教学资源，弥补了传统教学资源的不足。信息化教学资源具有以下特点：

（1）存储与传播的数字化

数字化是计算机数据和网络传播的本质特性。当今世界，各行各业的信息处理趋于数字化，由计算机和计算机网络构成的信息处理系统和信息传输系统已将世界的各个角落连为一个"村落"。在这个世界中，人们在信息处理、加工传输等方面，都是以数字化方式进行的。正如构成物质世界的基本单元是原子一样，计算机处理的数据是以 0 和 1 两种状态存在的比特，构成网络信息世界的基本单元也是以 0 和 1 两种状态存在的比特。无论是形式多样的图像，还是悦耳动听的声音，归根结底都是通过 0 和 1 这两个数字信号的不同排列组合来表达的。这使得信息第一次不仅在内容上，而且在形式上达到了同一性。

（2）教学资源的丰富性

网络空间无限，通过网络可传送多种媒体教学信息，如文字、声音、视频、动画等，这不但打破了传统教育中单一的教学信息局面，而且极大地丰富了教学资源的种类，满足了不同层次学习者对学习的需求。同时，网络在信息传送方面非常迅速、快捷，这使得其能够快而新并且丰富地反映当今的教学内容，不拘泥一地一校，可以通过模拟图书馆或教学资料库的形式，收集大量相关的专业知识资料，反映学科最新的发展动态，提供同一学科不同的教学内容。学习者可以及时获得适合自己的教学资源，如最新的教学大纲与构思、教学资料、网络教程、各种教学软件等。

（3）教学资源的开放性

网络的飞速发展，使得硕大的地球变为"地球村"，因此各类教学资源也具有了前所未有的开放性。教学资源的开放性主要表现为教学资源完全打破了传统的或者说物理上的空间概念。从北京到上海与从北京到纽约的距离，在网络上是一样的，真实的地理距离不存在了，国界等限制也不存在了，网络上的教学资源可以随用随取。

（4）教学资源的可扩展性

传统的教学资源可加工性、处理性较弱，且难以推广应用，如教学挂图、教学校具等很难进行再加工。信息化时代完全打破了传统教学资源的这种弊端，使得教学资源具有较大的可扩展性，学习者可在现有资源的基础上进行横向扩展和纵向的精加工，以满足不同学习者或同一学习者不同时期的学习需要。

（5）教学资源的再生性

信息时代是一个富有创造性的时代，信息时代的教学资源可以在学习者的积极参与下，通过学习者利用信息技术对知识的整合、再创造来实现教学资源的再加工、再创造，进而丰富其内容。

（6）教学资源使用的灵活性

计算机网络打破了传统教学资源在使用时的时空瓶颈，学习者在学习时可以自由选择课程、教师、学习进度和学习时间，可以从网上查询自己想学的课程和资料。学习者在网上学习既可以是实时的，即异地教师、学习者在同一时间进行教学活动，也可以是非实时的，即教师预先将教学内容及要求存放在服务器中，学习者根据自己的时间安排，在网上下载进行学习。只要有计算机、电话线及调制解调器的地方，都是学习的场所，同时学习者还可以通过网络向教师提出问题，和其他学生进行讨论。

（7）师生在学习活动中的交互性

传统教学中，师生虽可进行同步交流活动，但受到时间、地点的限制。信息技术环境下，网络资源一改以往书籍、报刊等印刷品以及广播电视等电子信息的单向传递方式，也不同于电话必须同步双向交流的方式，利用网络工具进行教与学，打破了时空的界限。学习者可以用同步或不同步的方式进行学习，教师与学生、学生与学生之间可以进行双向和多向的信息交流，双方可以通过文字、声音、视频等媒体进行信息的交流。

（二）高职英语教学资源库建设路径

1. 抓准英语课程特点

就内容而言，英语教学资源库的建设可以分为普通用途英语教学资源库和特殊用途英语教学资源库两个大类。以行业英语为例，行业英语课程特点主要包括：第一，行业英语教学内容都是以行业企业的实际工作情境为载体，借助职业任务呈现教学内容，因此行业英语教学具有很强的职业情境性。第二，行业英语的教学目标是培养学生在职业情境中综合运用英语完成交际任务的能力，具有实用性强的特点。因此，行业英语教学不仅有英语语言知识教学特点，更强调通过大量的角色扮演、任务实施等实践应用型教学活动实现对学生语言运用能力的培养。第三，行业英语教学手段上呈现出现代化的趋势。随着互联网技术的发展，计算机、多媒体、移动终端等都逐步进入行业英语课堂教学与课外学习。借助信息技术与网络技术开展教学，将逐步成为行业英语教学的常态，这将为提高行业英语教学效率和教学质量奠定基础。以上特点要求在建设行业英语教学资源时，除了要提供行业英语的学科知识，更重要的是要提供有利于语言学习和应用能力培养的资源类型，如职业活动场景视频和语言情景练习互动软件等。总之，行业英语教学资源只有与行业企业实际需求实现"零距离"，才能充分发挥行业英语课程的育人效果，实现学生在行业英语领域语言能力的提升，为进一步学习更专业化的职业英语奠定良好基础。

2.开发高效能的教学资源

建设好高职英语教学资源库，在教学资源的开发上需要把握好四方面，即资源素材模块化、资源形式立体化、资源建设生成性、资源功能交互性。

（1）资源素材模块化

资源素材模块化是指英语教学资源在选择与划分基本素材的过程中采用按照教学或学习主题确定建设素材模块的方式，搭建资源体系的基本框架。这一理念来源于模块课程理念，是指按照程序模块化的构想和编制原则而设计的课程模式，是以课程的教育教学、管理功能分析为基础，充分考虑课程编制与课程实施的要求，将课程内容分解为合理的课程模块，并逐步开发出众多的课程模块，进而形成课程模块库。

英语教学资源建设过程中充分考虑其资源内容与职业任务之间的对应关系，以职业情境为单位建设相对完整独立的资源模块。这一思路跳出了传统的单一线性课程编写体系，便于学生自主学习，也便于教师灵活选择、组合适当的教学内容开展教学活动。另外，模块化的资源体系中，每一个资源模块都相对完整独立，便于在教学过程中对任何一个模块开展修改与完善，为保障英语教学内容与学生职业发展同步提供可能。

（2）资源形式立体化

资源形式立体化是指英语教学资源在建设过程中对教学内容、教学策略、使用媒介等多层次上进行科学设计，保证教学资源适合不同层次与不同学习阶段的学生。"互联网+"背景下，开展教学资源建设的根本目的是借助信息技术与网络技术的优势，建设丰富的学习资源，提供多样的学习与评价方式，使教学资源可以全方位、多层次、多角度、实时或非实时地予以组织和呈现，更好地实现教学过程的开放、交互、共享、协作以及学生学习的自主化、个性化。

（3）资源建设生成性

资源建设生成性是指英语教学资源的内容建设过程不是封闭的，而是一个开放、持续的过程。高职英语必须有与企业发展密切联系的课程，教学内容必须具有明确的职业导向性，教学内容必须能够反映职业任务的真实场景与语言要求。因此，需要根据行业企业的发展及时更新、调整课程教学内容，提高课程教学内容的适应性。"互联网+"背景下，信息技术与网络技术的发展实现了教学资源的数字化，也为随时更新教学内容提供了可能，使英语教学资源的建设具有了开放性和持续性。英语教学资源内容可以根据企业发展中的变化随时更新、替换，也可以根据教学需求不断丰富完善，使英语教学资源在建设过程中呈现出边使用边建设的状态，体现出本课程教学资源建设的生成性特征。

（4）资源功能交互性

资源功能交互性是指"互联网+"背景下英语教学资源已经不是仅仅能够呈现教学内容的静态资源，而是具有服务教师教学与学生学习功能的交互性资源。信息技术的发展不仅带来教育教学形式的变革，更重要的是促进了教育教学理念的转变，人们从关注教师的教转变为关注学生的学，教学资源建设也从关注为教师教学提供辅助资源转变为支撑学生的学习。新理念更强调教学资源为学生的主动学习服务与满足学生个性化学习需求服务。从学生的角度出发建设具有交互功能的学习资源，既有利于学生的自主学习，又能有效地激发学生的学习兴趣。

3. 开展多主体合作协同

高职英语课程的任务是培养学生在职业情境中综合运用英语语言完成职业任务的能力。这一要求决定了英语教学资源在内容选择与学习任务设计方面，要同时关注英语语言知识与职业知识、英语语言技能与职业能力的有机结合。显而易见，英语教材的编写仅仅依靠英语教师是很难完成的，必须组建英语教师、专业教师与企业专家共同组成的编写团队，实现英语教师与专业教师知识互补，学校教师与行业专家同时发挥优势，相互合作，开展教学资源建设。

教学资源建设过程中，英语教师与专业教师共同商讨形成教学资源建设的体例结构。英语教师根据资源建设思路提出教学资源内容的设想，专业教师则从行业工作任务角度给出内容选择与建设的建议，行业专家则对教学资源素材内容的实用性与时代性进行把关。多主体参与教学资源建设可以避免教学资源仅关注语言知识体系的建构，忽略教学资源应具备的行业内容特点；可以避免教学资源脱离行业发展实际，在学生能力培养上与行业企业需求产生差距，保障教学资源在以语言学习为核心的基础上具有鲜明的行业导向与较好的适应性。

4. 建立有效的运营管理机制

教学资源建设是为了适应课堂教学信息化与学生学习信息化的需求。教学资源建设后实现资源共享不仅能够更大范围地发挥资源建设的作用，也有利于优质资源的传播与教育公平，实现教育社会化的目的。因此，有必要建立起有效的运营管理机制，实现英语教学资源的可持续发展。

以行业英语为例，行业英语的教学资源内容不仅是职业院校英语教学内容，也是行业企业职工继续教育的学习内容。行业英语教学资源同样适用于希望在相关行业寻求职业发展的人员，可以作为职前培训与学习内容，具有广泛的社会需求。因此，行业英语教学资源在共享过程中引入商业化运营机制，不仅可以实现前期资源建设成果的价值转化，吸引社会各界资金进入教育教学领域，促进教学资源更好地建设，还可以及时了解市场需求，对资源建设的内容、类型等进行评估与调整，提高资源建设的适应性。商业运营的机制有利于教学资源的持续建设与后续建设与维护，为资源建设的可持续发展提供了机制保障。

第三节　高职英语信息化软硬件建设的生态融合

一、相关理论基础

生态学（ecology）出自希腊文，由"oiko"和"logos"两个词根组成。"生态学"这一术语最先是由德国生物学家海克尔于1866年提出来的，它是研究生物体与其生存环境之间的相互关系的一门学科，最早隶属于自然学科领域。学者霍利（Hawley）认为生态学是一门"研究有机体或有机群体与周围环境的关系的科学"。20世纪初，生态学已成为一门初具理论体系的学科，其思想、原理和方法被广泛应用于社会科学领域。人类生态学、社会生态学、行政生态学、文化生态学等学科相继兴起和发展起来。这些学科的发展促进了社会科学领域的发展。随后，生态学的概念也延伸到了教育领域。

（一）生态学的核心概念

1. 生态系统

生态系统是指在一定的空间内，生物的成分和非生物的成分通过物质的循环和能量的流动互相作用、互相依存而构成的一个生态学功能单位。"系统"一词用来说明各种要素之间的相互关系。一个系统可以视为一个组成部分，而这些成分之间借由某种相互关系连接为一个整体。系统研究关注的是系统中各成分之间的功能关系，而不是独立地研究某一种特定的成分。

生态系统具有下面一些共同的特征。

（1）生态系统是生态学上的一个主要结构和功能单位。

（2）生态系统的结构与构成生态系统的物种的多样性有关，生态系统结构越复杂，其中的物种数目也就越多。

（3）生态系统的功能离不开能量的流动和物质的循环。

（4）生态系统越复杂，能量传递的效率越高，而维持自身存在所需要的能量相对来说就越少。

（5）生态系统是一个动态系统，要经历一个从简单到复杂，从不成熟到成熟的演变过程。

（6）生态系统中环境的改变是对生物成分施加的一种压力，那些不能调整自己以适应变化了的环境的生物就会从生态系统中消失。

总之，生态系统的基本点在于强调系统中各因子之间的相互联系、相互作用以及功能上的统一。生态系统是有边界、有范围、有层次的系统，任何一个被研究的系统都可以和周围环境组成一个更大的系统,成为较高一级系统的组成部分,而且它本身又可以由许多子系统或亚系统构成。

2. 生态因子概念及其特征

生态因子是指环境中对生物的生长、发育、生殖、行为和分布有着直接或间接影响的环境要素。生态因子是生物存在所不可缺少的环境条件。在任何一种生物的生存环境中都存在着很多生态因子,这些生态因子在其性质、特性和强度方面各不相同。它们之间彼此制约、相互组合,构成了多种多样的生存环境。

综合来看,生态因子大致具有以下特点:

(1)综合性。每一个生态因子都是在与其他因子的相互影响、相互制约中起作用的,任何一个因子的变化都会在不同程度上引起其他因子的变化。

(2)非等价性。对生物起作用的诸多因子是非等价的,其中必有一两个是起主要作用的主导因子。主导因子的改变常会引起其他生态因子发生明显的变化。

(3)不可替代性和互补性。一个因子不能由另一个因子来替代。

(4)限定性。生物在生长发育的不同阶段往往需要不同类型或不同强度的生态因子,因此某一生态因子的有益作用常常只限于生物生长发育的某一特定阶段。

3. 生态平衡概念及其特点

生态系统中的每一个组成部分形成相互联系、相互制约的统一体。生态系统发展到一定阶段,其生产者、消费者、分解者以及非生物环境之间,在一定条件下保持能量与物质输入、输出动态的相对稳定,而且是在长时间内保持着一种动态平衡。生态平衡是指生态系统的平衡,以及生态系统各组成部分的相互依赖的关系。生态平衡是生态系统长期进化所形成的一种动态平衡,该平衡取决于生态系统的自我维护和自我调节,是建立在各种成分结构的运动特性及其相互关系基础上的。人文社会有其自身的生态系统。正如有学者指出,社会生态系统是由教育、政治、经济、文化、人口等子系统共同构成的复合生态系统。生态平衡不可能是永恒的,只可能是暂时的、动态的。由不平衡到平衡,周而复始地演进,是生态学中的重要规律。也就是说,保持生态系统的平衡,并不意味着保持生态系统的稳固不变。变化是宇宙间一切事物的最根本属性,生态平衡不是静止的平衡,它总会因系统内某一部分发生变化,引起不平衡。教育生态系统不仅处于与其他子系统的联系之中,处于教育生态系统内部各子系统的彼此联系之中,而且,这些联系又都是动态的联系,处于平衡—不平衡—新的平衡的运动、变化、发展之中。

二、生态学理论对信息化教学软硬件建设的启示

(一)充分重视各生态因子的作用

生态学认为,生态因子是生物存在所不可缺少的环境条件。在任何一种生物的生存环境中都存在着很多生态因子,这些生态因子在性质、特性和强度等方面各不相同,

但它们之间彼此制约、相互组合。

高职英语的信息化教学软硬件建设涉及智慧教室、电脑软硬件、微课、慕课、即时通信软件、学习APP、网络等，构成了一个生态系统。各个生态因子在这个系统内流动，都是这个系统内不可缺少的部分。虽然主导因子与非主导生态因子在系统中所发挥的作用不能等同，但是任何一个生态因子都具有其他因子不可替代的作用和功能。所以，各生态因子的功能和作用都要得到重视，不可偏废。如智慧教室在建成投入使用后，仍要保持对它的重视，及时维护设备、及时更新软件。保持智慧教室的良好功能有助于信息化教学的顺利开展，因为各生态因子之间彼此制约、相互组合。

（二）保持系统整体开放性和交互性

生态学理论认为，所有系统共同的基本特征是整体性、关联性、层级结构性、动态平衡性和时序性。按照开放与否的标准来分，系统有两种基本类型：一种是封闭系统，即系统和周围环境之间没有物质和能量的交换；另一种是开放系统，在开放系统内外常有物质和能量的交换。绝大多数的系统都是开放系统。生态系统的重要规律体现为整体功能大于各部分功能之和。而开放性的系统，由于其具有开放性和交互性特征，才是具有循环的动态系统，才能促进新陈代谢。

高职英语的信息化教学软硬件是个生态系统，着眼于可持续发展，它就应当保持开放性。如对于学习软件，应从提升教学效能的角度出发，及时升级或更换。对于微课作品也应持同样观点，即发现同一主题或内容的微课有更好的作品面世，就应当考虑用新的作品取代旧的作品，系统内部要保持有进有出，能实现新陈代谢。同时，本系统应充分促进各生态因子之间的互动，如智慧教室的智慧黑板与学习软件之间的互动，两者的互动可以生成新的教学模式，可以拓展高职英语教学的新思路、新方法。各个因子之间进行推动，促进整个系统的发展，即各种组成部分多元共存、和谐共生，即信息化教学的有序、有效发展。

（三）促进系统内的协同有序发展

生态学认为，在一个复杂的系统中的许多自由度里，不稳定的自由度会把稳定的自由度拖着走，一直拖到空间中的某一点，即系统的一个稳定状态，这种促成稳定状态的力量被称为机体的系统作用。这就进一步决定了复杂系统如何从无序走到有序的整体。尽管系统的类别千差万别，但是各个系统之间存在着既相互影响又相互推进的关系。

高职英语信息化教学资源的整合体现了系统的协同性。高职英语信息化教学资源的整合受到教师信息素养、信息技术、硬件等诸多因子的影响甚至制约。整合资源会给系统造成不稳定，如不能如期完成，或没有取得预期的效果。此时，相关因子之间的协同变得尤为重要。如对于相关新技术的采用和推广不要操之过急，不违背客观规律；在充分利用外界资源的基础上，提高本校英语教师的教学技能和专业水平；高职英语教学资源整合可采取先点后面、先易后难、边改进边完善的方式，由小范围试点开始，逐步积累成熟的经验，逐步进行推广。

第六章 大数据驱动下大学英语教学模式的转型

当前,人们正在运用大数据技术进行教育体制、教育模式的改革,而这种改革在大学英语教学中也有明显的体现。大数据技术的运用拓宽了大学英语教学的时空界限,提高了大学生学习的兴趣和积极性,传统的大学英语教学模式已经不能适应大数据时代的要求,因此亟须进行变革,而这时新的教学模式登上舞台。本章就从多模态交互教学、慕课与微课教学、翻转课堂教学、线上线下混合式教学几大创新模式入手展开分析。

第一节 多模态交互教学

一、多模态交互教学的内涵

从语言学习的特点出发,20世纪90年代,西方学者提出了多模态话语理论。这一理论指出,语言属于一种社会符号,音乐、绘画等非语言符号对语言意义的生成起着重要的作用。各种语言符号与非语言符号模态之间既是相互独立也是相互影响的关系,共同生成语言意义。根据多模态语言理论,语言的输入、输出会受到多种符号模态的影响,因此在英语教学中,可以将多种符号模态融合起来,结合音乐、图像、网络等形式,丰富英语课堂,调动学生学习的积极性与主动性,进而交互式地学习英语语言,达到对英语语言的充分记忆以及恰当应用的目的。

在大数据驱动下,教师采用多模态交互教学,可以充分运用网络多媒体等手段,创设各种语言学习情境,让学生真正体会到语言学习的乐趣,多渠道地激发学生的听觉、视觉等感官,为学生提供全方位浸染式的环境,促进学生不断提升自身的语言技能。

多模态交互教学强调采用多种手段,具体来说是运用网络多媒体技术,开展角色扮演、图片展示等多种互动方式,调动学生学习的积极性,将听、说、读、写、译各项技能结合起来,激发他们学习的兴趣,对旧知识进行巩固,对新知识进行拓展。

二、大学英语多模态交互教学的基本原则

（一）客体适配原则

在大学英语教学中，师生分别处于教授与学习的主体地位，对应的客体则是教授与学习中使用到的工具，如多媒体、教材等。所谓的客体适配，即根据多模态交互教学的需要，提前选择能够对教学工作加以支持的材料。例如，在听力课堂上，教师需要提前下载一些听力材料，然后运用多媒体进行播放；在阅读课堂上，教师可以为学生推荐一些阅读性强的著作。

当然，日常的教材讲解需要教师在备课时制作多模态 PPT。从教材内容出发，将其中涉及的重难点知识，在 PPT 上配合动画、图片等加以展示，这能够将教材这一客体的适配性发挥出来，并能够激发学生的学习积极性，以及提高教师教学的质量和效率。

（二）主体适配原则

如前所述，教师与学生处于教授与学习的主体地位。

就教学层面而言，教师在对多模态符号进行收集与整理的过程中，应该转换自己的身份与角度，尽量从学生的视角出发对多模态符号内容进行选择。例如，所选择的动画、图片等要与当代大学生的认知规律、兴趣爱好等相符合。这样才能使课堂更具有吸引力，便于教师展开教学工作。

就学习层面而言，学生需要在接收到 PPT 的模态符号之后，将自己的感官调动起来。例如，当教师在 PPT 上播放听力材料时，学生需要将自己的听觉感官调动起来；当教师在 PPT 上展示图片等内容时，学生需要将自己的视觉感官充分调动起来。

一般情况下，坚持主体适配原则，对于构建多模态的交互教学模式，提升师生之间的默契度非常有益。

（三）阶段适配原则

英语学习本身是一个循序渐进的过程，阶段不同，学生的水平与理解能力必然也不同。为了更好地将多模态交互教学的优势体现出来，教师在运用这一策略时，需要坚持阶段适配原则。

也就是说，教师要从实际出发，对模态组合的形式与教学模式进行不断的调整。例如，听力部分是大学英语四、六级的重要测试内容，也是学生英语核心素养培养的一项重要内容。运用多模态互动教学模式开展听力教学时，第一阶段需要根据班级学生自身的水平，选择恰当的听力材料，不宜过难，也不宜过于简单。同时，教师需要提前检查一遍，尤其检查里面的信息是否全面、语速是否适中、问题的设置是否合理，等等。第二阶段是在听力时，教师要时刻观察学生的注意力情况，是否出现眉头紧锁

等情况，这样有助于教师对难度加以判断。第三阶段是从听力材料出发来讲解。阶段不同，这一教学模式实现了音频模态、口语模态、文字模态的多方组合。

三、大学英语多模态交互教学的意义

在大学英语教学中，网络技术与大数据技术的作用日益凸显，可以说这些技术改变了教育的理念与方式。在大数据背景下，大学英语教学应该充分利用网络与多媒体技术，将多种符号模式如图像、语言、网络等融入教学中，利用多种模态将学生的各种感官激发出来，充分调动学生的学习积极性。

大学英语是高校多种学科中的一项重要的公共基础课，但是对于大部分学生来说，原有的英语课堂是非常枯燥的，导致他们的学习效果也不理想。当前，随着网络与大数据的出现，一定程度上突破了教学的界限，采用音频、视频、微信等资源开展大学英语教学，为大学英语教学注入了新的活力，也为学生增添了学习的自信心与动力。

在大学英语教学中，对网络资源的合理运用可以刺激各种感官，让学生参与到学习之中，更深层次地理解英语词汇、语法、语言学等知识。学生努力成为大学英语课堂的主人，主动积极地探索知识，才能学会知识。

另外，在传统的大学英语教学中，教师提供的信息是非常有限的，很难与学生的个性需要相符合，多模态化网络的融入，可以解决教师的这些问题，教师可以利用大数据资源，为学生创设真实的平台，让学生调动多方感官，自主、轻松地提升个人的语言能力。

互联网已成为教师教学的重要工具，充分利用互联网及多模态教学模式势必对大学英语教学产生巨大的影响和推动作用。

四、大学英语多模态交互教学的构建策略

大数据时代的到来为多模态教学引入大学英语教学提供了基本的条件。无论你身处何方，都可以摆脱时间与空间的限制。对网络资源进行合理的利用，还可以从自身的兴趣与爱好出发，浏览网页、观看视频等，也可以参与在线讨论，这与大学英语多模态交互教学是相辅相成的关系。

大学英语多模态交互教学作为一种新型模式，充满着活力，在大数据背景下必将日益完善。那么下面就来具体论述大学英语多模态交互教学的构建策略。

（一）充分利用多媒体资源

多媒体技术被引入大学英语教学中，是大学英语教学的一项重要变革。多模态教学强调将学生的各个感官调动起来，实现英语学习的目标。多媒体课件正是能够将文本、图片、音频、视频等相结合的资源，教师如果制作一个多媒体课件，需要精心地准备，需要从不同的教学内容与任务出发，收集各种资料，进而进行整理与设计，制

作出符合学生的、真实的多媒体课件。

学生的阅读对象不仅包含文字与图片，还包含大量的音频、视频、动画等资料。多媒体课件以鲜明的特点、丰富的资源、生动的情境等，将学生的主体性调动起来，让学生在学习中真正成为信息加工的主体。教师在设计教学内容时，可以将电脑、音响等设备利用起来，对学生的多种感官进行刺激，增强他们对知识的理解。

对多媒体课件进行合理的利用，有助于调动学生的多种感官，促进大学英语多模态交互教学，激发学生的学习兴趣与积极性，为他们营造良好的氛围。

（二）建设多模态化英语网络空间

随着网络技术与大数据技术的不断发展，当前我们的"信息高速公路""论坛""校园网"等日益丰富，也被人们熟知，显然，网络时代与大数据时代已经到来。当前，各高校开始对自己的网络空间进行构建。网络空间教学指的就是师生运用网络平台，展开师生交互活动。他们可以在网络平台上创建实名认证的空间页面，师生在空间平台上进行学习和互动沟通。2015年，河南牧业经济学院创建了网络教学平台系统，这一系统是在Sakai教学平台的基础上研发的远程教学系统，该系统采用"引领式再现学习"的理念，通过课程空间、课程大纲与资源、论坛等形式，在师生与学习内容之间建构多元化的交互渠道，将学生的多个感官激发出来，为学生创设一个真实的虚拟课堂体验环境，从而有效地实施多模态交互教学（丁明明，2018）。

实施英语网络空间教学之后，师生之间可以摆脱时空的限制与障碍，在即时问答、论坛等多个项目下展开有效的互动，这不仅加深了教师对学生的了解，还能够使彼此的关系更为融洽。通过网络空间，教师可以批改学生的作业，学生也能够在规定时间内随时将自己的作业提交上去，实现作业的先交先改、及时反馈。这不仅节省了纸张，还为师生提供了一个互动的平台。

当然，网络空间平台发挥作用的关键在于学生能够积极参与，学生需要登录到网络空间中完成作业、书写心得，也可以向其他伙伴分享自己的学习音频、视频等资料，这就让学生真正地成为学习的主体。在网络空间平台上，学生将自己的感官调动起来，激发自己学习英语的兴趣，提升自己的学习效果，实现自己的有效学习目的，这也是多模态交互教学有效实施的体现。

此外，网络空间还可以实现资源的共享，最大限度地将英语教育资源呈现出来，实现在线网络授课，所有的教学过程也可以在网络空间得以公开，这能够激发教师的创新意识，真正地实现大学英语教学的全方位改革，促进每一位教师努力建设好自己的教学空间，加强教师与教师之间的竞争，实现师生之间、教师与教师之间的交流。在大学英语教学中，应该营造多模态网络空间，将多模态网络空间教学的效果发挥出来，对多模态网络空间教学活动进行优化，遵循其自身的教学特点，顺利实现大数据驱动下大学英语多模态交互教学。

第二节 慕课与微课教学

一、慕课教学

（一）慕课教学的内涵

慕课英文简称为 MOOC，全称是"大规模在线开放课程"（Massive Open Online Courses）。慕课教学源于美国，在短短数年间，被全世界广泛运用。慕课这一模式是具有分享与协作精神的个人组织而成，将优异课程进行上传，让世界各地的人们可以下载与学习。

从形式上说，慕课教学就是将教学制成数字化的资源，并通过互联网来教与学的一种开放环境。本质上看，慕课教学是一种与传统课堂相对的课堂形式，因为其基于互联网环境而发送数字化资源，实施的是线上教学。学生完成了网上课程学习之后，通过在线测试，可以获得证书或证明。

一般情况下，慕课教学的要素包含以下四点：具有完整的教学视频，并且一般时间设置为 6~10 分钟；具有完善的在线考试体系，往往可以实现过程考核与个性考核；具有一定量的开放性话题，可以集中学生的学习兴趣与积极性；具有 PPT、电子参考教材、模拟试题与解析等其他辅导资源。

基于这些要素，慕课教学需要教师与学生之间的互动，如教师对信息的发布、回答学生问题等。慕课教学本身为学生提供了学习的数据，教师和学生都可以通过数据，对学习状态进行分析，从而改善自身的学习情况。

（二）大学英语慕课教学的意义

英语慕课教学在英语教学中的运用必然会导致教学方式与理念的变革。这就是说，慕课教学对当前的英语教学具有重大的作用，具体表现如下：

1. 真正实现了教学针对性

基于传统的英语教学模式，大学英语教学常采用大班授课的方式，由于教师面对的学生众多，很难详细了解学生的个体情况，更难以开展有针对性的教学，因此教师不得不以单一的标准进行统一授课，从而限制了学生的个体发展。而慕课教学模式有效解决了这一问题，由于慕课关注学生个人诉求，通过慕课教学，学生可以结合自己的爱好、学习水平等选择适合自己的学习内容，真正实现了教学针对性。

2. 凸显学生的主体地位

慕课要求学生在上课之前就完成相应的预习，在上课过程中由教师来答疑解惑，课后要求学生完成相应的巩固练习，无论是课前还是课后的作业都进行量化，计入总分。慕课中的教学模式改变了传统课堂教学中师生角色，教师不再霸占整个课堂，而是成为学生学习的引导者和帮助者；学生不再是被动的接受者，而成为教学的主体，在各种作业的推动下，学生积极探索，变为主动的学习者，学习的参与度也显著提高。

3. 让学生能够充分利用碎片化时间

慕课教学的视频一般时间不会太长，多在 10~15 分钟，短时间的学习能够使学生集中注意力，高效率地进行学习。慕课教学模式不存在时空的限制，学生可以自主地安排学习进度，充分利用碎片化时间，对于不理解的知识内容可以反复观看视频学习，最大化地利用教学视频。

4. 为学生营造良好的学习环境

良好的英语学习环境能显著地提升学生的英语学习效率，但是目前的大学英语教学中仍缺乏有利于学生学习的英语环境，这对学生学习效率的提高起到了阻碍作用。而英语慕课教学模式可有效弥补大学英语教学的不足之处。慕课的应用依赖于互联网技术，具有很强的交互性，在慕课学习中，学生和教师能够随时随地沟通，双方的交流不受时间和空间的限制，而学生与学生之间也可以彼此沟通和分享学习经验，进行合作学习。此外，通过慕课学习，学生可以与世界任何地方的学生聚集在一起学习英语，相互之间交流和讨论，不仅能营造良好的英语学习氛围，还能接触地道的英语，提高跨文化交际和综合英语素质。

（三）大学英语慕课教学的构建策略

一般来说，在大学英语教学中，慕课教学往往会通过以下几个步骤来展开：

1. 重构课程模式

基于慕课的大学英语教学属于在线教学模式，有着传统英语教学没有的优势，但本身也存在一些无法避免的缺陷，如师生之间无法面对面交流，这使教师无法分辨学生的情况，也不可能彻底做到因材施教，只能根据大部分学生的学习情况来讲解内容。这就使慕课教学要与传统教学有机结合，采取优势互补的方式重构英语课程教学模式，实现二者的资源整合，提高大学英语教学效果。

两种教学模式有效结合的方式是教师以传统的课堂教学为主、慕课英语教学为辅的形式开展教学，以课本的知识为主要内容，同时辅以慕课教学模式，充分利用慕课所拥有的海量教学资源进一步丰富教学内容，对课本知识进行延展，使学生根据自身的实际情况进行自主学习，扩展知识面。在教学中，要将学生置于课堂教学的主体位置，进行师生之间的活动，针对学生的具体问题进行解答，帮助学生理解和学习。在课下，教师可以通过慕课平台对学生进行知识的拓展和补充，满足学生不同层次的需要。此外，教师还可以通过慕课模式布置课后作业，并通过网络实时监控学生的完成情况。

2. 科学制作教学视频

慕课是通过视频来传达内容的，所以教学视频是慕课教学的基础与核心，教学视频的质量直接关系着慕课教学的最终效果。对此，教师在运用慕课进行大学英语教学时，应针对学科的特点，精心制作视频，不仅要控制好视频的长度，同时要科学、细致地安排视频内容。对于视频的长度，通常维持在 10 分钟左右，视频时间太短将无法充分展现教学内容，视频时间过长则会导致学生产生倦怠心理。教学视频贯穿于慕课教学的始终，课前通过慕课视频使学生提出疑问，提高课堂教学的针对性；课中可用慕课视频加强学生的理解和记忆；课后让学生通过慕课视频加以复习和巩固。慕课视频的内容要具有针对性，突出教学的重点和难点，使学生进行有针对性的学习。

3. 教师积极发挥作用

慕课在大学英语教学中的作用不言而喻，但是慕课教学模式尚有待加强，需要教师参与相关的培训，而且学生水平各有差异，需要教师实施有针对性的教学。因此，在慕课教学模式中，教师依然扮演着很重要的角色。首先，教师应该积极探索能够激发学生主动性和积极性的慕课课件。其次，教师需要对学生的基本情况有清晰的了解，保证慕课课件能够被大多数学生理解和把握。最后，教师还需要了解不同学生的自主学习能力，锻炼学生的心理素质，使他们尽快适应新兴的教学模式。

二、微课教学

（一）微课教学的内涵

关于"微课"，目前还未形成一个全面的概念，下面介绍一些有代表性的关于微课的观点。

最早提出"微课"这一概念的学者胡铁生，他通过借鉴慕课的定义，认为微课即微课程的简称，即以微型视频作为载体，对某一学科的重难点等教学知识点与教学环节来设计一个情境，且支持多种学习方式的网络课程。

之后，胡铁生又对这一观点进行了改进，认为微课是根据新课程标准及课堂教学的实际情况，以教学视频作为载体，对教师在课堂中针对某一知识点或教学环节而展开的精彩教学活动的有机结合体。[1]

郑小军、张霞则认为，微课不等于课堂上的实录，而是从某个重难点出发创作的视频，即微课聚焦了重难点问题，且将那些有干扰的信息排除掉。[2]

上述众多学者的概念是非常具有针对性的，且一定意义上将微课的特征反映出来。笔者对于胡铁生的定义更为推崇，认为从本质上说，微课是一种支持教与学的微型课程。

（二）大学英语微课教学的意义

在大学英语教学中运用微课开展教学，可以为学生创造直观且优良的教学环境，能让学生将全部精力放在英语学习上，对于英语教学而言意义重大。具体而言，微课在大学英语教学中所发挥的作用体现在以下几方面：

---

[1] 胡铁生.全球化语境中的莫言研究［M］.北京：社会科学文献出版社，2017.
[2] 郑小军，张霞.微课的六点质疑及回应［J］.现代远程教育研究，2014（2）：48-54.

1. 顺应了时代发展要求

互联网技术的发展，使得人们能够更加方便地获取和接收信息。随着互联网进入微时代，微视频、微信、微博等逐渐兴起，并成为人们日常生活中的重要部分。就教学而言，学生对手机的关注多于对课本的关注，教师传统的对段落和知识点的讲解方式只会让学生觉得枯燥乏味，因此有些学生甚至不带课本，而是随身携带手机等工具上课。在信息化时代，学生更能接受数字信息化的学习模式，偏向于既简单通俗又富有趣味性的知识信息，而微课作为信息技术发展和教学改革的产物，能有效满足学生的这种学习心理，对于激发学生的学习兴趣发挥着重要作用。

2. 满足不同层次的学习需求

教师在使用微课教学时，会将微视频上传到微信或者QQ等平台上供学生分享，此时那些在课堂上没有记笔记或者存在理解障碍的学生可以根据需要反复观看视频内容，温习所学内容，进而加深和巩固所学内容。

3. 推动了教学模式改革

教育改革的推进深受新型教育模式的影响，大学英语教学改革也在这种模式的推动下不断深化。传统的大学英语教学模式的形式陈旧单一，无法满足学生的需求，也无法适应当代社会的需求。通常是一节课中课程讲授量大，往往会超出学生的接受限度，学生多感觉课堂教学无聊乏味，如果使用微信或者QQ发布英语知识点讲解，则会更加受欢迎，因此微课是当代创新性的教学方式，属于知识的传递者，能够满足学生的具体需求。将微课教学运用于大学英语教学，可以加速教学改革，更新教师的教学结构和教学理念，使教师顺应时代的发展和学生的需求，也能让英语教学跟上时代发展的步伐。此外，微课推动着大学英语课程内容和体系的改革，微课通过时代信息技术，整合教学资源，可以扩大教学途径，转换学习视角，丰富教学资源，改革课程体系。

4. 培养学生的自主探究能力

培养学生的自主探究能力是大学英语教学的重要任务之一，因此在大学英语教学中，教师应注重培养学生的这一能力。而有效利用网络和微课教学的优势，可显著提高学生的自主探究意识和能力。具体而言，教师在向学生讲解英语课文时，可结合教学中重点内容和课文中出现的不同角色，先播放相关的视频让学生观看，然后对他们进行分组，让学生以小组为单位讨论课文内容，并进行创意表演。通过这一过程，学生不仅积极性被调动起来了，还能积极自主探究学习内容，加深和巩固对课文内容的理解。

5. 创新新型的师生关系

在大学英语课堂教学中，教师普遍使用多媒体进行教学，就是以书本内容为核心，以PPT的形式讲解课文知识。受课堂时间的限制，教师在讲解过程中语速较快，模式单一，大多数学生未能完全掌握课堂知识，而且对课堂教学缺乏兴趣，因此教学效果往往不佳。而在微课教学中，教师的角色发生了变化，教师不仅是知识传授者，也是解惑者和引导者，除了向学生提供学习资源，还会指导学生有效学习，满足学生不同层次的个性需求，这有利于改善师生的紧张关系，拉近师生之间的距离。

（三）大学英语微课教学的构建策略

从当前的文化教学实践分析，微课教学有着光明的前景。虽然英语文化教学中微课教学的设计是当前关注的问题，但是也不能忽视英语文化教学中微课教学的实施。

1. 构建微课学习平台

英语文化教学中微课教学主要是基于视频建构起来的，同时需要互动答疑、微练习等辅助的模块，这些在之前的英语微课教学的构成中有详细提及。但是这些模块的构建对于学生文化学习兴趣的提升、教师信息化应用能力的提高等都是十分有帮助的。在这之中，微慕课平台是一个较为创新的平台，即运用微课教学展现慕课教学的专业化与系统性。这一平台结构更为灵活、知识含量更高，是一个较好的平台。

2. 开发与共享微课资源

当前的英语文化教学中教学资源设置不平衡现象凸显，而微课教学的出现，使得教学资源可以通过互联网传送到各个地方，便于各个地方进行及时更新与推进，实现真正的资源共享。

3. 提升微课的录制技术

英语文化教学中微课教学要求录制技术较高，且尽可能保证简单化，使教师便于执行，同时不断提升自身的录制技术。

另外，微课视频研发人员也应该不断对技术进行提升，追求卓越的技术，使英语文化教学中微课教学的实施得到更大范围的推广。

第三节　翻转课堂教学

一、翻转课堂教学的内涵

关于翻转课堂，大家对其最朴素的解释就是，将传统的课堂学习和课后作业的顺序进行颠倒，即将知识的吸收从课堂上迁移到课外，知识的内化则从课后转移到课堂，学生课前在网络课程资源和线上互动支持下开展个性化自学，课堂上则在教师引导下通过合作探究、练习巩固、反思总结、自主纠错等方式来实现知识内化。

随着教学过程的颠倒，教与学的流程、责任主体、师生角色、课内外任务安排、学习地点和备课方式等方面都发生了明显变化。与传统意义上的课堂教学结构相比，翻转课堂颠覆了人们对课堂模式的思维惯性，改变了学生学习流程，从新的角度揭示了课堂的新形式、新含义。有人认为，"翻转课堂"打破了持续几千年的教学结构，颠覆了人们头脑中对课堂的传统性理解，倡导先学后教、以学定教，赋予了学生更多的自主性和选择性,强化了师生之间的沟通与交流,实质上是学生学习力解放的一次革命。这不仅契合了国家教育信息化发展规划指导思想的核心——创新学习方式和教学模式,它也因此被称为传统教学模式的"破坏式创新",成为信息技术与学习理论深度融合的典范。

二、大学英语翻转课堂教学的意义

翻转课堂教学为大学英语教学提供了新的平台,从本质上表现了英语教学改革的深化,帮助英语教学突破困境,为学生的英语学习提供便利。下面就具体分析大学英语翻转课堂教学的意义。

(一)使教学更加直观和简单

在传统的大学英语教学中,教师的教学内容主要是以课本为主,呈现方式也是以板书为主,这种教学方式对学生来说不仅不够直观,还不利于理解相关知识。如果仅限于传统的课堂教学模式,根本无法有效培养学生的英语运用能力。翻转课堂通过借助多媒体技术,将相关的图片、音乐、视频等融入教学视频,使得原本晦涩难懂的英语知识变得直观和简单,也使原本沉闷的课堂教学变得生动活泼。

(二)使教学更具多样性和趣味性

用于翻转课堂的教学视频的制作对教师的专业能力有着很高的要求,要求教师所制作的视频内容简洁、形式多样、幽默丰富等。基于这些要求和特点,翻转课堂有效提高了大学英语教学的趣味性,不仅能创造良好的学习环境,还能有效激发学生的学习兴趣。此外,很多翻转课堂教学视频涉及的内容十分广泛,包括英语音乐、英文电影、英语小说等,这些内容与课程教学息息相关,使得教学形式生动形象,更加多样化。

(三)能够提升学生的主动意识

在翻转课堂教学中,师生之间的互动频繁,学生的主观能动性被充分调动,学生掌握着学习的主动权。基于翻转课堂教学模式,学生可以根据教师提供的资源先进行自主学习,还可以在课堂上与教师展开学习方面的探讨,进一步深化与掌握知识内容,这有效深化了学生的主体地位,淡化了对教师的依赖性。

(四)加深了学生之间的互动

翻转课堂改变了传统教学模式中师生之间的相处方式,翻转课堂中,教师与学生之间形成了一对一的交流。如果学生对某一知识点存在质疑,那么教师可以将这些学生集中起来,对他们进行特别指导。另外,在翻转课堂中,教师不再是学生知识的唯一来源,学生与学生之间还可以进行互动学习。

(五)能够使学生反复学习

在传统的大学英语教学中,教师不可能兼顾所有学生的需求和感受,只能按照教学大纲要求和按步骤统一进行授课,这就会使部分学生跟不上教师的节奏,无法有效掌握课堂教学内容。而翻转课堂教学可以有效解决这一问题,在翻转课堂中,学生可以随时暂停、重放视频,直到自己看懂、理解为止。

三、大学英语翻转课堂教学的构建策略

翻转课堂作为一种颠覆传统课堂的教学模式,其教学设计过程当然不同于传统教学设计过程。目前国内外出现了各种各样的翻转课堂教学,它们都建立在课程资源、教学活动、教学评价和支撑环境这些要素的基础上,因而翻转课堂教学的设计亦以此为根据。

(一)设计英语教学过程

美国创新学习研究所(Innovative Learning Institute,ILI)提出了翻转课堂设计流程。ILI认为,翻转课堂的设计过程主要包括确定学生课外学习目标、选择翻转内容、选择传递方式、准备教学资源、确定课内学习目标、选择评价方式、设计教学活动、辅导学生八个环节。

1. 确定学生课外学习目标

英语文化教学中翻转课堂教学过程的设计首先要确定学生的学习目标。翻转课堂使得课内教学和课外教学进行了颠倒,学生总共需要完成两次知识内化过程,第一次知识内化是在课外自主学习新知识,第二次知识内化是在课内完成的。显然,课内和课外对学生的要求是不同的,学生需要在课内外实现不同的学习目标。

2. 选择翻转内容

当确定了翻转课堂的课外学习目标后,就要结合学生本身的认知规律和特点去选择课外自主学习的合适内容。课外学习目标主要是低阶思维的目标。

3. 选择内容传递方式

选择内容传递方式是指确定学生的自主学习内容通过什么媒体工具表现出来。教师要结合特有的接收设备情况、学习者的地理位置、学习内容的形式和资源大小等因素,选择学生开展个性化学习、传递内容形式丰富、传递速度快、获取方便的内容传递方式。

4. 准备教学资源

在明确了学习内容及其传递方式后,就可以收集相关的网络学习资源供学生学习,或者开始制作、开发新的相应的学习资源。在该环节需注意,无论是利用已有的学习资源还是自己开发新的学习资源,均需与先前确定的学习内容保持一致,并且资源的形式、大小等要求也需和传递工具相匹配。

5. 确定学生课内学习目标

第一环节确定的是课外学习目标,是针对低阶思维技能的学习目标;本环节确定的是课内学习目标,是针对分析、评估和创造等高阶思维技能的目标。因为在课外学

生能参与的更多是培养其识记、理解和应用等的学习内容，而在课内学生是通过与同伴和教师面对面地交流、讨论和开展协作探究等活动。所以，这一环节的学习目标与第一环节的学习目标有所不同。

6. 选择评价方式

在教学正式进行前，教学中的主体者和主导者，即学生和教师都要对课堂教学活动提前做好充分的准备。对于教师而言，选择一种合适的评价方式非常重要。低风险的评价方式应该是教师的理想选择，它是指不对学生的评价结果进行分数、等级的评比，而仅作为发现学生学习问题的一种教学评测方式。通过低风险的评价方式，教师可以发现学生学习真正的难点，以便教师和学生调整教学计划和学习计划。低风险的评价方式有很多，其中一种就是常用的课前小测验，这些小测验的题目量并不多，一般只有3~4个问题，针对的内容是学生在课外自主学习的内容，其不仅是检测学生在课前学习的事实性知识，而且更重要的是为学生提供一个综合应用所学知识的机会。通过课前小测验，教师能及时地把测验中出现的问题反馈给学生，学生也可以向教师提出自身遇到的问题，并通过与教师交流促进问题的解决。

7. 设计教学活动

如前所述，课外的学习内容和活动主要帮助学生解决识记、理解类的知识，在课内则是帮助学生解决学习难点，并充分运用所学知识，学习更深层次的内容。当通过课前评价了解到学生真正的学习难点后，教师需针对性地设计具有导向性的课堂教学活动，以便更好地培养其分析、评估和创造等高阶能力，可采用如基于项目的学习、基于问题的学习、协作探究学习等形式。

8. 辅导学生

教师作为教学的主导者，在各种形式的教学活动中都要充分发挥自身的主导作用，只有这样才能取得良好的教学效果。具体而言，在学生进行教学活动时，教师需提供相应的"脚手架"，为学生更好地开展活动提供必要的支持。此外，在必要的时候，教师还应该为某些理解学习内容和活动有困难的学生提供个性化的辅导。在整个学习活动中，教师需对提出疑问的学生给予及时的反馈，在学生汇报学习成果或学习结束后，教师要进行统一的总结反馈，以促进学生进行知识的内化和升华。

（二）开发英语教学资源

1. 支持信息化教学资源

广义的教学资源是指用于教与学过程的设备和材料，以及人员、预算和设施，包括能帮助个人有效学习和操作的任何东西。随着信息技术的发展，信息化教学资源的概念出现了，它是指在以网络和计算机为主要特征的信息技术环境下，为教学目标而专门设计的或者能为教育目标服务的各种资源，包括教育环境资源、教育人力资源和教育信息资源。

随着信息化资源的发展与教育应用，翻转课堂教学主张才得以提出。从上述翻转课堂的完整过程可知,支持翻转课堂需要用到的信息化教学资源主要包括教学视频、进阶练习、学习任务单、知识地图和学习管理系统五大类。

翻转课堂教学的实施,不仅需要上述教学资源作为主要资源,还需要借助一定的教学辅助工具软件,该类教学资源几乎贯穿于翻转课堂的全过程,其作用主要是帮助教师进行教学视频的制作、师生间开展交流协作、学生学习成果的展示等。按照作用于翻转课堂教学开展过程中的不同方面,可以将教学辅助工具大致分为视频制作工具、交流讨论工具、成果展示工具和协作探究工具四类。

2.遵循资源选择的基本原则

翻转课堂的资源包括教学视频、进阶练习、学习任务单、知识地图、学习管理系统和各类教学辅助工具等。每一类资源都不是完美的,不存在放之四海而皆准的资源。每类资源都各具特点,并且每类资源可供选择的具体资源种类、载体类型众多,因此教师应根据教学实际需要选择合适的翻转课堂的教学资源。一般而言,翻转课堂教学资源的选择需遵循最优选择原则、具有较强兼容性、多种媒体组合。

最优选择原则是指教师根据教学内容和教学目标的要求,选择存储和传递相应教学信息并能直接介入教学活动过程中的载体,就是选择教学资源。

具有较强兼容性是指当众多便携式的移动智能终端在大学英语教学中广泛应用以后,大学英语教学不仅变得更加高效,还发生了一场变革。在这种情形下,翻转课堂理念变得普及起来,翻转课堂的应用也得以在大范围内开展。翻转课堂实施产生的普遍现象是,学生利用各类移动设备,如平板电脑、智能手机等进行课外自主学习,课内教师利用移动终端设备进行授课。因此,资源载体的改变,迫使资源的形式也做出相应的改变,要求其必须兼容各类学习终端设备,在各类终端设备中都能流畅运行。

多种媒体组合是指翻转课堂教学真正做到了以学习者为中心,这对后期的教学资源的选择有一定的指导作用。在选择教学资源时,教师应该考虑学生的兴趣、生活现实,尽可能选择丰富的教学资源形式,即有机结合文字、图片、声音、视频、动画等多种媒体形式。

(三)设计英语教学活动

根据前面所述的翻转课堂的完整过程,翻转课堂教学活动设计包括课外活动设计和课内活动设计两个部分。

1.设计课外学习活动

翻转课堂的课外学习活动一般属于线上活动,主要包括以下三类:

(1)在线学习。在课外,学生通过阅读相关的电子书籍、资料或观看教师提前准备好的讲授视频,掌握并理解课程中重要的信息。在线学习主要有阅读电子教材和观看教学视频两种形式。有时为了加强学生对信息的理解,在线学习的材料还附加一些引导性问题、反思性问题、注释、小测验等,用于辅助学生进行自主学习。

(2)交流讨论。通过在学习管理系统中开辟一个专门的讨论区,或借助专门的在线交流工具，教师和学生以课外学习内容为主题展开交流和讨论。讨论主题既可以是教师预设的，也可以由学生创设。这样，一种师生在线辅导和生生自组织学习的学习模式就形成了。借助这种学习模式，学生掌握学习内容的速度较快，并且掌握的层次较深，从而为课内的学习活动做好准备。

（3）在线测评。在学生完成了新知识学习的任务后，可以进行在线测评。在线测评一般采用低风险、形成性的评价方式，不仅检验学生的学习成果，还提供一个学生反馈问题的机会。通过在线测评，教师和学生在课内教学活动开展前针对问题提前做好准备。

2.设计课内学习活动

根据翻转课堂的特点，影响翻转课堂教学效果的最大因素是如何通过课堂活动设计完成知识内化的过程。在设计课堂活动时，关键要看情境、协作、会话等要素是否有利于学生主体性的发挥，从而促进学生达到高阶思维能力的目标。课内学习活动一般可以分为个体学习活动和小组学习活动。

第四节　线上线下混合式教学

一、线上线下混合式教学的内涵

大数据技术在教育领域广泛应用的大环境下，"教师主导＋学生主体"的教学模式在许多院校流行。在如今智能手机、平板电脑、网络为时代印记的新技术时代，教学模式不仅要求灵活运用以教为主的教学策略和以学为主的学习方式，同时需要整合各种教学资源，要求教师进行相应的角色转变。

依据建构主义、情感过滤假设理论为基础，结合教学实际，从语言知识、语言技能、情感态度、文化意识、学习策略五个维度综合考虑构建了适用于高校的移动平台翻转课堂授课、线上交互式数字课程学习、线下模拟场景实践、过程性与终结性评价结合的四位一体混合式教学模式，并绘制了基于网络交互式教学平台的混合式大学英语教学模式图（图6-1）。

从图6-1中我们可以知道，在这个教学的过程中，教师在教学环节中不再是过去的讲授者或灌输者，而转变为一个帮助者和支持者，教师在课前和课后的准备工作及评价工作中的功能远大于过去，而学生在课前、课中、课后均为学习的主体，这与过去的"教师讲、学生听"教学模式有了很大的不同。

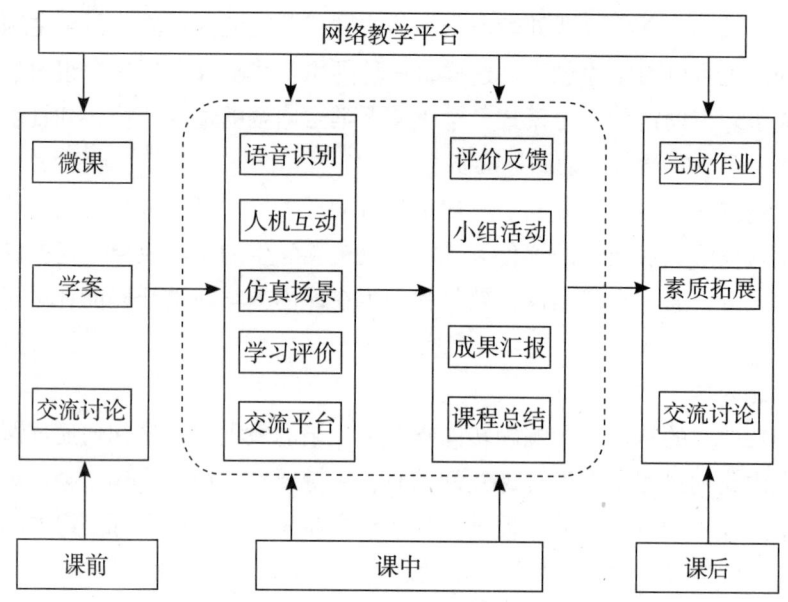

图6-1 混合式大学英语教学模式①

二、大学英语线上线下混合式教学的要素

（一）教学环境

1.创建媒体化课程教学环境

将媒体化教学环境应用于课程教学中具有重要意义，在课程教学中，以传统教室为基础，有机组合诸多类型的教学媒体，通过屏幕投影将生动形象的多媒体教学信息（如图片、视频、音频等）直观呈现给学生，以优化教学过程，增强教学效果。

多媒体教室（多功能教室、多媒体综合教室、多媒体演示教室）是课程教学中运用最多的一类媒体化教学环境，也是新的课堂教学系统之一，它集中了很多现代化的教学设备，教师在课堂上运用这些教学设备将丰富的教学内容直观呈现出来，使学生更加直观地掌握教学内容，并加深对教学内容的记忆。

多媒体教室的教学功能有很多，结合课程教学，下面主要列举其中几个主要功能。

（1）常规教学。不管是传统的常规教学，还是多媒体教学，都可以在多媒体教室完成，这是多媒体教室综合性特征的重要体现。

（2）课堂演示教学。教学内容可以通过多媒体教室的教学设备投影到清晰的大屏幕上，以便学生直观地观察、学习，比赛场景或某个具体的项目动作等也可以通过多媒体系统来模拟演示。

教师通过这种方法直观明了地向学生传递教学信息，学生的感官受到刺激，学习兴趣自然就会提高，课堂教学效果与教学质量也会因此而得到改善。

（3）对教学信息与资料进行搜索。学校的多媒体教室一般都是连接网络的，有的

---

① 丽娜.大数据驱动下的大学英语教学革新与探索[M].长春：吉林人民出版社，2021.

还与校园网相连，教师可以在课堂教学中根据教学需要直接搜索所需资料，这能够为教师的教学活动与学生的学习活动提供便利，节约课堂时间，提高课堂教学效率。

（4）各种教学课件和软件的播放。教师可利用多媒体教学设备播放提前准备好的多媒体教学软件（录音带、VCD、CD 光盘等），进而使课堂教学效果得到强化与优化。

2. 创建网络化课程教学环境

信息化教学的开展离不开网络化教学环境的支持。教师将网络通信技术、计算机技术充分利用起来，通过文本、信息交互技术、影像等丰富的信息媒体资源向学生传递重要的教学信息与资源，以促进学生更好地进行自主学习与合作学习，提高课堂双向互动交流的效率和学生的学习效率。常见的网络化教学环境主要有多媒体网络教室、校园网、网络教学平台、远程教育网等。下面结合课程教学主要分析多媒体网络教室与校园网。

目前来看，多媒体网络教室（多媒体网络机房、计算机网络教室）作为一种新兴网络教学系统，在我国各类学校的应用非常广泛，大中小学普遍都会用到多媒体网络教室。多媒体网络教室属于小型教学网络，由若干台多媒体计算机及相关网络设备互联而成，可以将其作为计算机机房使用，也可以作为多媒体演示室、视听室、语音室使用，这是多媒体网络教室的功能及应用形态的主要表现。要使用多媒体网络教室，一定离不开现代网络技术和多媒体技术的支持。多媒体网络教室在课程教学中的具体应用及功效主要表现在以下几方面：

优化教学结构，使学生有更多的实践机会。在课堂教学中，多媒体网络教室的软件可作为辅助教学手段，如教师口头讲解时，可用语音对话；示范动作时，可播放图片或视频，使学生看得更清楚一些。多媒体网络教室的设备还有监控功能，当学生自主学习时，教师可以检查学生的学习情况，发现其中的问题，从而对教学过程进行更合理的调控。学生如果在听讲或自主学习中有疑问，可利用电子举手功能向教师提问。教师可以利用辅导答疑功能来对学生进行个别指导，有针对性地解答学生在学习中的个别问题。另外，教师还可以组织学生交流经验、讨论问题，对于普遍存在的共性问题集体处理。这样可以在一个整体的系统中将诸多环节联系起来，使课堂教学结构更加优化，而且学生在交互式的环境下有更多的机会去实践，学习效果会有所提高。

（1）丰富教学内容，提高课堂效率。教师制作多媒体课件，要以教学目标、教学内容及教学需要等为依据，在课件制作中分类建库，分类储备各种教学资料（如教案、图片、实验用具等），以便在课堂教学中快速调用这些准备好的资源。多媒体网络教室集图书室、资料室、实验室于一体，与互联网连接，在课堂教学中教师可以获得教学所需的资源信息或校园网上的共享资源，借助丰富的教学资源来创设教学情境，使教学时空进一步拓宽，这也有助于良好课堂氛围的营造，既轻松愉悦，又保持适度的紧张。学生利用学习机也可以实现学习资源的共享，在获得这些资源的基础上充分发挥主体作用。这种教学方式具有高密度、高效率的优势，可推动课堂教学效率的提高。

（2）丰富教学内容的表现形式。多媒体信息符号的表现形式有很多，如文本、图形、图像、动画、音频、视频等形式都很常见，这些常见的信息形式经过计算机的集成处理构成了多媒体信息结合体。在网络教室环境中可以用多种形式来呈现多媒体信息，教师要选择最适合、最有效的表现形式来讲授教学内容，可以单独使用某种表现形式来传递信息，也可以将多种表现形式结合起来传递教学信息，从而达到抽象理论具象化、静态知识动态化的效果，这有助于将学生的学习兴趣充分激发出来，对学生的学习能力及多元智能进行培养。

（3）可优化组合多种教学形式。在课程教学中，教师可将本校服务器中的多媒体教学软件结合起来进行全面教学，学生在自主学习中也可以对学校服务器中的学习资源自由访问，提高自主学习能力。另外，教师、学生查询与运用网上资源都可以达到实时性的效果，这有助于师生之间以某个特定主题或教学任务为中心而展开互动，通过讨论室进行讨论，从而快速完成教学任务，使学生全面理解问题，这也为课堂中小组合作学习、自主探究学习以及讨论协商学习等多种学习形式的优化组合运用提供了方便。

（二）教学内容

1.创设情境，使学生在真实情境中掌握和运用知识

在传统英语教学中，往往从具体情境中将英语知识抽离出来，抽离出来的知识是抽象性、概括性的，虽然这样可以将具体情境中的"本质"内容（概念、规则、原理等）体现出来，但知识运用的具体性与情境性却被忽视了，这样学生虽然掌握了知识，却在具体的任务情境中或遇到现实问题时无法运用所学知识，学习结果无法顺利迁移到现实中。要使学习者在建构层面掌握所学知识，即不仅掌握知识的表面，也深刻理解知识表面所隐含的性质、规律及相关关系，最好为学习者创造真实或接近真实的情境，使学习者在亲身参与中去感受、体会，获取直接经验，而不是从教师的口头讲解中去获取。

对此，在信息化英语教学设计中，英语教师要注重对真实问题情境的创设或对真实任务的设计，使学习者尽可能在真实的情境中完成所有学习活动。这里要注意一点，真实情境与现实情境不同，不一定要真实客观存在，情境有很多种类型，如基于学校的情境、基于自然或社会生活的情境；想象虚拟的情境、真实现实的情境等，在英语课堂教学中不管是创设哪种类型的情境，都只有一个原则，就是使学习者能够经历类似于真实世界的认知挑战。

2.利用学习资源为学生的自主学习和协作学习提供支持

在信息化英语课程教学设计中，要将丰富多彩的信息化学习资源提供给学生，并在学生获取学习资源、分析处理学习资源、编辑加工学习资源的过程中提供引导与帮助，从而为学生的探索学习、分析解决学习中的问题提供支持。有些学生对信息化学习资源不熟悉，也不习惯运用，对此，教师要加强对信息化资源的普及，不断鼓励学生使用信息化资源，使学生充分认识到这些学习资源给其自主学习带来的便捷与好处，

然后借助现代信息化学习资源来更好地进行自主学习、合作学习。

3. 为学生提供有效引导、支持

信息化英语课程教学设计强调学习者充分发挥自身的主体作用，主动学习、主动探索，但因为学习者的知识结构还比较单一，认识水平还比较低，也缺乏实践经验，所以在学生自主学习的过程中，教师也要适当地进行指导，在关键时刻给予帮助，如为学生提供丰富的学习资源、反复示范正确的技术动作、为学生提供咨询服务、创设问题情境启发学生思考与探索等，对于那些自我调控能力差的学生，尤其要给予引导和帮助，以免学生因不熟悉新的内容或在学习中受挫而消极被动学习，影响学习效果。

4. 强调协作学习

信息化英语课程教学设计强调英语教师要重视设计协作学习方式，具体包括学生之间的协作、师生之间的协作、学生与他人之间的协作、各主体之间面对面的协作以及在计算机信息技术支持下的信息化协作等。协作学习不仅是学习者发展的需要，也是社会发展的需要，因此信息化教学设计特别强调协作学习。现在，社会分工的细化趋势越来越明显，知识增长也极为迅速，需要协作配合才能完成的工作越来越多，所以在现代人才的评价中，将协作意识与合作能力作为一个重要判断标准。

从学习者方面来看，不同的学习者有不同的成长经历和知识经验，面对同一知识或问题，不同学习者的理解可能不同，学习者个人的理解可能是存在局限性的，或者说比较片面、肤浅、不充分、不完善，也有可能就是错误的，而通过协作学习，学习者之间相互沟通交流，每个学习者充分表达自己的看法与见解，同时接纳他人的不同看法，在这个过程中学会聆听、接纳、互助、共享，在不同观点的碰撞中更好地理解知识与问题，这时的理解比之前个人的理解更充分、全面、完善、深刻。

5. 在学习和研究活动中将"解决问题"和"任务驱动"作为主线

信息化英语课程教学设计强调不要将学习孤立看待，而要将其与更多的问题、任务联系起来，以"解决问题"和"任务驱动"为主线进行学习，学习者主动投入真实的问题情境或人物情境中，以完成学习任务，解决学习问题。英语教师在信息化教学设计中要多鼓励学生结合现实生活探究学习相关问题，将学习者的高水平思维充分激发出来，培养学生的高级思维能力。很多学习任务与学习问题背后都隐含着丰富的知识与技能，学生在自主学习或合作学习中探索这些知识与技能，在探索中逐渐掌握并学会运用，这有助于提高学生的探索能力。

6. 强调面向学习过程的质量评价

传统英语教学设计习惯上将简单的知识与技能作为评价学生学习成果的唯一标准，这在信息化英语教学设计中是不允许的。信息化英语教学设计强调在英语教学评价中将师生在课程教学中的所有情况都考虑在内，强调在真实的评价情境中进行评价，主张凡是具有教育意义的过程与结果，都应该对其进行恰当的评价，不论其是否符合预定目标。此外，信息化英语教学评价还强调对学生学习能力的评价，但不是通过学习结果来评价其学习能力，而是通过其在整个学习过程中的学习行为来评价其学习能力的变化发展，最后做一个评估报告，将此作为改进教学与进一步培育学生学习能力的根据。

三、大学英语线上线下混合式教学的步骤

线上线下混合式教学模式在英语文化教学中的应用大致分为以下三个阶段：

（一）课前阶段

在基于线上线下混合式教学模式的英语教学中，教师在授课之前要针对具体的教学内容和学生的学习情况选择切合的课程资源，并且结合实际情况设计能够培养学生自主学习能力的学习任务，以充分利用教材和网络课程资源。例如，"朗文交互学习平台""新理念外语网络教学平台"等都是可实现师生交互的移动网络平台，通过这些平台，教师可以将教材中所涉及的学习计划、学习目标、学习重点、学习难点、学习主题等相应的预习内容和学习任务等，及时发到学生手中，学生可以根据任务的要求通过不同的方式，如个人独立思考、小组讨论等，有效地获取知识，高效地完成预习任务，在这一过程中，自主学习能力也会相应地提高。在这一阶段，教师可以利用自主式的学习平台，充分实现师生之间的互动，为学生提供有效的在线咨询，为学生答疑解惑，向学生提供有针对性的辅导和帮助，进而切实提高学生的自主探究精神和自主学习能力。

（二）课堂阶段

所谓线下，也就是课堂上的面授。在这一阶段，主要是通过课堂的教学平台和自主学习平台的相互融合，展开具有针对性的多媒体辅助教学。首先，教师根据学生对课前预习的完成情况进行检查和分析，重点指出相关问题。其次，运用多媒体创设富有情境化的教学内容，进一步提出问题，引发学生进一步思考，进一步激发学生的探究意识。再次，教师结合教学实际情况和单元主题，设计相应的学习任务，鼓励学生积极讨论，也可以通过情景对话、角色扮演等方式，激发学生参与的积极性，促使学生主动参与课堂教学活动。最后，教师鼓励和引导学生进行总结和反思，可以让学生进行自评或学生之间进行互评，进而总结学习内容，激发学生的学习动机和自主探究精神，巩固学习知识，同时提升协作互助意识和英语应用能力。

（三）课后阶段

在课后阶段，教师可以通过线上线下混合教学模式进一步补充相应的学习材料，有效拓宽学生的视野，加深学生对所学知识的理解和掌握程度。在课后，学生也可以利用网络平台寻找相应的复习资料，进一步加深学习效果，加强练习的实践，扩大知识范围，更好地完成相应的学习任务。课后巩固延伸了课堂教学的空间，能够显著培养学生的自主学习能力，也能够为学生养成良好的终身学习习惯打好基础。

四、大学英语线上线下混合式教学的意义

（一）方便灵活

信息科技与互联网的发展及其所带来的便利，使得英语教学视频可以在网上进行广泛传播，多样化的视频教学形式，如专题讲解、碎片化学习、视听说一体的视频教学等教学形式开始出现，使得英语教学的灵活性大大提高。首先，学生可以通过网络方便快捷地获取多元化的教学资源，不受时间和空间的限制进行碎片化的学习。其次，教师可以借助网络资源提升自身的专业素质和水平，从而开展形式灵活、多样化的优质教学，增强英语课堂教学效果。

（二）贴合需要

在大学英语教学中运用线上线下混合式教学模式，能有效加强学生的学习体验，提升学生的学习效率，而且切合学生的实际需求。首先，网上含有大量的英语教学视频，学生可以根据自身的水平和学习需求，自主选择优质课程，有针对性地利用教学资源。其次，通过线上线下混合式教学模式，学生可以获得丰富的学习体验，形成自主探究的学习习惯，满足个性化发展需求。

（三）切入精准

相较于传统的教学模式，线上线下混合式教学模式切入点精准，在整体上能够扩展学习空间。该教学模式引发了教师主导的课堂格局的改变，通过丰富的线上资源来充实课堂内容，同时通过线下形式多样的个性化实践措施丰富学生的学习体验，进而精准地抓住学生的爱好点，拓展学生的学习空间。将线上线下两种模式混合应用，能够有效改善教学的思路，切实优化教学质量。

五、大学英语线上线下混合式教学的构建策略

（一）带疑探究—讲授示范—动手操作型

（1）教师要根据课程教学的目标来找到一个或几个富有探索性的问题，然后将问题以适当的时机和方式向学生提出，并引导学生利用已有的信息技术找寻解决问题的方法。

（2）教师利用分解法，将问题由一分多，细致讲解每一个小问题，并进行必要的问题解决示范。

（3）学生通过教师的讲解与示范开始尝试解决问题，在这一过程中如果遇到新的问题便开始思考及向教师提出问题，得到解答后再进行操作，直到问题得到解决，最终掌握知识和技能。

（4）教师评价学生的学习表现，学生之间也要进行互评。

（二）任务驱动—协作学习型

（1）教师以教学内容中的重点和难点为依据，灵活设计信息技术的教学任务和目标。对于任务的设计要遵循由易到难、由简到繁、由外到内的原则。

（2）教师给学生布置教学任务，然后让学生自由选择自己的合作伙伴来共同协作开展研究。学生在研究学习的过程中对所获得的一切信息和资料都要注重和同伴分享，一起讨论，一起研究。

（3）教师对学生的学习活动进行总结性评估。评估的重点在于学生对信息技术的应用能力。

（三）自主—监控型模式

自主—监控型模式的教学地点是在建立了网络的教室里。具体学习模式：学生将教师提供的教学资源利用起来进行学习，教师则观察学生的学习过程。为了给学生创造良好的自由氛围，教师可在教室外通过监控观察。当教师发现学生在某环节中遇到问题，则应适当提供帮助。在自主—监控型模式中，学生可根据需要使用网络资源。自主—监控型模式的实施程序如下：

（1）教师根据教学目标对教材予以分析，然后以教师认为的最理想的方式向学生呈现教学内容。

（2）学生在接受了学习任务后，需利用相关资料或信息进行独立学习或协作学习。在此过程中，教师的任务是观察、监督，并在必要的时候进行适当的指导。

（3）教师对学生的学习活动进行总结性评价，总结评价具体到个人。

（四）群体—讲授型模式

群体—讲授型模式是面向多数人（通常为一个班）进行教学的模式。在这种模式下应用的信息技术只是作为一种教学手段出现。该模式的主要特点如下：

（1）集文字、图片、声音、图像等多媒体展现教学内容于一体，让学生对课堂教学活动有更为直观的认识和理解，而不再是过往的那种过于抽象的思维。

（2）使用便捷、简单、易操作，能够将教学内容快速、及时地呈现出来，这无疑可以大大提高教学的效率。

（3）过往教学中那种宏观、微观以及时间、空间等因素都不再成为限制，如此更加方便教师对教学重难点的把控与教学。

群体—讲授型模式的实施步骤如下：

（1）教师在备课阶段就要全面掌握教学内容，并对教学中需要的图片、视频等资料细致选择，对需要演示的课件要设计得当。

（2）教师努力创设教学情境，将教学信息展示给学生，引发学生思考。

（3）教师对教学活动做总结性评价。

（五）讨论型模式

讨论型模式是教师与学生通过网络进行的实时或非实时交流的一种教学模式。对于这种模式的应用，通常是由教师提出某一问题，然后由学生主要讨论问题。对于学生的讨论，教师要一一听取，这是了解学生学习思维和发现其中可能的问题的好机会。如果发现问题，教师要及时指导。这是一种对学生非常友好的教学模式，不过需要耗费一些时间，教学效率相对较低。该模式的基本步骤如下：

（1）教师根据教学目标对教材进行分析，然后以教师认为的最理想的方式向学生呈现课件或网页类的教学内容。

（2）学生接受任务后，由教师指导查阅资料或信息进行独立学习或合作学习。要确保在完成学习任务的过程中使用信息技术。

（3）教师要对学生的讨论予以总结，学生间也可以互评，当然也可以评价教师的一些观点。

在讨论型模式中，教师要始终尊重学生的主体作用，要允许学生发散思维，对学生的一些奇异思维不要打断，而要做到先倾听，这是鼓励他们尝试创新的良好开始。

（六）研究型课程

研究型课程与当下常见的科学研究的方法已经非常接近了。学生在这种模式的课程中利用信息技术作为工具来分析、归纳、整理各种资料，找寻对解决问题有帮助的信息。

研究型课程中的整合任务是课后的延伸，超越了传统的单一学科学习的框架，它会根据学生个体的认知水平以主题活动的形式呈现生活中的一些问题，以此充分激发学生的研究兴趣，并完成相应的学习任务。

学生在研究型课程模式中的学习，在设计研究方案、实施方案以及完成任务等环节中都享有相当高的自由度，教师更多的是在选题和资料收集环节提供些许帮助，如此更能突出学生的主体性和参与性。不过，教师提供的帮助仍旧是不可或缺的，甚至这可能决定着学生研究型学习最终的成败。

第七章　大数据时代的英语自主学习实践研究

在大数据背景下，要求学生具有自主学习的能力。自主学习对于一个人能否树立终身学习的观念具有重要的影响，是教育终身化、民主化、学习社会化的一种策略，更是教育发展的未来趋势。对于自主学习的研究，是建立终身学习型社会的必然要求，能够有力地促进科技的发展和社会的进步。

第一节　自主学习研究的历史背景及基本历程

一、国外自主学习研究的基本历程

对于自主学习理论的研究最早源于古希腊，至今已有两千多年的历史。古希腊的哲学大师，纷纷用自己的哲学观念、处事经验、教学经验，提出独特的自主学习理论。他们认为，自主学习观念的养成可以有效凸显自我教育的重要性。我们可以按照各个时期的发展特征，将其划分为三个阶段。

（一）自主学习理论的起源

这一时期，自主学习理论已经初步显露出来。古希腊哲学家苏格拉底（Socrates）在其名为"产婆术"的教学方法中最早提出了自主学习的理论。他认为，教师的职责并不是创造和直接传播知识，而要成为"知识的助产婆"，通过引导，培养学生的学习习惯，从而转变学习思维，能够积极、主动地去探求知识。在苏格拉底之后，柏拉图（Plato）和亚里士多德（Aristotle）将自主学习的思想继承并发扬光大。柏拉图指出，教育应该以培养学生学习技能为目的，使学生成为自我学习的主导者，建立属于自己的"理想国"理论；同时，他还强调学习中自我反思的重要性。而亚里士多德则更为关注自我实现的重要作用，他认为，持有这种思想的学生即使在没有老师引导的情况下，也能够继续向前发展。因此首倡和谐教育（Harmony Education），进而发展为一种博雅教育（Liberal Education），即现代意义上的通识教育（General Education/Common Education）。他还强调学习过程中要养成自我监控和自我调节的习惯。近代教育理论奠基者夸美纽斯（Comenius）的教育思想多承自拉特克"自然教学法"的理论，他在其著作《大教学论》①中，倡导学生在学习过程中要发挥主观能动性，摒弃单调的灌输与接受式的学习模式，同时通过劝说、表扬的方式鼓励学生进行自主学习。他说："应该用一切可能的方式把孩子们的求学欲望激发出来。"教师主要是学生学习兴趣的激发者和知识的引路人，但学习的主动性仍在于学生。之后，法国自然主义教育思想家卢梭（Rousseau）、德国教育家第斯多惠（Diesterweg）、英国教育家斯宾塞（Spenser）等纷纷提出了自主学习的观点，但也只是浅略地提到了这些观点、建议，并未建立起完整的系统。直到进入20世纪，在实用主义和实验主义浪潮的席卷下，对于自主学习的研究才又有了明显的进步，自主学习开始进入初步试验的阶段。

（二）自主学习理论的发展

20世纪初到中叶，自主学习研究被杜威（Dewey）和斯金纳（Skinner）的初步试验包揽。在杜威看来，教学的第一要义是培养学生的思维力，而思维力的开发需要学习者的主动探索，而这一切就需要学习者在劳作中学习，杜威的思想方法突破了传统教育思想的限制，将学生摆在了教育的主体位置，并提出了众多进行自主学习的方法，如道尔顿制、文纳特卡制、设计教学法等。斯金纳是一位行为主义心理学家，他创造性地提出了及时强化和操作性条件的小步子教学等原则，并运用到教学过程中，最终创立了独特的程序教学法。这种方法采用了学生自主学习为主、教师引导为辅的新型教学模式，对学生的自主学习与积极性和主动性的调动起了积极作用。这两种教学方法在很大程度上突出了学生的主体地位，使教学主体由教师向学生转移。但也正是这种忽视教学引导的方法，导致其最终并未实现预期的效果。之后随着认知心理学、人本主义教育思潮和建构主义学习理论的兴起和流行，越来越多的学者投身于自主学习的研究中，产生了众多的研究流派，同时将这门研究推向了系统发展的阶段。

（三）自主学习理论的系统化

从20世纪60年代开始，经过国外自主学习研究浪潮的推动，逐渐形成了7个具有代表性的研究流派：①以苏联心理学家维果斯基、美国心理学家斯金纳为代表的操作主义学派。②以美国罗杰斯为代表的人本主义心理学派。③以加拿大心理学家温内为代表的信息加工学派。④以班杜拉和齐莫曼为代表的社会认知学派。⑤以德国心理学家科尔和美国心理学家考诺为代表的意志学派。⑥以麦臣鲍姆为代表的言语自我指导学派。⑦以瑞士教育家皮亚杰、美国心理学家布鲁纳、英国分析教育哲学家奥康纳等为代表的建构主义学派。

这些学派纷纷从不同角度，通过不同研究方法对学生的自主学习能力、目的、动机以及学习中自我调控、影响学习的因素等方面进行了细致深入的探讨与研究。他们在研究中又提出了新的观点，极大地丰富了自主学习的理论探索与实践应用，对培养学生的自主学习能力具有重大的启示作用，同时为我国开展自主学习的研究奠定了基础。

---

① 夸美纽斯.大教学论[M].傅任敢，译.北京：人民教育出版社，1957.

二、国内自主学习研究的历史背景

纵观我国教育思想的发展历程，关于自主学习的思想早在先秦时期便初露端倪，历史源远流长，对于今天的学习研究依然具有深刻的借鉴意义。我国古代学者在很早时就提出"为学贵在自求自得"，①体现了自主学习的重要性。在孟子眼里，一个人想要有所成就，就应积极主动地去学习，只有主动，才能将知识掌握得牢固，在积累大量的知识之后，运用起来才会得心应手。朱熹也认为，做学问应该是一个人的事，不能靠别人。清代王廷相也提出了关于自主学习理论的重要看法。中国古代哲学家孜孜不倦于自主学习理论的研究与扩展，提出了"启发式""少而精"的教学理念，对自主学习的目的、方法等问题进行了系统解释，还指出了应该如何培养自主学习能力。

虽然有关自主学习的理论研究进行了数千年，但直到近代，自主学习的实践应用才开始受到我国学者的普遍关注。著名教育家蔡元培提出了"自动""自学"和"自觉"的教育观念。他说："最好使学生自学，教者不宜硬以自己的意思压到学生身上，让学生被动地接受知识，成为接受知识的容器。"②五四运动前后，杜威等一大批外国教育学者纷纷来中国讲学，宣传自身的教育理论，对我国自主学习理论的研究产生了重要的影响。

实际上，直到20世纪70—80年代，我国才开始展开对自主学习理论与应用的系统性研究。1978年左右，我国有11项与自主学习有关的教学实验。1986年后，一些学者总结了自己对自主学习理论的研究成果和经验，并发表了大量的研究论文和著作，丰富了我国的自主学习理论，并为研究指明了方向。

进入20世纪90年代，国外自主学习理论不断对国内研究产生影响，同时随着国际间的交流合作日益频繁，我国很多学者开始用大胆创新的思维对自主学习进行研究。在研究过程中，逐渐将改革与自主学习相结合，不断扩大研究范围和深度。从此自主学习研究进入了争奇斗艳的时代，转向了大融合，即对各个派系的自主学习理论进行综合总结，并从中吸取有利成分与自己的研究相结合。这一时期的自主学习理论研究开始走向成熟，形成了理论与实践、研究与政策相结合的研究现状。

我国关于自主学习的研究，主要呈现出以下特点：

第一，理论研究取得了丰富的成果。1986年后，一些自主学习理论研究学者纷纷用发表论文或著作的方式阐述自己的研究实绩，主要有《青少年智力开发》（刘学浩，1986）、《自学辅导心理学》（卢仲衡，1987）、《中学生最优学习法》（黎世法，1987）、《尝试教学法》（邱学华，1988）、《目前国外关于自主学习的研究动态》（刘根平、刘道溶，1990）、《小学生自主学习能力培养策略初探》（黄国谋，1999）、《论自主学习》（程晓堂，1999）、《自主学习理论的新进展》（庞维国，1999）、《自主性学习的缘起和发展》（郑敏，2000）、《"学习者自主"探析》（华维芬，2002）、靳玉乐主编的新课程教学方式变

---

① 林治金，张文平，张振和，等.中国古代文章学辞典［M］.济南：山东教育出版社，1991.
② 蔡元培.蔡元培教育文选［M］.北京：人民教育出版社，1980.

革研究丛书《自主学习》(2005)、徐锦芬的《大学外语自主学习理论与实践》(2007)等论文和著作。这些研究者根据自身的研究经验和理论积累,对自主学习的特点、内涵、方法、理论、目的与意义进行了深入的研究,促进了我国自主学习理论研究的发展。

第二,实现了理论与实践的结合。经过大量的教学实验与研究,我国学者不断对自主学习的应用进行修改与完善,并将实验成果用来指导具体的教学实践,将学生的自主学习培养融入整个教育阶段中,树立起终身学习的观念,养成自主学习的好习惯。

在1979年前后,我国学者进行了很多自主学习教学实验,这些实验以培养学生的自主学习能力为目标,分别是上海育才中学段力佩等人总结的"读读、议议、练练、讲讲"八字教学法;青浦中学顾泠沅等人进行的"诱导、尝试、归纳、变式、回授、调节"教学法;湖北黎世法设计出的"六型单元教学法";华中师范学院姜乐进行的"小学数学启发式教学"实验研究;江苏邱学华在常州进行的"先学后教""先讲后练"的尝试教学法;南通启秀中学李庚进行的"自学、议议、引导"教学法;中科院卢仲衡主持的"自学辅导教学"实验研究;辽宁盘锦二中魏书生实施的"六步教学法"实验;黑龙江胥长辰在"自学式"教学基础上提出的"学导式"教学;内蒙古李敬尧在赤峰县倡导并实验的"导学式"教学法;上海嘉定中学钱梦龙进行的"导学教学法"研究等。这些教学实验都将学生作为教学的主体,培养学生自主学习能力,实现全面发展的教学目标。这标志着我国自主学习的研究正在向纵深发展。

第三,自主学习问题受到了整个社会的广泛关注。从教育一线的教师和学生,到国家有关的教育部门,都十分重视自主学习能力和培养。自主学习问题也被列为国家教育科学"九五"重点规划课题。1993年,中共中央、国务院颁布了《中国教育改革与发展纲要》,其中特别强调在教学中要拓宽学生的视野,培养学生的学习兴趣和自主学习的能力。1995年,全国人大通过了《中华人民共和国教育法》,其中第41条规定:"国家鼓励学校及其他教育机构、社会组织采取措施,为公民接受终身教育创造条件。"1999年1月13日国务院批转的教育部《面向21世纪教育振兴行动计划》中指出:"到2010年……基本建立起终身学习体系,为国家知识创新体系以及现代化建设提供充足的人才支持和知识贡献。"

2007年,教育部颁布了《大学英语课程教学要求》,其中强调大学英语教学应该重点培养学生的自主学习能力,同时强调"大学英语教学模式改革的目的之一就是学生个性化学习方法的形成和学生自主学习能力的发展"。以上的一系列文献法规和讲话都体现了我国社会对自主学习能力的重视,并将其作为我国教育发展和改革的目的。

三、有关自主学习的几种错误认识

近几年来,自主学习逐渐成为学校的关注对象。大量的证据表明,"自主性"一词逐渐成为专业术语,成为行话,但这一观点也有一些人反对。他们反对或误解的原因,主要是没有全面地了解自主学习的概念与内涵。

（一）把自主学习片面地认为就是学生自己学习，没有教师的参与

这种看法由来已久，因为我国自主学习的研究还处于初级阶段，虽然引起了社会的关注，但总的来说对于自主学习的内涵不够清楚，所以望文生义，片面地将自主学习看作"学生自己学习"。在西方，有关自主学习的研究已经持续了半个世纪之久，显然，把自主学习理论向全国高校推进还有一段路要走。

虽然自主学习是"学习者承担所有与其学习相关的决定及实施这些决定的责任"，但这种能力显然不是天生的。我国长期采用以教师为中心的教学模式，将教师作为知识的主要传播者，而学生只能被动地接受知识，很少思考自己为什么要学、要学什么以及该怎么学，学生的自主性发挥不出来，学习效率也就无法有效提升。但如果把学习的任务突然全部交给学生，那也只能揠苗助长，导致事倍功半。学生应该在老师的指导下逐渐建立对于学习的兴趣，充分发挥主观能动性，养成自主学习的能力，这样才有能力承担起学习的重任。

为了更好地指导学生的学习过程，教师应该首先提升自己的知识水平，并认识到自主学习的重要性与必要性，在教学过程中能够有意识、系统地逐步培养学生的自主学习能力，并充分利用多媒体和网络技术提升教学效率。

（二）自主学习意味着教师作用的减少

自主学习是对传统的以教师为中心的教学模式的突破。很多学生，甚至教师都认为自主学习意味着教师作用的弱化。这种错误的观念与第一种看法密切相关，主要是由于对自主学习的含义缺乏理解或没有完全理解，而被误解。

突然改变传统的教学模式，转变教师与学生在教学过程中的职责具有一定的难度。自主学习充分强调学生的重要影响，但并不意味着教师是可有可无的。事实上，"教师的知识和态度是促进自主学习成功的关键"[1]。因此，教师必须首先转变自己的教学思维与身份。中国很多英语教师都是刚走出校园的大学生，他们很少有站在讲台上的直接经验；同样，也有部分英语教师对英语教学理论表现出漠不关心的冷漠态度。这就要求教师应该首先从学习理论基础开始，用理论指导教学实践，在教学实践中强化对理论的理解，提升教学水平。其次，面对学生在学习能力、个人素质、学习动机及学习方法等方面的巨大差异，教师应该尽量了解每个学生的特点，加强和学生之间的交流，建立起与学生的平等关系，为学生提供勉励与支持，更好地发挥教师在教学过程中辅助和协调的作用。

此外，自主学习打破了传统教学中对时间和地域的限制，因此对于自主学习能力和自控性较差的学生，需要教师随时随地提供教学监督与辅导，而网络技术的应用能够很好地为其提供支持。同时，教师也要加强对学生学习成果的评估，这是促进自主学习、提升学习效率的必要手段。有效的评估可以帮助学生挖掘学习潜力并培养学习

---

[1] 阿斯顿·张，李沐，扎卡里·C.立顿，等.动手学深度学习[M].北京：人民邮电出版社，2019.

信心。因此，进行自主学习教学对教师提出了更高的要求，教师需要花更多的时间和更多的精力来面对更大的挑战。

（三）推行自主学习就是取消课堂教学

因为自主学习是"学生负责所有与学习相关的决策并执行这些决策"，学习时间与场地是无限制的，因此很多人认为自主学习可以完全取代传统的课堂教学。这种观点显然是片面的，对于那些自主学习能力强，有较高自控力的学生来说确实如此。但正如前文所述：自主学习能力不是天生的，自主学习能力的培养是一个从行动意识、从课堂到外界的循序渐进的过程。因此，为了从无到有地培养学生的自主学习能力，应该首先在课堂教学中为学生提供必要的训练和活动，如英语教学：

（1）组织学生针对某一章节的内容制订学习计划和目标，利用课外时间收集学习资料。

（2）安排学生进行自主英语测试，评估自己的英语水平。

（3）要求学生定期记录自己的学习情况，如每天的学习时间、学习内容、学习方法和遇到的问题。

（4）鼓励学生充分利用课外时间和课外方法进行英语学习，如观看英文电影、阅读英文书刊以及撰写英语文章。

（5）鼓励学生用英语和他人进行口语对话练习。

（6）鼓励学生通过向他人寻求帮助、上网查找资料或依靠自己解决学习困难。

学校也应该开展一些教学活动，让学生认识到自己在学习过程中的主体作用，树立信心，提高自主学习的意识。因此，在早期的自主学习过程中，课堂教学依然发挥着重要的作用，不仅不能取消，反而要更好地利用课堂时间，组织教学内容，为学生提供更多的指导和帮助，为之后的自主学习奠定基础。

（四）自主学习使部分学生达到的一种稳定的学习状态

人们有时会把自主学习与简单的行为混淆起来。然而，事实上，由于学生年龄的不同、学习进步的程度不同以及对直接学习目标的学习过程，需要持续地投入精力和时间，花费很多努力，而且无法保证这种状态能够永远保持下去，自主学习在某些方面可以非常自主，但在其他方面可能没有自主目标。20世纪70年代，自主学习是教育模式发展的必然趋势，培养学生的自主学习能力刻不容缓。对于自主学习意识的推广，需要众多的教育专业者进行理论研究与教学实践，并在实践中不断摸索、总结和创新。对于自主学习的研究还在进行中，但总的来说，它已经成为一种具有较大优势且适合学生的学习方法，因此，我们必须首先摒除错误的观念，提高理论水平，结合我国的实际情况，不断探索，避免不足，挖掘有中国特色的英语教学方法。

四、自主学习概念的形成和发展

培养"自主的学习者"作为教育的理想目标，实际上源于欧洲成人教育的改革。

自 20 世纪 60 年代以来，西方教育工作者一直捍卫培养学生的责任，将其作为教育的最终目标。当时，教育部门爆发了"学习技能""关键技能"和"终身学习技能"的激情，促进自主学习是教育改革的重要目标之一。20 世纪 70 年代，自主学习进入了语言学习领域。1971 年，欧盟委员会主持了"现代语言计划"，并率先研究成人学徒独立能力的培养，探索"终身教育原则"是否可以应用于语言教学。北美的一些语言学家积极发掘"优秀语言学习者"的一些基本特征，引导语言学界重视学徒学习策略的研究和培训。自 20 世纪 80 年代以来，研究的重点已经转移到培养学生独立能力的实践上。一些国家和地区，特别是欧洲和东南亚，已大规模投资建立学习资源中心或自主学习中心，或开发远程学习方案，并在教学中大量使用信息和通信技术，即计算机辅助语言教学，以充分发挥学生的主要作用。鼓励学生思考、计划、评估和调整学习的各个方面，以便他们更独立地获得学习所需的策略和技术，并对学习负全责。可以说，自主学习的概念给教师带来了新的挑战，而不是削减了原有的作用。尽管自主学习 20 多年来一直是成人教育理论家关注的焦点，但自主学习也开始成为各级学校（小学、小学、中学和大学）教育的关注对象。

本森（1996）认为，在 20 多年的自主学习研究中，主要有三个平行的转变：第一，从环境自主的角度向心理自主的角度转变。环境自主指学生自主的环境或外部因素，而心理自主指学生的心理、能力和责任感。第二，独立的社会观点向自主的个人观点的转变。自主社会化指学生学习时的集体合作过程，而自主个性指学生的学习风格和爱好。第三，这两个转变包括将意义取向转变为任务取向。意义取向指学习目标与学习方法，而任务取向更加强调学习方法。从 20 世纪 90 年代中期开始，一些学者，如达姆（Dam）、利特尔和彭尼考，不再满足于研究学习技能与策略的发展，而将研究重点转向了语言学习自主性方面，并从心理、文化和政治的角度强调了推进学生自主社会学习和合作学习方法的重要性。

五、自主学习的概念界定

在语言教学领域，自主学习的概念有几种疏忽的解释，尚未统一定义。第二语言的学习领域要更多地从学生在语言学习过程中自主的角度来讨论这个问题。这些解释归纳为四个论点：一、一些学者把这定义为一种技能。二、一些学者把这定义为一个学习过程。三、一些学者将其定义为教学实践。四、一些学者也将此定义为一个政治概念。

自主学习的第一个概念在 20 世纪 80 年代被亨利·泰勒所吸引，他在《自主性与外语学习》一书中提出，自主学习是学生在学习过程中能够对自己负责，主动进行学习的一种能力。[①]自主学习能力的体现，主要包括以下几方面：制订学习目标，规划学习内容、安排学习进度，选择恰当的学习方法，监督学习进程，评价学习成果。他认

---

① Holec, H. Autonomy and Foreign Language Learning [M]. Oxford: Pergamon Press, 1981.

为这种自主学习能力不是自然的，而是需要通过自然渠道或专业系统的正式学习得以实现的。

继霍尔克之后，利特尔（1991）、伊格特克和托马斯（1991）、鲍德（1988）、迪金森（1987）、利特伍德（1996）、本森（1991），以及辛克莱（1989）等学者对自主学习进行了研究。

利特尔（1991）将自主学习定义为"一种独立的能力，批判性思考、决策和实施独立行为的能力"。他认为自主学习"本质上是学习与学习过程和学习内容之间的心理联系""能够单独或集体计划、监控和评估自己学习的学生在学习过程中是完全自主的学生"[1]。具体来说，学生可以单独完成确定学习目标、选择学习方法以及评估学习成果等一系列过程，并确定自己的评价体系。

伊格特克和托马斯（1991）认为，学生的自主性是学生对自己学习过程负责任的能力，以及学生在完全负责的情况下对自己的学习问题做出决定和执行决定的能力。

而鲍德（1988）认为自主学习是"教育实践的一种方法或手段，作为一种方式，自主性的主要特征是学生除了对教学做出反应之外，还对自己的学习负一些重要的责任"[2]。鲍德还指出，自主不能在真空环境中获得，也不能与他人的想法和经验分离，因此相互依赖是自主学习的基本组成部分。

迪金森（1987）认为，自主学习是学生做出与学习相关的所有决定的能力（包括学习什么、如何学习、选择何时学习、在哪里学习、材料、进步等），并负责执行这些决定。自主创业学生的学习责任包括：①决定学习什么（当然也应有权利选择不学某种语言）。②采用自己学习的方法。③合理安排学习进度。④决定学习时间。⑤自主选择学习资料。⑥自我监督学习进程。⑦自我评估学习成果（主要指实际运用的能力而不是语言测验的成绩）。为了准确反映语言学习的真实情况，迪金森还认为学习不应该简单地分为自主语言学习和语言导向学习。自主学习程度应该与学生投入的精力和承担的责任相关，分为完全自主和半自主学习。

利特伍德（1996）认为，自主学习是"学习者独立做出选择的愿望和能力"[3]。所谓愿望指的是学生对于自主学习的信心与动力；而能力指为了做出选择而应该具备的知识和掌握的技能。他将学生定义为"学生在不依赖老师的情况下使用所学知识的能力"。

本森（1996）认为学生不可能根据自己的喜好完全独自学习，并且很好地控制这些方面。控制是集体决策的问题，而不是个人选择。本森从历史和政治的视角出发，认为自主应该包括技术自主、政治自主和心理自主，并将它们与经验法则、建构方法和批判理论三种知识学习方法对应联系起来。本森认为前两种方法没有很好地与学生

---

[1] 爱德华·利特尔顿.英国伊顿公学校长爱德华·利特尔顿谈教育[M].胡彧，译.沈阳：辽宁人民出版社，2021.

[2] 大卫·鲍德，艾莉森·李.博士生教育的变迁[M].蔺亚琼，译.北京：北京理工大学出版社，2019.

[3] 毛晋华，魏蔡连，丁超峰.外语教学探微——英美文学教学现状与改革研究[M].长春：东北师范大学出版社，2017.

学习的思想环境相结合，认为学生应该思考他们在学习中的愿景和行为与这些愿景发生的社会环境之间的关系。自主学习是一种与教育机构分离、不受教师影响的学习方式，如何培育学生的自主学习能力是自主学习问题的核心。从心理学角度来讲，自主学习是让学生尽可能多地管理自己学习的能力。从政治角度来看，自主学习是对内容、过程和学习的外部环境的控制。换句话说，自主学习是一种多维能力。

此外，一些学者对学生有自己独特的理解。例如，利特伍德将自治分为正面自治和背面自治。第一个是指学生是否能够管理自己的学习，确定自己的学习目标，选择学习方法和技巧，并评估自己的学习成果；后者指的是学生组织是否独立收集学习材料和信息并完成学习任务，但内容和学习过程、学习方法和学习评估是由教师选择和控制的。利特伍德指出，我们不仅要注意摄入前的自主性，而且摄入后的自主性也很重要，这是摄入前自主性的前一步。一些学者认为，自主能力的培养只能通过社会合作的方法，而不能通过教师的干预。一些学者甚至认为自主是学生的个人权利，完全不受限制。

辛克莱（1997）认为自主性可以分为两部分，即教师指导下的自主性和完全的自主性。针对不同的教学环境，应该采取不同的方法来促进学生自主性的发展。

齐莫曼（Zimmerman），一位在美国独立学习的权威心理学家，自20世纪80年代中期以来，一直与一些心理学家合作独立学习。他认为，由于研究方法和角度的不同，大部分研究者都只能片面地对某些方面进行重点研究。对于本职能指令手册，齐莫曼（1994）提出了系统的自主学习研究结构（表7-1）。

表7-1 自主学习的研究框架[①]

科学的问题	心理维度	任务条件	自主实质	自主过程
为什么学	动机	选择参与	内在的或自我激发的	自我目标、自我效能、价值观、归因等
如何学	方法	选择方法	有计划的或自动化的	策略的使用等
何时学	时间	控制时限	定时而有效	时间计划和管理
学什么	学习结果	控制学习结果	对学习结果的自我意识	自我监控、自我判断、行为控制、意志等
在哪里学	环境	控制物质条件	对物质环境的敏感和随机应变	选择、组织学习环境
与谁一起学	社会性	控制社会环境	对社会环境的敏感和随机应变	选择榜样、寻求帮助

通过系统的研究与总结，齐莫曼归纳出了三个共同特征：①强调元认知、动机和行为等方面的自我调节策略的运用。②强调自主学习是一种自我定向的反馈循环过程，通过对自身学习过程的监控及时做出反馈，并根据反馈不断完善学习进程。③强调自主学习者应该清楚如何选择合适的时间、采用合适的策略以及做出合适的反应。

中国的外语界也对学生自主非常感兴趣，并结合国外的研究从不同的角度对其进行定义。

---

① Zimmerman B J.A social cognitive view of self-regulated academic learnin［J］.Journal of Educational Psychology, 1989.81（3）：329-339.

程晓堂教授认为自主学习有三个内涵：①自主学习是由学生学习态度、技能和策略相结合而形成的内在学习机制。也就是说，学习的自主性完全依靠学生的控制。例如，制订学习计划、设置学习目标、选择学习方法以及进行学习评估等。②自主学习是指学生完全控制自己的学习过程。③自主学习是一种学习模式，学生依靠自身的学习能力和需求，在教师的引导下完成相应的学习任务。这种学习模式的实现需要两个必备条件：一是学生有独立学习的能力，二是教育体系能够为学生的自主学习创造空间。

有的学者将自主学习分为狭义和广义两个范围。例如，韩清林教授认为，在自主学习的过程中，教师是前提和基础，学生是学习的主体。自主学习就是在教师的指导下，通过创造性的方法和活动帮助学生完成自主学习任务。自主学习的进行需要学生的创造性做支撑，而实现自主发展是教育教学活动的目标。在广义上来说，自主学习指人们利用各种方式进行学习，从而实现自主发展。

陈水清认为自主学习是在目标、学习过程和效果上主动建构自我设计、自我管理、自我调节、自我发现、自我评价和自我转化的过程。学习概念和社会文化或群体方法，以及理解和应用观点、原则、定理或理论和方法，形成或锻造使学生从被动获取转向主动搜索，培养自主学习与学生的自身条件有着紧密的内在关联。

彭金定教授认为学生的自主学习应该涵盖五方面：①有强烈的学习责任意识。②有确定的学习目标。③制订完善的学习计划。④定期评价学习成果。⑤制定合适的学习策略。

简而言之，我们发现研究者要么强调自主性是一种技能，要么强调自主性是一种学习行为，但不难认识到所有研究者都有一个共同的基本特征：强调教师对学生学习责任的转移，并认为学习者的自主性意味着学生负责自己的学习管理。

六、自主学习的特征

自主学习基于学习的内在质量。国内外教育学者对自主学习进行了大量的研究，其中美国学者齐莫曼在20世纪90年代整合了几个学派的观点，将自主学习理论提升到了一个新的水平。他认为自主学习的学生有三个特点：一是，在元认知、动机和行为方面能够进行自我调节。二是，能够对自己的学习过程进行监控并提出意见，并据此完善学习活动。三是，知道应该在何时、何地以及如何利用学习策略进行学习。同时，齐莫曼从学习动机、学习方法、学习时间、行为学习表现、学习物质环境和学习社会性六方面对自主学习的本质进行了深刻的说明。他认为自主学习应该依靠学生的内在动力，学习方法应该是有计划的，具有自主学习能力的学生会制定定期和有效的时间表，能够检测学习成果，同时保持对社会环境的高度敏感性和适应性。

奥德曼认为，进行自主学习的学生应该具备七个特点：①能够正视学习的成就与失败，有强烈的自主学习责任意识。②有强烈的学术自信心。③相信通过自主学习可以取得成功。④能够制订完整的学习目标。⑤对未来有充分的规划。⑥有足够的学习策略来监控、控制和调整整个学习过程。⑦能够合理规划自己的学习时间和资源。

本特里奇将自主学习的学生特点归纳为四点：①对信息的获取更为敏感，在自主学习中有完善的学习策略与目标。②在个人差异、生理和学习环境的限制下，能够及时根据变化调整学习过程。③能够根据学习进度对学习成果进行评估，并在必要时调整学习目标和方法。④根据外部环境的变化进行自我调节。

巴里斯和艾里斯则表述为七个特点：①根据自己的学习情况制订学习目标，并为之付出努力，这意味着学生可以有更多的自由来选择学习目标。②在学习中最大限度地发挥潜力，努力实现目标，但也正视失败。③能够通过各种途径获取以及使用学习资源，有较强的自控能力，能够合理安排学习时间和资源，并积极向他人寻求帮助。④注重与他人的合作与交流。⑤喜欢发表看法，看待事物有自己的理解和认知，注重学习中的创造能力的培养。⑥对学习充满自信，有强烈的学习责任感，遇到挫折时首先从自己身上寻找原因。⑦能够根据学习标准和预定的时间，管理自己的学习过程，并评估学习成绩。

庞维国认为，自主学习具有以下四个特征：

1. 能动性。自主学习不同于其他形式的他主学习，在自主学习中，学生主动、有意识地积极参与和管理自己的学习活动，而不是在他人的要求下被动学习。在自主学习中，自我意识是基本的前提和基础。

2. 独立性。在自主学习中，学生应该尽量摆脱对教师和他人的依赖，养成独立思考与学习的习惯。

3. 有效性。由于自主学习的出发点和目标是试图协调学习系统中各种因素的作用，使它们发挥更好的效果，因此在自主学习中，应该尽可能利用各种策略措施强化学习效果。学生的自主意识越强，自主学习效果就越好。

4. 相对性。自主学习不是绝对的。在学习中，可能某些方面是自主的，但某些方面是非自主的。这是因为，对于在校学生来说，他们学习的许多方面，如学习时间、地点、内容及进度等都不是由学生决定的，还无法完全脱离对教师的依赖。因此，我们不能简单地把学生的学习分成自主或非自主的部分，但是我们必须以一种实际的方式来区分学习在哪里是自主的，在哪里是非自主的，或者学习在多大程度上是自主的。我们的研究是基于理解这些自主学习的定义。

结合这些愿景可以认为，自主学习主要是培养学生的自主学习意识和学习兴趣，使学生自发地进行学习，而不是在他人与外界环境的干涉下被动进行学习。自主是学习的本质，学习的具体自主性表现在三个特征上：自立、自为和自律。

首先，自主学习具有自立性。

①每个学生都是相对独立的个体，学习是每个个体自发的独立行为，不能被其他人代替。②每个学生都有独立的认知思维，学习是智能系统对外部刺激进行独立分析和反思的结果，有其独特的方式和特殊的意义。③每个学生都渴求获得独立，这是支

持自主学习的内在动力和基础。④每个学生都有学习潜力和潜在的独立能力,能够独立克服困难。

以上四种含义是互相联系的统一体。学生是进行自主学习的主体,独立的认知思维是自主学习的思想基础,渴求独立是支持自主学习的动力和基础,学习潜力是提升自主学习能力的基础。

其次,自主学习具有自为性。

学生将学习融入生活,成为日常活动的一部分。自主学习是独立性的表现和发展,它包括自我探索、自我选择、自我建构和自我创造四个层次,因此从本质上可以认为,自主学习是实现自我探索、自我选择、自我建构和自我创造这四个层次的过程。

(1)自我探索源于人们对世界的好奇。这是人的天性,也是人们进行学习的动力。自我探索是自我认识和了解事物、环境、事件等的过程,是由学习主体的好奇心引起的。它不仅表现在对学习内容和事物的直接理解上,还表现在对"文本"知识的学习上。文本知识是作者对客观事物的认识,这无法形成对研究主题的直接理解。自主学习是自我探索的过程,通过这个过程,人们可以获得知识与对事物的认知,这是学习主体学习知识的主要途径。

(2)自我选择是指学生在探索过程中对信息的自我关注。外部信息只能通过学习对象的选择在认知领域被接受;人们往往更关注容易被注意到的信息,因此,学习源于学生对知识的关注。关注由内在需求引起的信息选择以及长期记忆信息在头脑中的提取和应用是选择性学习的重要表现。

(3)自我建构是指学生在学习过程中逐步建立自己的认知体系,进而展开对新知识的认识和学习。在这个过程中,学生的学习主要是由选择性注意获取的信息,这些信息是进行学习的前提。在学习过程中,学习是建立在学生原有的认知经验和基础上的,学生通过自己的思维过程将这些信息进行整合和吸收,从而形成丰富统一的新的知识体系。因此,学习的过程不仅是对新信息和新知识的建构,也是原始经验和知识的转化和重组,以及原始知识的保存和原始知识的超越。

(4)自我创造是更重要的表现和更高水平的自我提高。它是指在知识建构的基础上,创建一个指导实践并满足其需求的实践概念模型。这种观念和实践模式是以实物发展的客观规律、对事物真理的高级理解和自身强烈而明确的内在需要为基础的。学习的过程是对真理理解的过程,但同时超越了原始知识;实践的概念模型是对现有知识的理解和超越,即对事物真理的高级理解。这种高级理解是一种创造性的思维活动,由确定的目标所引领实现,在这个过程中,学生记忆中存储的知识库会被重新调整,信息被充分激活,知识体系被充分组织,从而使学生的自主学习价值得以体现出来。

总的来说,自主学习具有探索性学习、选择性学习、建设性学习和创造性学习的鲜明特点,这同时是学生进行自主学习的主要方法。从探索过程到选择、建构和创造,这既是学生进行自主学习的主要过程,也是体现学生成长与发展的主要过程。因此可以认为,自主学习在本质上是学生自我生成、实现和发展的过程。

最后，自主学习具有自律性。

学习的主体是自我控制或标准化的，并且表现为在理解领域的有意识的学习。

（1）自我意识是学生对自身学习目的、要求、意义与行为的认识与觉醒。调节和限制学生的学习行为，促进学生的学习行为。自律的外在表现是热情和主动性，这来源于学生较强的自我意识。自律学习意味着以一种积极的心态和方法进行学习，只有真正明白学习的重要意义，才有充足的动力进行积极的学习；只有积极的学习，才能在学习中充分激发出学生的学习潜力，为实现学习目标奠定基础。

（2）自律学习同样也是学生强烈的学习责任感的重要体现，对于促进学生的积极探索、信息选择和知识获取有重要的作用。

总之，自主学习是学生自律和自信的体现。自立性、自为性和自律性是学习自主性的三个重要特征。这表明，学生始终是自主学习的主体，整个学习过程都是由学生独立完成的。对于这一思想的清醒认识，有利于改正传统学习模式中的不合理和错误之处，积极探索新的教育模式和方法。

七、自主学习的必要性

（一）信息化社会发展的需要

随着科技的快速发展，我们面临着巨大的挑战和严峻的形势。为了尽早适应科技带来的新变化与角色转变和信息传播频率加快的要求，我们必须认识到，仅靠在学校教育阶段获取的知识和技能，是无法适应环境变化的，也无法满足社会对教育提出的更高要求。今后的社会必定是一个不断学习的社会，一旦停下学习的脚步，将会被时代所抛弃，因此每个人都要树立终身学习的意识。终身学习能力应该成为评估一个人自身素质的重要标准，同时是形成终身教育社会的前提。在未来，一个人的核心竞争力在于他是否具有终身学习的能力，能否将巨大的学习潜力转化为实际行动，能否熟练运用自身掌握的知识和技能。正如，1996年联合国教科文组织颁布的《学会生存——教育世界的今天和明天》中所讲的："未来的文盲不是不识字的人，而是没有学会怎样学习的人。"另外，终身学习并不是靠学校教育与教师的监督就能轻易实现的，这要求学生必须具有自主学习的能力与意识。因此可以认为，自主学习能力已成为21世纪人类生存的基本能力。

身为教育工作者，我们应该清楚地认识到，在当今的信息时代，任何一个优秀的教师也无法将所有知识传授给学生，因此学习的任务最终都要落在学生身上。学生应该充分利用如今先进的技术，在信息的海洋中选择满足自身需要的资源，通过自主学习转化成有用的知识和技能。

（二）现代英语教育目标的需要

现代英语教育的目标越来越倾向于提高学生的交际能力和综合素质。

2007年，教育部发布的《大学英语课程教学要求》明确指出，"大学英语教育的目标是培养英语的综合应用能力，特别是听说能力……同时提高自主学习能力和综合文化素养，以适应中国社会发展和国际交流的需要"，并强调"我们必须充分利用现代信息技术，采用基于计算机的英语教学模式"，是大学英语课程改革的目标之一，即"促进学生个性化学习方法的培养和学生自主学习能力的发展"。传统的学习方法重视学生的接受和教师的支配作用，而忽视了主动的发现和利用，这导致在实践的过程中，学生只能直接接受书本知识。这样的学习方式严重打击了学生的学习积极性，扼杀了学生的自主思维和学习兴趣，因此成为学生学习过程中的最大障碍。传统的教学方法基于学生的客观性、流动性和依赖性，导致学生的主动性、积极性和独立性不断受到严重的侵蚀。因此，实施《大学英语课程教学要求》，进行教育教学方式改革，培养学生的自主学习能力显得尤为重要。

如今，课程改革正在不断深入，逐渐适应学生的学习需求，有利于培养学生的自主学习能力。在新教材中，加入了更多要求学生进行独立思考、实践与解决问题的内容，为提高学生自主学习能力创造了空间。如何将专业知识与技能教学和自主学习能力相结合，使学生既能掌握专业知识，又能自主学习，并提高学生的自主学习能力成为教学中需要解决的问题。

（三）学生个体发展的需要

首先，自主学习是补偿个体差异的有效方法。个体差异一直是教育关注的重要问题。长期以来，人们一直在调查学生之间存在个体差异的原因，并尝试通过某些合理的措施改善这种状况。在19世纪，智力的差异和努力的程度被人们当作存在差异的根本原因，因此希望学生学习更多的开放性课程来弥补他们智力上存在的差距。20世纪初，当心理学成为一门科学时，学生之间的个体差异引起了教育家极大的兴趣，杜威、桑德克和蒙特梭利等教育学家认为，人与人之间的差异是自然现象且无法改变，因此建议学校改变课程以适应这种差异性，并根据学生的年龄和学习能力等因素实行差异性教学，同时应开设更多不同领域的课程以满足所有学生的学习需求。

20世纪80年代初，随着元认知和社会研究的兴起，人们对学生个体差异问题又有了新的认识。经过研究，很多人认为这种差异性主要是由先天和后天因素造成的。先天因素更多来源于客观环境，是无法改变的，因此只能平等地看待；相比之下，导致个体差异的后天因素更有可能产生教育影响。因此，我们应该注重后天的因素。在后天的许多因素中，学习自主是最有影响力的。分析结果表明，在造成学生之间成绩差异的原因中，近80%是由不同的学习方式引起的。因此，提高学生的自主学习能力是改变这种差异、提升学习水平的有效方法。经过20多年的研究，结果还表明，学生自主学习的有效取向实际上可以提高这些先天条件较差的学生的学业成绩，弥补他们与其他学生之间的差距。

其次，个人价值的实现也需要具备自主学习能力。在学习中，要做到"少花钱多办事"就必须提高学习的有效性。学生只能有效地吸收、内化和应用其中包含的一系列知识、观点、原则、定理或理论和方法，形成自己的心智能力，将自身的学习状态从被动吸收转变为主动搜索，从而建立心理和能力基础。

同样，自主学习能力是成才的前提。采取创新学习方式的学生具有高度的独立性、自主性和自律性。他们对未来有着清晰的规划，同样能明确自己的短期目标，通过改变环境适应自己的学习需求；与普通学生相比，他们擅长使用各种独立的学习策略，并且能够更有效地使用和迁移这些策略；他们还显示了自主学生的认知风格特征，体现为一种高水平的自我效能。显然，创造力与自主学习密切相关。正如著名数学家华罗庚所说："所有的发明和创造都不依赖于别人的教授，而是依靠自己想、自己做，不断取得进步。"[1]

最后，自主学习有利于树立终身学习的观念。自主学习的能力伴随着个人的生活能力，也伴随着个人生活中更多的学习方法，无论是在技术进步还是在专业发展方面，个人都应该通过自主学习不断掌握、更新知识和技能，以适应社会发展，改善自己的生活；没有自主学习的能力，也就无法适应当今快速发展变化的环境。

华罗庚曾说："每个人都应该养成自学的习惯。如果没有自学的习惯，当学校大门关闭后，将来什么都不会发生。在一个人的一生中，依靠他人传授知识的时间毕竟是短暂的，就像母亲带着孩子走路一样，生命是非常短暂的。学习也是绝大部分时间要靠自己坚持不懈地刻苦努力，才能不断地积累知识。"[2]

总的来说，自主学习已成为新时代中大学生发展成长的基本素质，有利于加强对自身的管理，调控自身的学习与生活，而且能把被动转化为主动，让大学生真正体会到学习的快乐，还能最大化自己的主观效率，在不断变革的时代洪流中继续前进，树立终身学习的观念，适应社会发展的需要。

第二节　大数据时代的自主学习

随着信息技术的不断发展，我们无时无刻不被浩如烟海的信息包围着。信息的无限扩张也逐渐渗透教育领域，外部环境的变化为学生个性化的自主学习创造了广阔的空间。

一、大数据与信息技术环境

联合国教科文组织（UNESCO）对信息技术的定义：应用在信息加工和处理中的科学；科学与工程的训练方法与管理技巧；上述方法的技巧与应用；计算机及其与人、机的相互应用；与之相应的社会、经济和文化等诸种事物。人们利用信息技术对数据、语言、文字、声音、图画和影像等各种信息进行采集、处理、存储、传输和检索，这

---

[1] 华罗庚.数学归纳法［M］.北京：科学出版社，2002.
[2] 华罗庚.数学归纳法［M］.北京：科学出版社，2002.

一系列的经验知识及其手段、工具的总和称为信息技术。如今,信息技术已被应用于各个领域,在教育中的信息技术主要是指以数字化、网络化、多媒体化和智能化为特征的信息技术。

我国学者陈琦、刘儒德在《信息技术教育应用》一书中对信息技术进行了定义:所谓信息技术是指涉及信息的获取、传输、存储和使用的技术;具体来说,它是基于微电子、通信技术和计算机技术的集成电路技术、光学技术、机器人技术和高清电视技术的结合。①南国农先生认为,目前在教育技术领域对"信息技术"有三种普遍的理解:一是信息技术是计算技术,二是计算机技术和网络技术的结合,三是视听技术、测量设备技术和集成技术。

现代信息技术与教学的结合,可以极大地简化教学过程,提高教学效率。利用信息技术,可以创建智能化的教学环境,如建立多媒体教室、语音教室、计算机网络教室以及基于校园网的学生智能学习平台等。多媒体技术和网络技术将抽象的知识具象化,便于学生理解,同时拓展了学生的思维,激发了学生的学习兴趣与想象力。目前,大数据背景下的学校教育发展主要体现在教学设备与资源的更新上,例如,先进的数字设备、计算机网络和软硬件技术,以及各种文本资料或网络教学资源。有两种支持教学的大数据视图:课堂系统下的大数据视图,如多媒体教室和计算机网络教室;非学校系统中的个性化远程学习环境,如网络图书馆等。大数据的应用使教育发展逐渐呈现出智能化、网络化和数字化的趋势。

二、大数据视野下的自主学习

(一)传统课堂教学与大数据视野下的课堂教学

大数据视野下的英语教学以学生为中心、以教师为主导的教学理念,充分利用网络和多媒体技术,共同完成教学任务,将教学留在课堂上进行。在这种模式下,来自教师和学生的问题可以面对面交流,这意味着计算机网络技术可以用于深度多向交流。大数据视野下英语教学充分利用了信息技术的优势,使知识的传播变得更加便捷、迅速与高效,有利于培养学生的自主学习能力。同时,大数据视角下的教学也带来了教学设备与教学方式的改变,这要求教师要跟紧时代发展的步伐,提高运用现代信息技术进行教学的能力,提高教师素养。

我们有必要分析一下大数据的应用对传统教学方式的改变,以及在大数据视野下的课堂教学与传统课堂教学的区别。这有利于让我们清晰地认识如今教育模式存在的优势与不足,从而更好地对症下药,不断完善教学方法。我们主要从教师地位、学生地位、教学模式及教学资源等多方面对比二者的区别(表7-2)。

---

① 陈琦,刘儒德.信息技术教育应用[M].人民邮电出版社,1997.

表 7-2 传统课堂教学与大数据视野下的课堂教学的对比 ①

	传统课堂教学	大数据视野下的课堂教学
教师地位	教师是教学过程中的灌输者	教师是学生学习的帮助者、促进者、指导者
学生地位	学生是被灌输的对象	学生是信息加工的主体,是知识的构建者
教学模式	课本、粉笔、黑板+"教师讲、学生听"的模式	计算机、教学软件、课堂综合运用的个性化、主动式的学习模式
教学资源	书本文字资源	文字资源+超文本+多媒体资源
教学媒体	黑板、粉笔、教材、幻灯、投影	网络技术、多媒体技术
学习方法	传统的学习方法(死记硬背、重复等)	审查学习策略,确认适合学生个人的方法
学习过程	教师选择并介绍学习材料	师生协商选择教材,学生决定自己的学习进度
教学环境	课堂	课堂、网络
教学中心	教师	教师主导、学生主体
交互方式	教师和学生	教师、媒体和学生交互
获取知识的方式	被动接受式	主动、自主地获取知识
感觉刺激	视觉、听觉、口耳、肢体语言交流	视觉、听觉、口耳等多种感官刺激,以及多媒体等的刺激,相互交叉进行情感交流

(二)信息技术为自主学习能力的形成与发展提供了有利条件

信息技术为学生创建了更自由与便捷的学习空间,对自主学习能力的培养发挥了积极的作用。

1.提供学习工具的支撑,促使学习者"能学"

所谓的学习工具是对学生定位、获取和处理信息、交流和协作、创造知识、组织和表达理解以及以特定方式评估学习结果有用的中介。学习工具为学生提供了学习环境与方法,并通过学生的自主思考,形成自己的真实体验。

信息技术强化了学生获取与搜集信息的能力,利用网络浏览器、邮箱或者学习软件,学生可以获得大量的有用的学习资源,这种方式打破了传统课堂教学中被动式的信息接收方式。例如,可利用制图软件,如 CAD 等进行设计与构思,培养学生的创造力与想象力;利用信息集成工具,培养学生的信息处理能力与自主判断力。

2.提供学习资源的支撑,促使学习者"想学"

学习资源是学生在学习中获取知识的主要途径。信息技术丰富了学习资源的形式与内容,可以向学生提供包括课程资源本身、音像教材、多媒体教学软件、互联网网络资源及现实社会的真实资源等多样的数字化教学资源。

信息技术同时开放了原先封闭的学习环境,数字化的学习资源具有内容科学、实用性强、冗余度低、资源共享度高的特点,在学生的自主学习中扮演着重要的角色。同时,这些资源主要靠网络传播,因此突破了时间和地域的限制,所有学生都可以在网络中随时随地使用这些资源,通过互联进行自由的学习和创造。每个学生都可以在

---

① 霍然.大数据时代英语专业教学理念与实践研究[M].北京:中国纺织出版社,2021.

每个学科最好的老师的指导下学习，咨询世界上最著名的专家，从最著名的图书馆借书，在网上搜索世界各地的最新信息。数字化学习资源还为学生提供了丰富多彩的交互式人机界面，为学生提供了广泛的知识库和信息库，促进了学生对物质学习环境的利用，极大提高了学习的效率。

利用校园网络，学生可以在学校资源库中找到或搜索必要的学习资源。这促进了学生学习的兴趣，为探索性自主学习创造了有利条件，使学生通过自我探索与实践的过程，不断获取新的知识，进而实现教学目标。

3. 提供交流平台的支撑，促使学习者"会学"

自主学习的过程并非一帆风顺，当遇到困难时，首先要学会自主思考，分析问题。自己无法解决时，应该积极寻求他人的帮助并与他人展开合作。因此，自主学习不仅能提升个人的学习效果，也能加强学生之间的沟通、交流与合作，通过相互协作与配合，共同克服困难，从而提升学习小组整体的学习能力。换句话说，主动交流在自主学习中至关重要。自主学习虽然强调学习中学生的自主性，但自主并不意味着与外部环境的隔离，在学习中要培养独立精神，但学习方法要注重合作与交流。交流实际上是个体学生对社会环境的一种利用。信息技术也为学生间的交流创造了很多平台，使学生能够克服时间和空间的限制，随时随地进行交流，参与各种类型的对话、协商、讨论活动，并利用网络工具（如 Net Meeting、Internet Phone、ICQ、E-mail、Chat Room、MSN）培养交际能力、思维方式与合作精神。

此外，在线交流给了每个人平等的发言机会，由于不用"面对面"，因此也缓解了紧张和害羞的尴尬，所有人都能够更真实地表达想法，提出问题，从而激发学生的潜力，培养交际能力。资源共享充分发挥了集体思考的优势，将个人的问题转化为公共问题，通过集体之间的讨论与思考解决难题，这个过程也建立了沟通的桥梁，学生更容易找到与自己想法相同的同学。这些都是信息技术带来的巨大优势，是培养学生与他人协作解决问题的能力的有效途径。

信息技术的应用建立了更为复杂的交互方式，由以往的"人—人"式的交流模式，逐渐转化为"人—机"或"人—机—人"的新型综合交流方式。信息交换平台促进了学习中各种信息与资源的传播与互动，网络技术大大拓展了通信的范围和空间，即使位于地球两端的人们也可以在瞬间进行信息的交换与沟通。通过网络互联和交互式信息服务，在互联网上建立起一个进行信息交流与资源共享的学习平台，极大地提高了学生的学习效率，促进了学生的自主学习行为。

4. 提供评价体系的支撑，促使学习者"坚持学"

基于自主学习的学习评价体系注重学生的全面发展，以全面、多样化和发展为评价原则。相较于学习成果，该体系更侧重对自主学习过程的评价。"全面"能够让学生认识到通过自主学习获取知识与技能的重要性，"多样化"让学生感受到他们技能的多样性，认清自己的优势和不足，通过继续学习实现多样化发展；"发展"让学生认识到不断学习、进步的重要性，树立终身学习的理念。

信息技术为学生创建了一个更加准确、完善与全面的综合评价体系。学生首先要完成一些不同等级且随机出现的测试题目，之后利用 SPSS 统计分析软件，在统计图表或 S—P 表的帮助下进行自我评价，主要有案例评估、定量评估和文件夹评估（folder evaluation）等形式。例如，评价依据的因素，可以是学生的创作作品、成绩单、学习记录、获奖证书、学习资料甚至讨论内容等，之后通过系统评估，学生可以对自己在学习过程中的表现与结果有深入和完整的了解，从而针对不足对症下药，促进全面发展。在自主学习过程中，学生难免会遇到困难，有些困难可以克服，但有些是学生自身能力还无法解决的。这种情况有时会打击学生的自信心和自尊，对学习产生负面影响。但通过综合评价体系，学生可以公正、全面、人性化地认识到自身的不足，帮助学生以积极的心态面对困难，提高心理素质和意志控制能力。

信息时代背景下，学生应该具备自主学习的能力，信息技术全面支持构建独立的学习环境，如促进学生"能学"的学习工具，作为自主学习的学习资源促进学生"想学"，作为促进学生"会学"的互动平台，作为自主学习的评价体系，促进学生"坚持学"，为自主学习提供保障和外部条件。

三、基于大数据与信息技术的自主学习环境

（一）基于多媒体教室的自主学习环境

在多媒体课堂中，教师不再是教学的主体，转而成为教学的辅助者，引导学生进行自主学习，充分发挥学生的主体作用。同时，教学工具也从"黑板＋粉笔"转化为基于互联网的多媒体教学工具。教学软件是根据教学任务和学生需求设计的，通过投影的方式呈现出来。在教学软件的制作和应用中，学生可以积极参与，畅所欲言，充分表达自己的想法与意见。教师可以对学习活动进行指导，组织生动有趣的教学活动，让学生从填鸭式的被动学习环境中退出，使得课堂更加生动活泼。

（二）基于网络教室的自主学习环境

该环境可以实现问答、交流、监督、个别辅导与分组讨论的功能。学生人手一部手机，并通过网络连接起来。教师上课的课件不再需要通过投影的方式展示出来，而存储在校园网中，学生可以自主下载学习，实现人人共享。在这个过程中，教师起到了督促和引导的作用。教师控制着整个教学环境，既可以监督个别学生，进行针对性指导与讲解，也可以从整体上调节各种学术技能发展，包括操作技能、认知技能、言语交际技能和协作学习，而学生可以通过"电子举手"和"小组讨论"等功能进行师生间的小组讨论和自主学习。

（三）基于 School net/Internet 资源的自主学习环境

基于 School net/Internet 资源的自主学习环境为学生提供了更多样的学习资源，有利于提高学生的自主学习能力和学习效果。教师将教材数字化处理后，可以通过网络

分享给学生，同时结合网上的其他学习资源，如图书、网络资料、电子练习题等。学生利用网络技术可以进行自主学习，其学习方式和方向完全由学生自己决定，充分激发了学生的自主能力，而教师则成为这些学习环境的构建者。

上述三种学习环境都将学生作为学习的主体，从而主导整个学习过程。教师在其中充当辅助者的角色，根据课程需要构建教学环境，满足不同学生学习需求，帮助学生进行自主学习，完成学习目标。通过多种环境的支持作用，可以有效促进学生的自主学习，提升学习成果与效率，培养学生的自主学习意识。

四、如何利用大数据与信息技术促进学生的自主学习

（一）大数据与信息技术运用于英语教学的几个误区

1. 变"人灌"为"电灌"，无法真正实现有意义的主动构建

很多教师天真地以为，将传统的"黑板+粉笔"变成"电脑+屏幕"，便实现了多媒体教学方式。但在教学实践过程中，技术的革新并未给教学方法和模式带来创新，只是将课本上的内容转移到电脑屏幕上，或者制作教学课件，课堂上逐页播放，因此可以说仍然沿用了旧的教学模式，教师也因此成为知识的"解说员"，不断重复课件上的内容。这种做法极度忽视学生的自主性需求和主体作用，虽然教学工具变化了，但本质上还是传统的灌输式学习。面对大量的课件和繁杂的内容，学生也因此感到无从下手，甚至会逐渐丧失对学习的兴趣。这种教学方法还没完全摆脱传统教学思维的限制，无法真正发挥出多媒体技术的巨大优势，不仅没能促进学生的自主学习能力，相反还会对教学效果造成负面影响，不利于学生的学习发展。

2. 变"师生关系"为"人机关系"，缺乏人文关怀

在多媒体英语教学过程中，教师过分依赖于多媒体技术，忽视了自身的作用。有的教师将多媒体技术当作进行一切教学活动的手段而大量使用，整节课都要求学生盯着电脑屏幕，教师只需拿着遥控器进行简单的重复、翻页或是暂停操作，有时离开多媒体技术，甚至都忘记了如何讲课。从表面上看，学生似乎都盯着屏幕认真学习，但实际上课堂气氛死气沉沉，学生没有丝毫的学习兴趣，学习效率也普遍低下。长此以往，教师从知识的传播者变成了多媒体课件"放映员"。这种局面的出现，主要原因是教师对课堂主角的认识本末倒置，在课堂中更多地让位于课件，不免弱化了教师的作用。

多媒体只是将课本中的知识，如单词、语句等重复显示，或有声地朗读出来，无法取代教师为学生创造的富有沉浸式的真实交际环境，也无法锻炼学生的思维创造与交际能力。因此，教师必须向学生强调语言学习中"听"和"看"的重要作用，利用生动的教学形式集中学生的注意力，否则课堂教学过程很可能变成多媒体课件展示课，学生也无法从多媒体课件的不断重复中学会任何知识。多媒体教学把师生之间在特定的情境中富有情感的交流转变为网络中冰冷的信息交换；把学生和老师、学生和学生之间富于亲和力、最灵活的口头交流变成了人机对话，忽略了教师和学生在教学过程

中各自的作用，是对基于人本主义学习理论的多媒体英语教学的一种扭曲。

3. 学生自我管理能力滞后，自律性亟待提高

建构主义学习理论和人本主义学习理论都认为，学生应该根据自身的学习兴趣与需求，随心所欲地进行无约束的学习活动。但计算机网络是把"双刃剑"，在提供了巨大的学习便利的同时，不可避免地产生了一些负面影响，使学生在学习中面临着严峻的考验。现代教学方式不仅重视课堂中的互动、交流与合作，更要求学生在课外进行自主学习，网络与多媒体技术都是学生实现自主学习的重要方式。为了建立基于建构主义和人本主义理论的多媒体教学体系，学生需要具备较强的自主意识和自我管理与监督的能力。

但事与愿违的是，很多学生正是缺乏这种能力。有些学生计算机操作水平有限，无法有效地利用计算机进行自主学习，由此产生自卑心理，对学习失去信心；有的学生虽然可以很好地利用计算机技术，但缺少明确的学习目标，以至于学习时随心所欲，学习效率极低；有的学生十分明确自己的学习需求与任务，但面对浩如烟海的学习资源时却不知道从何入手，无法从中精准挑选出适合自己需要的信息，想要全部精通却又力不从心，最终只能一事无成；还有的学生自主意识和自我管理能力差，面对网络中鱼龙混杂、质量参差不齐的信息，极易受到影响，对自己的价值观和主观判断力都产生负面的伤害。因此，如何增强学生的自律性，是急需解决的问题。

（二）对使用信息技术进行英语教学的几点建议

针对英语专业教学目前在认识和实践中存在的问题，必须加以重视，并采取合适的方式解决问题，科学、合理地运用多媒体信息技术，充分发挥其巨大的优势。

1. 根据教学的需要决定是否使用多媒体

有些教师为了体现教学的现代化，或是为了遵循学校的教学要求，在课堂中尽可能多地使用多媒体技术，甚至认为越是多媒体化的教学方式，就越能激发学生的学习兴趣，也会降低知识的学习难度，进而提高学习效果。因此，教师用多媒体技术代替了几乎所有教学环节，课堂上忙于课件的切换，使得教学变成了电脑操作的过程。学生的学习方式也只不过是从看书变成了看课件，而且书本和课件的内容也都完全一样。这种被动式的学习方式极易产生抵触心理，更无法促进学生学习兴趣。教师必须要正视多媒体工具在教学中的位置，它只能作为教师的辅助手段而不应该喧宾夺主。多媒体技术不适用于每节课堂，也不适用每种教学方法，是否要用到这种技术，还要根据教师与教学内容的需求决定。到底是为了遵循死板的教学模式、体现教学现代化，还是为了真正培养学生学习兴趣、促进学生自主学习，这应该值得教师深思，否则这种做法将会带来适得其反的效果。

2. 适度取舍多媒体教学素材，注重多媒体课堂的"人文关怀"

多媒体只是一种工具，绝对客观且不带有任何情感色彩。真正让它发挥作用的，是多媒体的操控者，即教师。在繁杂信息的包围下，教师要指导学生学会利用多媒

技术，通过其帮助学生快速、有针对性地挑选合适的学习资源，从而提高学习效率，在学习中真正体现现代化媒体技术的巨大优势。此外，教师要注重与学生之间的沟通与交流，及时关注学生的学习情况，这会使学生感到人文关怀，产生学习信心，从而有更大的动力进行自主学习。只有学生从情感上对学习产生认同，才愿意主动接受新知识，从而得到事半功倍的效果。

3. 多媒体英语专业教学模式和传统教学模式充分交融

以多媒体技术辅助英语专业教学是进行教学改革的重要内容，有利于形成以学生为主体的教学模式。对于地位与教学职能的改变，教师要有清晰的认识，及时转变传统教学思维，担当起教学设计者、组织者、辅助者的新型角色，不但要设计主题教学模式和教学任务，还要结合学生的认知心理特征，倡导、组织协作学习，监控学生的学习过程。在多媒体教学环境下，教师应该利用多媒体的优势，为学生创建真实的英语交际场景，通过生动的讲解与交流，锻炼学生的听力、交际与表达能力，培养学生善于用英语思维思考问题的能力。但是，现代技术的运用还无法完全取代传统教学模式，教师应该继承传统教学的优势，如通过富有感情的眼神、面部表情、语音语调和肢体语言等与学生进行互动，这是多媒体教学环境所无法实现的。因此，只有将二者结合起来，取长补短，才能使教学活动进行得张弛有度，多媒体技术辅助英语专业教学才能发挥出最大的作用，实现最终的教学目的。

五、自主学习中心与自主学习

（一）自主学习中心

自主学习中心是多元化、包容化和灵活化的，它包括各种学习策略、目的与方法，是学生进行自主学习、提高学习能力的优秀学习平台和物质条件。它也能够满足不同学生的不同学习需求，使他们按照自己的方式与风格进行学习，充分考虑到学生的个性化。同时，自主学习中心还为学生间的沟通与互动搭建了桥梁，学生可以与其他学习者互相讨论，通过合作探究实现共同的进步。

霍尔克（1985）提出自主学习中心必须满足下列三个条件：①拥有完善、合适的学习资料与资源。②拥有接受过相应指导培训的教师。③向学生提供有关该中心信息的有效渠道。

自主学习中心大致可以分为五类：①在语音室基础上建立的自主学习中心。②在计算机房基础上建立的自主学习中心。③在教学单位基础上建立的自主学习中心。④全新创建的自主学习中心。⑤虚拟自主学习中心。

（二）自主学习中心在英语教学中的作用

现代计算机多媒体技术具有强大的生产力，在文本、图像、音视频编辑方面给人类生活带来了极大的方便，各种关于语言学习的电子出版物层出不穷，网络技术的发展也使信息的传播突破了时间和空间的限制，这些都成为自主学习中心建立的必要基础。

1. 提供真实的语言情境

建立自主学习中心的目的，在于为学生创造一个真实的情景化的学习环境，通过模拟出真实的社会行为和人类交际网络，从而使学生的知识、思维与技能在和真实环境的碰撞中得到发展。怀特黑德（Whitehead）认为，思维和学习只有在特定的情境中才有意义，不存在非情景化的学习方式，脱离了真实环境而学到的知识是没有实际意义与运用价值的。雷斯尼克（Resnick）认为，非情境化正是当前学校教育面临的困境。

自主学习中心正好为学生提供了虚拟现实的学习环境，学生可以在其中搜索需要的听力与阅读学习资源，锻炼学生听、读方面的英语能力；还可以通过邮件或相应的聊天软件与其他学生进行英语交流，锻炼读、写能力。真实的语言情境要求学生在学习中尽可能少地依赖母语，从而锻炼英语思维能力，提高自身的英语表现力与创造力，提高英语综合素质。

2. 培养学生的自主学习能力

20世纪80年代，很多语言学家都对英语教学提出了自己的见解。霍尔克（Henri Holec）认为，英语教学应该以提高学生的实际交际能力、培养学生的自主学习能力为目标。另一位语言学者邦森（Bonson）也认为应将"自主"作为大学英语教育的目标。所谓自主学习，就是指学生自由确定学习方法、目标与过程，自己对自己的学习负责。自主学习能力的高低决定了学生的学习成果与学习效率，自主学习中心为学生的自主学习提供了极大的便利。加德纳和米勒（Gardner & Miller）认为，自主学习中心应具备通过鼓励学习者发展个人学习策略、反思学习过程及承担责任等方法，以及提高学生自主学习能力的功能。"传统的学习环境中，学习者经常被剥夺了发展决策、自我监控、注意力调整等技能的机会，而这些技能对于优化学习经验是十分必要的。"[①] 相反，在自主学习中心，学生可以完全把握自己的学习过程，随心所欲地调整学习速度、内容与方法，只有这样才能更好地实现个性化学习，满足不同学生的学习需求。

3. 有效克服心理障碍

长期以来，心理障碍也是学生在英语学习中面临的主要困难。英语作为一种交际工具，需要在实际的交流中才能得到锻炼，但很多学生连在课堂上发声都做不到，害怕在教师或同学面前暴露自己的不足，因此在课堂中经常出现害羞、胆怯、焦虑和烦躁的负面情绪，严重影响了英语学习的效率。

在自主学习中，学生可以自由选择学习内容与方法，有效避免了面对不擅长的内容时产生的负面情绪，而且自主学习是一个独立的学习过程，没有教师和其他同学的干扰，学生可以大胆地锻炼英语的口语表达能力，而不用担心可能来自他人的嘲笑，这有利于提高学生的自信心和学习动力。同时，由于自主学习是学生和机器进行交流，因此这种方式是平等、友好的，在交流中学生丝毫不用考虑机器的感受与想法，可以从容不迫、完全地将自己所有的想法表达出来，这比和教师进行交流更加轻松，有利

---

① 何柳青. 计算机网络视角下的英语教学探究［M］. 成都：四川大学出版社，2018.

于提高学生的参与性和学习热情。

（三）中心应用中存在的问题

目前，国内自主学习中心的建设已经有了长足的发展，但其中暴露出来的一些问题也必须值得我们注意。

1. 网络信息海洋使学生"迷航"

网络技术为学生提供了极大的便利，但面对花样繁多、质量参差不齐的各种信息，学生可能无从下手，无法有效搜索适合自身的学习资源，或者沉迷于其他网络资源，耽误学业。这要求学生有强烈的自控能力和信息的甄别与分辨能力，在最短的时间内高效地找到需要的学习资源，提升学生的学习效率，提高学习效果。

2. 师生教学管理理念滞后

在教学模式的改革中，除了学生地位的变化，也要求教师及时转变教学思维，改变教师所扮演的角色。教师不再是传统教学中知识的传播者，而成为教学中的引导者、辅助者和监督者。角色的转变意味着教师职责的增加，不仅不会降低对教师的要求，反而要求教师在管理、组织和教学思维上承担起更大的责任，因为新的教学模式要求教师舍弃过去单一的教学方法，按照不同学生的个性特点、身体素质、学习能力或方式等进行有针对性的个性化教学，教师要细致地关注每个学生的学习状况，引导他们制订合适的学习目标、选择学习方法。同时，学生自主学习对现代化多媒体技术和网络技术有较高的要求，因此教师的信息技术掌握程度也要随之提高，不仅要熟悉网络系统、管理平台本身，还要会制作部分网络资源，这也是教师角色转变过程中的一个重要难题。

学生的自主学习能力不是短时间内就能提高的，这涉及学生学习方法、技能、观念和动力等方面的培养，同时要经历一段时间的适应过程，这对于刚结束高中应试教育阶段的学生来说，可能难以适应。麦克德维特（1999）对长时间且熟练使用自主学习中心的学生进行了调查，结果显示，这些学生的学习动力与接受传统教学方式的学生并无不同，决定学生学习成果的最大因素其实是教师本身的行为与态度，这个结果显然出乎很多人意料。迪金森（1992）也指出，自主学习不仅是引导学生使用各种网络工具这样简单，而且是要引导学生学会合理地寻找以及利用资源；所以，学校在对待自主学习的问题上难免就有这样的担心——自主学习会不会因为部分学生自控能力差而变成自主娱乐？

3. 评估体系不完善

为了确保自主学习的顺利进行，以及保障学生的自主学习成果，必须要建立相应的学习评估体系。比较常见的做法是在自主学习系统中设置相应的评价功能，比如，自动记录学生每天的学习时间、每次的测验成绩和总体上的成绩波动幅度等。但系统毕竟是死的，即使这些记录数据十分完美，但在没有外界有效的监督下，学生一样可以从事与学习无关的事，因此也就无法全面评估学生真实的学习水平。针对这种情况，有些学校开始实行更完善的评估模式，如"形成性评估+终结性评估"。形成性评估通常由三个模块构成：学生档案记录袋（记录学生的学习过程、发展目标、信息反馈和作品）、教师观察记录和学习效果评价。然而自主学习真正开展起来，就不能局限于一个教师、一门课程、一个班的小规模。事实上院系的课程和学生数量很大，而且可能存在辅修第二语言的情况，也就意味着会有部分学生跨系、学院学习，因此，业务流程势必非常复杂，原有的系统，诸如教务、以课程展示为主的辅助教学平台、计费等无法满足要求。开发单独的自主学习平台软件，以覆盖部分教学业务、资源管理、资源展示、学生及教师管理已成为一种选择。然而即使设计出该软件，依然存在部门和院系之间的协调问题、不同系统数据的转换问题、部门业务流程的修改问题等，最终学校管理者能在多大程度上接受也是个问题。

（四）自主学习中心更好地服务于多媒体英语教学的途径

1. 提高学生的计算机网络信息辨别能力

网络技术对学生提出了人文和技术两方面的素养。人文素养指学生对信息价值的认识和对信息的心理状态；而技术素养指人们利用信息的各种能力和技巧。

在人文层面，教师要端正学生的正确认识，培养学生的甄别和鉴赏能力，既要认识到现代网络技术给生活学习带来的积极作用，又要有强烈的自主意识和自控能力，在面对参差不齐的网络信息的时候，要学会寻找适合自身的优秀学习资源，不要被各种无关的信息诱惑而沉迷其中，耽误学业。

在技术层面，教师要对学生进行简单的培训，使学生能够初步掌握基本运用某些技术的能力，以便在大数据视野下的各种学习资源中开展自主学习。培训的重点是锻炼学生在网络中有效、快速搜集学习资源的能力，包括各种以传统媒体形式呈现的资源，特别是要训练学生充分利用互联网进行网络检索、查询、获取信息的能力。

2. 建立资源库

教师将搜集到的学习资源整理后，可以制作成文本、图片、音频、视频等形式上传到资源库中，供学生下载学习。目前，网络上就有很多的英语资料库，如《走遍美洲》《空中美语教室》《新概念英语》《疯狂英语》等，还有很多英语教学平台。为了便于浏览这些资源，可以将每个网址以超链接的形式保存在文档中，或制作成 flash 按钮，通过点击按钮或链接，可以直接转到网页中，方便查看。除了丰富的网络学习资源，教师还可以给学生提供与教材配套的辅导资料，将课堂知识与辅导资料结合起来，通过额外的练习强化学到的知识，增强学习效果。

3. 教师发挥指导监督作用

多数学生缺乏学习的主动性和正确的学习方式与策略，因此教师应该通过课堂教学向学生灌输自主学习的重要性和必要性，同时开展相应的培训，锻炼学生的自我管理与控制能力。自我管理能力的培养。包括确立不同学习阶段的学习目标，通过分析各个阶段的学习需求，选择合适的学习资源，并且能够按照自己的学习目标制订使用资源的计划。同时鼓励学生找到最适合自己的学习策略，在学习过程中善于总结与反思，培养责任意识，从而培养学生独立学习的能力。

以选择听力学习材料为例，自主学习中心为学生提供了极其丰富的英语学习资源，有各种英语录音、英文电影、英语歌曲等，如果学生有相应的个体知识便可以有效地挑选学习材料。但更多的学生正是缺乏这种能力，因此在选择学习资源时感到无从下手，后续的学习过程也就无法有序进行。教师应该及时引导学生，让学生更加了解自己，养成独立思考的能力，这样才能避免选择学习资源时感到无所适从，提升学习效率。同时，对于那些习惯传统教育模式的学生来说，他们更愿意接受课堂教学方式，反而对自主学习不适应，久而久之会产生抵触心理，降低学习欲望，影响到他们最终的学习成果。教师应该及时与这些学生沟通交流，帮助他们更快地适应学习模式的转变，在新的学习环境下重新激发出对学习的兴趣，提升自主学习能力。

4. 建立评估体系

在传统教学中，考试成绩是评估学生学习成果的唯一手段，通常被认为是教师的职责。但近年来随着自主学习理论的发展，越来越多的观念认为，应该提高学生在教学评估中的地位，以学生为中心的内在评估形式——自我评估有较高的信度和效度。文秋芳教授在调查自主学习与传统教学方式时就发现，无论采用何种教学方式，学生的自我管理能力都对其学习成绩产生了重要的影响。自我管理能力的核心是自我评价与反思能力。

然而，很多学生往往"不知道如何评价学习过程的有效性和结果的显著性，出现预料之外的情况和遇到挫折时往往不会自我调整"，[①]因此，学生还远远没有认识到自我评估的作用，掌握正确的自我评估的方法。要想改善这种情况，转变学生的思维认识，就需要发挥教师的作用。教师应该合理引导学生反思自己学习中的得失，具体来说，可以组织学生在每次自主学习之后进行自我测验，并将测验成绩纳入学生的最终成绩中，这样不仅培养学生的能力与习惯，端正学生对自我检测的认识，而且通过不断的自我检测与自我完善，提升学习成果。

近年来，我国自主学习中心研究正在不断深入，也取得了一些成绩。

但由于中国地大物博，不同地区之间的社会环境、教学水平与理念、教学方法等存在着差异，因此自主学习中心的研究同样面临着各式各样的困难。但教学模式的发展与改革以及师生的普遍期待都表明，自主学习中心的建设是完全有必要的，而且是紧迫的。

目前，自主学习中心仍定位于中间产物，过渡性、实验性和阶段性是其重要特征，其发展还需克服理念、技术等方面的一些实际困难，但是加强结合实际情况的理论研究，建立一个切合中国内地发展需要的中心模式是我国研究者努力的方向。

---

① 张殿玉.大学英语写作通览［M］.济南：山东大学出版社，2003.

第三节　英语自主学习实践研究

本研究通过问卷调查英语专业一年级的大学生学习英语的情况，旨在为英语学习策略的研究、学习策略的训练以及英语教学提供重要的依据和启示。通过问卷能够了解学生的英语语言学习策略的使用情况，以期通过有针对性的策略训练，改变学生在英语学习中"无能为力"的态度，促进其学习策略的掌握和应用。

一、研究目的、对象与测量工具

（一）研究目的

（1）实验前对实验班和对照班进行问卷调查，了解不同学生的英语策略情况，并分析英语策略与英语水平之间是否存在某种联系。

（2）在实验班开展一学期的策略训练，如情感策略、记忆策略、元认知策略和社会策略等，记录训练情况，通过对比分析，了解策略训练是否可以改变学生使用策略的能力。

（3）学习策略训练最终是否能提高学生的英语总体水平。

（二）研究对象与测量工具

本研究所选取的受试对象是某高校外语系2017级两个班的学生（共71人）。由课题组相关成员担任其英语教学。

实验前对实验班和对照班进行全国英语等级考试（PETS）二级模拟测试，首先了解两个班学生的英语水平。该试卷具有一定的权威性，可靠性高，其难度和高校外语专业二年级学生水平相似。

同时，在实验前后也采用了封闭式问卷调查法，了解受试者的英语学习策略使用情况。问卷采用的是牛津（Oxford）（1990）编制的"The Strategy Inventory for language Learning"（SILL）。该问卷共50个问题，涉及六类学习策略问题，采用李克特五级量表计分，即"1"表示"几乎不使用"；"2"表示"通常不使用"；"3"表示"使用情况一般"；"4"表示"通常使用"；"5"表示"总是使用"。统计工具采用社会科学方法统计软件包SPSS 14.0，对实验班和对照班学生的策略使用进行独立样本检验。

除此之外，对部分实验班学生进行对话访谈，研究他们是否通过策略训练提高了策略意识与策略使用方法，并分析策略训练中还可能存在的问题。

二、实验过程

语言的学习是一个复杂的过程，要经历不同的阶段，采用不同的方式等。因此，课题组成员一致认为，在运用学习策略前应该首先进行明确的指导，随着学习的深入，逐渐降低指导力度，最终由学生负责整个的学习策略。基于此，课题组将实验研究的过程分为以下几个阶段：

（一）策略训练的准备

1. 了解学生使用策略的情况

所有学生都是带着对某种策略的倾向性来参加策略训练的，他们都倾向于使用已有的学习策略。因此，识别被试者现在正在使用的学习策略以及对各种学习策略使用的情况能帮助教师确定策略训练过程中的重点。2017年11月，采用牛津（Oxford）在1990年编制的语言学习策略调查问卷"The Strategy Inventory for language Learning"（SILL），对该学院外语系2017级新生英语教育班和旅游英语班共71名学生进行调查研究，并就收集的结果进行数据分析，得出该院外语系部分学生英语学习策略使用的现状；针对分析结果调整制订策略训练计划，并在以后的日常教学过程中逐步贯彻实施。

2. 了解学生英语总体水平

为了明确英语学习策略和英语总体水平是否存在相关，以及确定策略训练是否可影响学生学习策略的选择，进而影响学生英语总体水平。2017年11月，课题组成员借助PETS考试二级模拟试题，对两个班的学生进行了英语水平测试，以了解被试者在实验前后英语学习策略选择的变化是否可导致其英语总体水平的变化。经过对前测数据的收集和分析，实验班和对照班在英语水平和策略选择上都处于同样的水平，不具备明显的差异，属于平行班级。于是，课题组成员随机将2017级旅游英语班作为对照班，不接受任何的策略训练；将2017级英语教育班确定为实验班，在正常上课的同时进行策略训练。

训练前，对学生开设专题讲座，向学生灌输英语学习策略的重要性，让学生明白学习策略直接影响着英语的总体水平，学习策略是打开英语学习大门的"金钥匙"，采用合适的学习策略，可以达到事半功倍的效果，有效提升英语水平。因此，每个学生都要积极地参与学习策略的培训，掌握运用合适的学习策略的方法，提升自主学习的能力。

同时，课题组成员借助牛津（Oxford）在1990年出版的 *Language Learning Strategies*，向被试学生详细介绍了关于语言学习策略的基础知识，对语言学习策略的使用与训练进行了讲解与示范，使学生初步掌握学习策略的有关知识。

（二）策略训练的实施

实验中我们始终以学生为主体，使用合适的方式激发学生的学习兴趣，研究学生自主掌握学习策略的方式，力求使教学活动既紧扣知识点，掌握知识的同时学会学习，并掌握有效的学习策略和学习方式，让学生全面参与、全面发展，使学生轻松愉快地进行学习，初步形成了"引导发现—策略示范—活动操练—自我评价—扩展运用"的英语学习策略训练模式。

1. 引导发现阶段

学习策略因人而异、因内容而异。因此，在教学过程中，教师可指导学生依据不同的教学内容自主发现适合的或已经掌握的学习策略，鼓励学生思考所使用的用于完成各种学习活动的学习策略，并让学生讨论为什么这些学习策略会奏效，以及这些策略如何对听、说、读、写活动起到相似和不同的作用。

2. 策略示范阶段

在教学过程中，教师应当向学生示范如何正确使用学习策略，让学生明白应该何时、用什么样的方法有效运用这些策略。例如，教师在进行课文阅读的讲解时，可以一边读课文的一段文章，一边讲述如何依据题目做出预测；如何来回忆先前的知识；如何有选择性地注意题目和粗体文字；如何确定生单词，并根据上下文对不熟悉词汇进行猜测；如何根据具体的语境进行推理；如何评价在阅读时的收获等。教师可以通过多种方式来具体展示学习策略训练的活动，正是由于这种具体生动的展示活动，可以丰富学生独立使用学习策略所必须掌握的元认知知识，并且能够更好地控制其语言学习的过程。

3. 活动操练阶段

用简单易懂的方式向学生讲解学习策略的使用是进行自主学习的前提，当学生真正掌握了运用学习策略的方式，并能够通过练习获得策略思维的能力时，自主学习才真正开始。而课堂教学为学生进行策略训练提供了机会。因此，当教师把学习策略融合在其教学过程中时，教学重点就由知识的讲解转变为方法的传授，即实现了"授人以渔"。

在进行课堂上的操练活动时，教师要注意选择难度稍微高于学生能力的任务，并对学生应用策略完成任务的活动进行不断的辅导和提示，对学生应用策略的情况及时做出反馈。同时，在训练过程中，教师应不断鼓励学生选择适合自己的学习策略，侧重学生的学习过程而非学习成果。

这个阶段纯粹是以学生为中心，教师只是知识吸收的促进者和实践策略的引导者。学生可以在实践中真正运用理论上学到的策略知识，在操作活动中不断提升学习策略的能力。例如，可以把学生分成几个学习小组，进行阅读练习，通过小组讨论确定阅读的方式，是精读、略读还是快读；在阅读训练中，应该如何更快地把握作者的表达思想；如果遇到不理解的字词，应该根据构词法，还是根据上下文等判断其含义。教师应帮助学生采用合适的方式来记录自己在小组活动中所使用的学习策略，同时教师要把重心放在培养学生思维能力上，而不应该过多地注重活动结果。

4. 自我评价阶段

在训练结束之后，教师要引导学生对自身的训练结果进行自我评估，培养学生的元认知能力。例如，教师可以首先让学生听一段天气预报，然后回答相关问题；进而，教师可以要求学生利用已知背景知识这一学习策略来听另一段难度相近的天气预报录音，并要求学生利用"选择性注意"这一学习策略来识别关键词，如城市名称、高温、低温、阴晴雨雪等，接着回答相关问题；最后，教师引导学生对比两个任务（一个没有使用学习策略，另一个使用了学习策略）的结果，并引导学生评价自我表现。同时，教师要及时反思自己的教学方式和教学策略，总结经验和教训，并不断完善，提高自身的教学水平。

5. 扩展运用阶段

策略训练的终极目标是要把学会的策略应用于新的任务中，同时这是学生有能力进行自主学习的重要标志。在此阶段，学生要学会如何选择最适合自己的学习策略，并将之运用到英语课程甚至其他课程的学习中，以此来提高学习成果。例如，如果学生在做阅读训练时学会了预测策略，就应该继续尝试在听力训练中也使用这一策略；如果学生在进行写作训练中学会了替换策略，也可以在对话训练中试着使用这一策略。

三、实验数据的收集与分析

（一）前测数据的收集与分析

为了了解高校英语专业学生使用语言学习策略的基本情况，以及语言学习策略的使用是否和学生的英语总体水平相关，2017 年 10 月底，课题组成员对该校外语系 2017 级英语教育班和旅游英语班的学生进行了调查问卷和摸底测试。发出调查问卷 71 份，收回 71 份。随后，课题组成员运用社会科学统计软件（SPSS 12.0）对收集的数据进行了分析，如表 7-3 所示。

表 7-3 语言学习策略使用的描述性统计[1]

策略类别	平均值	标准方差	使用频率排序
记忆策略	2.42	3.85	6
认知策略	2.85	6.36	1
补偿策略	2.83	2.80	2
元认知策略	2.80	4.94	3
情感策略	2.75	3.03	5
社会策略	2.75	3.07	4

表 7-3 记录了两个班学生各种学习策略使用的总体情况。平均值 > 4.5 表示总是使用该策略，平均值 3.5~4.5 表示一贯使用，平均值 3.5~2.5 表示有时使用，平均值 1.5~2.5 表示很少使用，平均值 < 1.5 表示几乎不使用。调查结果表明，其中记忆策略平均值最低，认知策略的平均值最高，学生的认知策略、补偿策略、元认知策略、情感策略和社会策略使用情况都属于"有时被使用"。由此可以得出结论，学生总体策略意识较差，策略使用带有随意性。在各类学习策略中，最常使用的是认知策略，使用最少的是记忆策略。

表 7-4 记录了对照班和实验班在进行语言学习策略训练前各类策略使用的情况以及总体情况。数据表明，在实验前，两个班在策略使用方面不存在显著性差异（$P > 0.05$），是两个平行班级，符合实验的要求。

---

[1] 霍然. 大数据时代英语专业教学理念与实践研究［M］. 北京：中国纺织出版社，2021.

表 7-4　对照班（A 班）和实验班（B 班）学习策略使用情况，检验（前测）（M±SD）[1]

	对照班	实验班	t	P
记忆策略	2.485 ± 0.446	2.364 ± 0.406	1.371	0.174
认知策略	2.921 ± 0.448	2.774 ± 0.454	1.586	0.116
补偿策略	2.791 ± 0.431	2.872 ± 0.500	-0.847	0.339
元认知策略	2.875 ± 0.569	2.728 ± 0.524	1.300	0.197
情感策略	2.748 ± 0.529	2.755 ± 0.484	-0.068	0.946
社会策略	2.823 ± 0.539	2.684 ± 0.478	1.316	0.191
总体策略	2.786 ± 0.400	2.691 ± 0.387	1.176	0.242

表 7-5 记录了对照班和实验班在进行语言学习策略训练前的英语总体水平情况。数据表明，在实验前，两个班在英语总体水平方面不存在显著性差异（$P > 0.05$），是两个平行班级，符合实验的要求。

表 7-5　对照班和实验班英语总体水平情况，检验（前测）[2]

	平均分	标准方差	t	P
对照班	67.04	7.320	1.497	0.138
实验班	64.54	8.807		

表 7-6 记录了学生学习策略使用和英语总体水平之间的相关性。结果表明，在学习策略使用和英语总体水平之间存在显著的正相关关系。这也为我们的研究提出了可行性，即通过语言学习策略改善学生的策略使用情况，进而提升学生的英语总体水平。

表 7-6　语言学习策略与英语总体水平的相关分析[3]

	学习策略	英语总体水平
学习策略	1	0.886**
英语总体水平	0.886**	1

总之，前测数据表明，被试学生在语言学习策略使用方面总体水平不高，其中，各类学习策略使用的情况为认知策略＞补偿策略＞元认知策略＞社会策略＞情感策略＞记忆策略。记忆策略使用频率最低，这与尼亚和牛津（Nyikos & Oxford, 1987）、苏利敏（2006）等的研究是一致的。这一结果可能是因为学生经常使用某些固定的记忆策略，而忽视了策略选择的多样性。

（二）后测数据的收集与分析

学习策略实验结束后，课题组成员对学生再次进行问卷调查和摸底测试。随后，课题组成员对收集的数据再次进行了探究。

表 7-7 记录了实验结束后两个班学生的学习策略使用情况。根据表格数据可知，实验班学生策略使用总体情况的平均值要远远高于对照班（2.796：2.619）。因此，在

---

[1] 霍然. 大数据时代英语专业教学理念与实践研究［M］. 北京：中国纺织出版社，2021.
[2] 霍然. 大数据时代英语专业教学理念与实践研究［M］. 北京：中国纺织出版社，2021.
[3] 霍然. 大数据时代英语专业教学理念与实践研究［M］. 北京：中国纺织出版社，2021.

策略训练后，对照班和实验班学生策略总体使用情况有了显著性差异（$P<0.05$）。在各类学习策略中。记忆策略（$P=0.054$）接近于临界值0.05，表明实验后，对照班和实验班记忆策略的使用接近于显著性差异。而在认知策略、元认知策略和社会策略方面，两个班不存在显著性差异。课题组成员分析，可能是近6个月的短期训练不可能大规模地改善学生所有的学习策略使用情况，尤其元认知策略（$P=0.319$）。元认知策略是为了成功学习一门外语而采取的管理步骤，是学习者调控学习进程的行为，是一种高层次的实施性技巧，可以对学习进程进行计划、规范、监控指导，有很强的稳定性，被认为是区分语言学习能力强者与弱者的一个重要因素。因此，对元认知策略的学习和使用应该是一个渐进的过程，需要不断地训练和培养。

表7-7 对照班和实验班学习策略使用情况，检验（后测）（M±SD）[1]

	对照班	实验班	t	P
记忆策略	2.51 ± 0.453	2.67 ± 0.309	-1.950	0.054
认知策略	2.91 ± 0.424	3.05 ± 0.313	-1.76t	0.082
补偿策略	2.78 ± 0.417	3.20 ± 0.346	-5.275	0.000
元认知策略	1.94 ± 0.390	2.01 ± 0.260	-1.002	0.319
情感策略	2.73 ± 0.501	2.97 ± 0.408	-2.559	0.012
社会策略	2.81 ± 0.518	2.97 ± 0.375	-1.748	0.084
总体策略	2.61 ± 0.898	2.79 ± 0.591	-2.824	0.906

表7-7记录了完成语言学习策略训练后，两个班级学生的英语水平。从表格中的数据可以得知，实验班的学生英语水平总体上要高于对照班，且$P=0.048$，小于临界值0.05。这表明英语学习策略的训练可以有效提高学生的英语水平，而对照班的学生在语言学习使用策略方面变化不大，英语总体水平没有明显改变。

表7-8 对照班和实验班英语总体水平情况，检验（后测）[2]

	平均值	标准方差	t	P
对照班	66.81	8.039	-2.005	0.048
实验班	69.98	7.270		

四、结论

通过对"某高校英语专业学生英语学习策略训练的实证研究"这一课题的研究，我们得出以下结论：

（1）部分高校英语专业学生语言学习策略使用的整体水平不高，各类策略使用存在差异。

调查结果显示，部分高校英语专业学生使用学习策略的水平不高。策略的使用呈现中、低程度水平。在本次研究中使用最少的策略是记忆策略。这一结果似乎超出很

---

[1] 霍然.大数据时代英语专业教学理念与实践研究［M］.北京：中国纺织出版社，2021.
[2] 霍然.大数据时代英语专业教学理念与实践研究［M］.北京：中国纺织出版社，2021.

多人的预料。因为背单词、句子、语法甚至整篇英语课文是教师最常用的教学手段，也是学生学习英语的主要方法。但是，记忆策略使用的单一性以及学生对测量量表中一些具体记忆策略的不熟悉，导致了记忆策略使用平均值不高。因此，要获得我国学生使用记忆策略的准确信息，还要制定出专门针对中国学生学习方式的学习策略评估标准。

（2）语言学习策略使用的情况可以影响学生英语总体水平。

统计数据表明，在语言学习策略的使用和英语总体水平之间存在着显著的正相关关系。学习策略的使用会在很大程度上影响学生的英语总体水平，决定学习的效果。

（3）策略训练可以显著改善学生的语言学习策略使用情况。

在学习策略训练前，两个班级的学生英语水平还处于统一标准，但经过一年的学习策略学习之后，两个班的英语水平出现了变化，实验班的学生的英语水平普遍高于对照班学生，学生使用学习策略的意识和频率都有所提高，记忆策略（$P=0.054$）、认知策略（$P=0.082$）和补偿策略（$P=0.000$）都基本上达到了显著性差异，有了明显改善；间接策略方面，除了元认知策略（$P=0.319$）需要更长时间的训练才能逐步培养其使用意识以外，社会策略（$P=0.012$）和情感策略（$P=0.084$）的使用也得到了提高，学生在调节和控制自己学习情绪和态度方面，以及合作学习方面都发生了变化。这说明策略训练是有效的，其操作程序也是可行的。通过对学生的访谈和调查，学生普遍认同这种以学习策略为主的教学方式，并且认为这种方式可以真正提高学生的自我管理和自我评估能力，提高学生的自主学习意识。

（4）策略训练可以提高学生的英语总体水平。

研究显示，语言学习策略训练促进了学生英语总体水平的提高。经过实验以后，对照班和实验班在英语总体水平方面由原来的平行班变成有显著性差异的班级。所以，语言学习策略的训练有助于英语总体水平的提高。

五、建议

（一）逐步提高学生的策略使用意识

研究结果显示，目前大部分学生严重缺乏使用学习策略的意识，对学习策略的重视程度不高。刚走进大学校园，学生对自己的学习规划还不清晰，对各种学习策略也不熟悉，因此还不重视掌握熟练运用学习策略。同时要逐步改善教学管理体制，改变传统的"教考分离"模式，发挥出更大的自主性、灵活性，通过各种方式培养学生的学习兴趣，增强学生使用学习策略的能力和自主学习能力。

（二）坚持实施"以学习者为中心"的教学模式

无论通过问卷或是访谈调查，都发现部分学生在学习中缺乏主动性，仍然要依赖于教师的督促，处于被动学习的状态。所以，教师要向学生强调"以学生为中心"的学习观念,在教学中增加学生感兴趣的学习活动,吸引学生参与进来,培养学生的学习体验,养成自主学习的能力。

(三)语言学习策略训练要持之以恒

通过实验前后的实验数据可以发现,社会策略和元认知策略在实验前后没有显示出较大差异。这说明学生对学习观念和意识的转变需要长期反复的训练。在访谈中,一位学生说:"课堂上在老师的指导和提示下,能主动地使用刚刚学过的策略,但课外的时候,就不知道该如何使用了。"这是因为对策略的使用尚未达到自动化的程度,如果任其下去,学生遇到困难就会退缩,逐渐丧失学习的自觉性;同时,短期训练还起不到良好的效果。实验中,课题组对策略训练的时间较短,学生对策略的使用尚未达到自动化的程度,仍需在以后的教学工作中进一步实施和巩固策略训练的效果。因此,教师在教学中要注重对学生策略意识的培养,对学生进行长期反复的训练,以达到自主化的程度,使学生能够潜意识地使用学习策略进行学习。

学生学习策略的使用和选择会受到诸多因素的影响,如学习动机、学习风格、性别等。因此,在对英语教学的研究中,还可以在这些领域进行深入的研究。通过改变和影响这些因素,间接影响学生对学习策略的选择和使用。

第八章　大数据背景下的高校英语听说教学

第一节　英语听说与听说教学

一、听说的性质

听力理解是指有目的地运用储存在大脑里的原有信息对耳朵接收的新信息进行选择、整理和加工，从而获取新知识的过程。听力理解是一个独立的技能，是信息输入、信息处理和信息输出的复杂过程。影响听力的因素有很多，大致分为语言因素和非语言因素。语言因素包括语音、语速、语调、语法、词汇量等知识，非语言因素包括传统英语听力教学法、教师素质、教材听力技巧与策略、文化背景知识、心理因素等。听力理解是影响人们获得有效信息和实际效果的最基本要素，也是外语学习、欣赏、交际、应试能力发展的不可忽视的重要因素。听力理解质量的优劣直接影响到学生语言知识的接收、基本技能训练和用英语进行交际能力培养的水平。

口语是人与人面对面口头表达的语言，是人类社会使用最频繁的交流工具。它是英语学习的一项基本技能，是传递信息、交流思想的钥匙。它不仅要求训练每个学生听和说的能力，而且要求学生在语言交流中具有实际运用语言的能力。整个口语的教学过程就是一个信息传递和接受的反复过程。口语学习的最初阶段，应强调信息的输入，采用各种不同的活动来激发学生的学习兴趣和口语语感。第二阶段为口语能力构建期。交际能力的发展过程是指将内部认知外部化的过程。该阶段的教学活动应以主题讨论为主，充分发挥学生的主体作用。第三阶段为口语策略发展期。交际能力是通过一系列策略在实境中创造性地运用语言知识从而实现其交际价值。这一阶段应重点培养交际功能和口语策略能力。

二、听力理解的过程

听力理解是个极其复杂的过程，它涉及语言、认知、文化、社会知识等各种因素。G. 布朗（G.Brown）就听力理解的性质总结了以下五点：第一，辨认单词并记住与该单词相联系的意义。第二，理解每个单词是如何与语境发生相互作用并为邻近单词的意义创造语境的，理解一个句子中的哪些词语构成主语、哪些构成谓语，并理解指代成分所指称的人或物。第三，既要理解每一个句子在局部上下文中的意义，也要理解该句子在整个语篇的宏观结构中的意义。第四，对语篇的理解涉及两方面：一是根据语篇的局部语境所提供的知识和背景知识来理解语篇的内容，二是对语篇中所暗含的人际、空间、时间、因果和意图关系做出推理。第五，对于较长的语篇来说，应至少记住其大意；对于较短的语篇来说，应记住尽可能多的重要内容，特别是与说话者的当前意图相关的内容。安德桑（Anderson）认为，听力理解包括三个相互联系而又循环往复的过程：感知处理、切分和运用。在感知处理阶段，听话者的注意力集中在听力材料本身，并将所听到的声音暂时储存在短时记忆中；在切分阶段，听话者将短时记忆中的语音串切分成从句、短语、单词或其他语言单位，并在大脑中以心理表征的方式建构意义；在运用阶段，听话者借助世界知识和语言知识将大脑中的心理表征与已有知识联系起来，从而对听力材料做出正确的理解。由此可以明显地看出，听力理解过程不是简单地对字面信息进行解码的过程，而是输入信息与听者头脑中已有的知识图示相互作用的过程，是一种解码过程与意义重构的有机结合。一旦学习者已有的知识图示被激活，所输入的信息就能很容易地被理解吸收并融合到已有的知识图示中，产生新的图示，从而能更好地理解和记忆所听的内容。换句话说，听力理解在很大程度上是在学习者大脑中已存储的各种知识图示的基础上进行推测或者信息加工和提取，是听话者积极主动地参与语言交际的过程，是一个创造性的过程。

由于听力理解是多方面因素综合的复杂过程，尤其在听较长的篇章时，学生诸方面能力的强弱对于听的效果有着直接的影响。教师在平时的听力教学中应该注重培养学生的短期记忆能力、快速阅读能力。短期记忆将帮助听者把听到的内容暂时保留在意识之中，以便全部理解语言。记忆中存储的信息量越大，理解则越充分，听写的效果也就越好。提高阅读速度有助于在听前快速浏览选择题组，通过浏览找出彼此间的共同点，进行内容预测，这样在听音时方可做到心中有数。快速浏览对于提高听写的质量、促进记忆、加深理解起着一定的推动作用。

三、正确认识听说学习

（一）口语流利性与准确性之间的关系

口语的流利程度即口语表达的流畅性，也就是自然与恰当地控制口语节奏的能力。英语教学中的流利性是将它与其他因素，如准确性、恰当性、语音语调、词汇等级、句法结构难度等共同列为口语熟练程度的要素，但不是测量语言知识的标准，而是说话人使用语言时的一种表现，是听话人对言语产生是否自然与有效的印象。准确性是指表达语言内容与运用语言知识的正确程度。

英语教学中有一些关于口语准确性的传统观念是不全面的。一是过分重视语言知识与形式的正确，忽略了恰当地表达语言内容是准确性的主要方面。二是不重视日常使用的、不符合传统语法的口语。在传统的英语课堂教学中，由于片面强调了语言知识与形式的准确性，忽视语言内容与流利程度的教学，不注意口语的更新，影响了学生语言交际能力的全面提高。流利程度与准确性是使用语言的两方面，在教学过程中，两者都不能偏废。在初学阶段应更重视准确性，对初学者来说，一开始重视准确性有利于打好牢固的语言基础。当然，这并不是说教师要有错必纠，影响学生的自信心。在高级阶段可加强流利程度的教学。对于高级水平的英语学习者，应努力创造条件帮助他们提高语言的流利程度，因为他们已具有一定的语言知识与能力，往往只需教师略微点拨，就有能力自己纠正语言错误。过多强调语言的准确性反而会使他们在语言学习中缩手缩脚。

（二）口语与书面语之间的关系

与书面语相比，口语有其易学之处。在词汇方面，研究人员曾做过统计：看懂著名作家的剧本或小说，如莎士比亚和狄更斯的作品，词汇量至少要达到10000个；看懂一般的英语报纸杂志，词汇量至少要达到8000个。相比之下，用口语表达日常生活的一般主题，有1000个就能够应付。在语法方面，口语的句子大多较短，而且结构简单，大量使用省略句。然而，在书面语中，如在专业出版物、法规与法律文件中，常常出现长句、倒装句、虚拟语气和分词结构等。由此可见，口语自有易学之处。在实际运用中，人们往往能容忍口语表达时出现的失误，但是对于书面语，如果出现了错误，人们的态度就完全不一样了。

与书面语相比，口语也有其难学之处。交际中听不太懂、似懂非懂，常常需要对方重复，或者词不达意、结结巴巴，往往需要自我纠正，这些都是英语听说不合格的表现。与书面语相比，口语的交流必定在瞬间发生、瞬间完成，没有时间推敲斟酌，更没有时间去查阅词典。从这方面来讲，口语就比书面语要困难得多。口语还不可避免地涉及地方口音。例如，在外籍船舶上，海员来自不同国家和地区，虽然都会讲英语，但各自带有各自家乡的口音。另外，船舶航迹遍及世界各个角落，无法保证所遇到的人都会说一口标准的英语。这无疑会给口头交流带来许多麻烦。

口语与书面语应当是互补的。由于历史的原因，我国大学生的英语书面语水平，特别是阅读理解和语法水平，一般要强于口语。因此，在英语教学中，不宜把口语与书面语对立起来，应当充分利用学生英语书面语较强的优势，如词汇知识的优势和句子结构方面的优势，运用恰当的教学方法，如"对比"的方法，使他们区分不同，明确学习目标，最终学好口语。

（三）口语与听力之间的关系

"听"是"说"的前提条件，是基础和出发点，如果"听"不懂，那如何"说"呢？在学习语言的初期，听力训练应占主导地位。"听""说"之间，应当是听力训练先行，先"听"后"说"，先输入后输出。听力训练至少要占整个听说训练一半的时间，尤其在初始阶段，两者在时间上不可平分秋色。听力训练的形式应当是多样化的，其基本形式为教师用英语讲课、与学生交流，而不是仅仅靠大量地播放音频、视频。听力训练的内容要由浅入深，比如，由日常生活转入课文背景介绍，可以是"蜻蜓点水"式的，也可以是"强化训练"式的。有条件的学校宜早请外教，并尽量增加外教与学生的交流机会，以创造语言环境。如果采用"强化训练"的模式，那么外教的授课时机，适宜安排在学生的听力已达到一定程度以后，比如在一学期末，以利于学生激发兴趣、树立信心。安排过早，既是浪费，效果也可能适得其反。

第二节　高校英语听说教学中存在的不足及分析

一、听说教学中存在的不足

（一）高校英语课程设置需完善

课程体现着一个国家对学校教学的具体要求，关系到学生的知识结构、智力结构和个性结构。课程是随着社会的发展而演变的，它反映一定社会的政治、经济要求，受一定社会生产力和科学文化发展水平以及学生身心发展规律的制约。当前，部分高校英语教学模式仍以传授语言知识为主，没有加强学生听说能力的培养。

（二）高校英语教学评价体系与英语教学目标需配套

根据高校英语课程教学基本要求，高校英语课程教学的主要目的是提高学生运用英语进行交际的能力，尤其英语口语交际能力，包括日常交际能力和业务交际能力。现行高校英语教学评价体系与教学目标不配套，最直接的表现为在全国英语综合水平测试中，口语不占分数比例，笔试成绩作为唯一评价学生学习情况和教师教学能力的标准。造成多数学生只求笔试过关，忽视口语技能训练的现状。

在教育部及社会要求和呼吁提高学生英语综合能力的同时，过级率却成为高校学院实际教学活动中的主要教学目标，以过级考试通过率来衡量高校院校和英语教师的教学水平，以过级率来评估学生的英语水平。高校英语教学目标的偏离和教学评价的错位无疑削减了英语口语教学。

二、影响听说教学的原因分析

（一）教学评价定位不准

教学评价是对教学工作质量所做的测量、分析和评定。它以参与教学活动的教师、学生、教学目标、内容、方法等有机组合的教学过程和结果为评价对象，是对教学活动的整体功能及其效果所做的评价。

一方面，英语过级考试的通过率成为评价高校英语教学的重要指标之一。过级考试属于终结性评价，即注重结果而非过程。一些高校将英语教学的目标放在学生英语过级考试上，不太重视口语教学，导致口语教学地位被边缘化，未能将口语教学的重要性落实到位。而事实上，评价英语水平应当是全面的，即评价学习者的听、说、读、写、译五种语言技能。当前专科英语教学目标主要集中在提高学生读、写、译、听的能力方面。国内一些有影响的英语水平评价考试虽然有口语考试，但是口语考试是作为一个后续考试而存在，即学习者通过前期考试，取得一定成绩后，方可参加口语考试。这在一定程度上削弱了口语学习的重要性，从而导致在实际教学中对口语学习不那么重视。由于"听说不分家"，这也在一定程度上影响了听力教学。比如，为了使学生能够通过考试，很多教师花大量的时间和精力对学生进行辅导，把教学的重点放在要考核的内容上，忽略了对学生口语能力的培养。另一方面，个别教师对口语的形成性评价在认识上有误。部分教师忽略了口语交流的工具特点，过分强调语音和语法的标准性，而往往以出现语音和语法错误的多少为尺度，而非从学生的全部口语表现和交流效果来评价学生的口语能力，在一定程度上打消了学生学习英语的积极性，使学生产生了不敢开口说英语的心理障碍。部分教师在评价学生英语口语水平时，把英语交际能力排除在外。

教学评价是为教学工作导航，指明教学应当前进的方向，激励各个方面同心协力、以最佳方式促进学生的发展，达到和超出教学目标的要求。教学评价定位不准，可能导致事与愿违。

（二）学生英语综合素质偏弱

1. 学生英语基础偏弱及对策

在许多省份，高校生源录取属于第四批录取，即最后一批录取。加之受高校扩招和生源数下降影响，近年来高校录取分数呈下降趋势。高校入学门槛低，学生基础知识偏弱，生源具有一定的复杂性。此外，学生受地方口音的影响较大，英语口语参差不齐。来自县、乡普通中学的高校生在初、高中学习中，较少接触到纯正的英语口语、必要的语言环境、教学设备和音像资料，他们在大学入学前未曾接受过系统的听说训练。即使有的学生有一定的词汇量，由于没有掌握语言的运用策略，不是听不懂就是说不出，有的既听不懂又讲不出。解决学生的听说问题，需要从语言输入与语言输出方面着手。

（1）坚持语言输入第一性

克拉申认为，口语发展需要依靠大量自然输入。首先，输入在听说发展的过程中占首要地位，输出占次要地位，没有输入的输出对口语发展的作用有限，而在大量输入的前提下进行少量输出操练，便能迅速提高口语能力。英语教师在口语课堂上经常遇到学生不发言而"冷场"的场面，许多教师以为学生主要是缺乏信心，其实学生最缺乏的是输入。有了足量输入，即使是很深入的话题，学生也会积极参与操练。另外，如果教师绞尽脑汁想出许多有趣的办法鼓励学生开口，即使课堂气氛再活跃，如果输入量不够,学生的口语能力仍然不会产生质的飞跃。其次,输入理论的核心与我国传统学习方法不谋而合。我国自古以来便认为学习者通过博闻强识、遍览群书,而后才能出口成章。从语言学习的规律来看,口语能力的提高是建立在大量的语言输入,尤其是在大量的听和读的基础之上。阅读量的严重不足,对文章内容和语言的不求甚解,造成了学生无法积累起对各种事物、概念的正确的英语表达法,口语当然成了"无米之炊"。很多过于强调输出的教师或学生把会话能力和口语能力等同起来。能够说几句英语和能够用英语表达自己的看法、阐述一个观点是不同的。前者只需要一段时间的强化,而后者则需要较强的语言功底,还包括文化背景知识。离开了语言基础的训练,口语能力只能停留在简单的日常用语上。在保证大量输入的基础上,进行可理解输出,可以帮助学生克服恐惧心理,增强信心。而我国传统教学强调教师讲、学生听,没有给予学生充分的表现机会,学生的表现能力没有得到培养,以致怕开口。为了弥补这方面的不足,教师应利用口语课堂操练给学生发言的机会,培养他们的表现能力。同时,课堂操练也有助于巩固已理解的输入内容。输入的内容一久很容易忘记,退化为消极输入内容,而通过操练可以帮助学生记牢已输入的内容。

语言的准确性、多样性、言之有物这些目标都可以通过输入获得,但英语表达"流利性"的获得却在很大程度上依赖输出操练,流利性与训练套语的使用和重复讲述有着十分紧密的联系。

(2)加强英语信息的非自然输入

克拉申提出:"教口语的最好途径,或许也是唯一的途径,就是提供可理解输入。"克拉申还认为情感因素对语言学习的输入有着过滤和制约的作用,"过滤"的程度越强,习得的收效就越小。语言输入后并不会自动转化成输出,它要经过一个"语言吸收"的阶段。只有当学习者充分注意到了语言形式时,语言吸收才会真正产生。而学生在进行阅读或听力理解时,大部分的语言形式在理解任务完成后就被抛弃了,真正被注意到并吸收了的语言形式在数量和质量上都十分有限。在此情况下,不少国内学者以非自然输入方式来提高教学效果,并取得了良好的教学效果。

非自然输入的内容是以词汇、词组为核心。一方面,教师让学生背诵大量可理解的常用词汇为口语发展打下坚实的基础。为了让学生了解这些常用词的运用,这些词必须都以词组、句型的形式出现,而每个词语都必须有句子这一语境,每个句子都提供相应的中文,学生在背诵时可先看英文说出对应中文,再看中文说出对应英文,以此方法反复背诵。提供中文的目的是增强学生的可理解性输入,强化学生对已学的外语表达方式的记忆,强化他们对两门语言异同的敏感度,扩展应用型词汇量,改善表达能力。另一方面,教师还应补充一些与学生所学专业相关的功能、情景用语。这些用语可以分别从外文杂志、报纸、阅读材料中收集获得,实际上是替学生从大量阅读中积累起有用的表达方式。这些内容分别从学生的基础和实用表达方面进行非自然输入,基础差的学生可以巩固英语基础,基础好的学生可以拓展实用视野。为了让学生记住这些非自然输入的内容,在口语课堂上教师应开展一些检查学生背诵情况的活动,如复述课文、交际会话、专题讨论、课堂辩论等，创造环境让他们使用已背诵过的东西，巩固记忆，同时通过这些活动增强他们的口语流利性。

（3）加大第二课堂语言输出

斯温（Swain）强调了语言输出的重要性，认为"除了必要的可理解性输入外，学习者必须有机会使用所学语言，这样才有可能达到流利、类似母语者的水平"[①]。在缺少自然英语学习环境的情况下，口语课堂自然成为学生输出的最佳环境。课堂提供的输出机会可以帮助学生克服恐惧心理，增强信心，培养表现能力。但由于口语教学的实践性很强，而课堂上提供给每个学生的练习机会太少，对于羞于开口的学生来说机会就更少。要达到口语教学的目的就要加大课后的实践量，拓展第二课堂，给学生提供更多学以致用的机会。首先第二课堂能克服第一课堂教材等因素的制约，以其灵活的方式、新颖的内容激发学生的兴趣，将被动学习转化为自觉学习，可发展学生自主学习的精神。让学生在没有压力和负担的情况下利用第二课堂，使第二课堂成为第一课堂的延伸，能加深学生对第一课堂词语的理解。理解了，就记得住、用得活。其次，第二课堂能拓展学生的知识面，开阔视野，充分地训练听说。在第二课堂上，教师应选择一些语言简练、生动活泼的视听材料或一些英美国家的风土人情、妙趣横生的广告片、风光片和电影让学生多听、多看、多练，从而不断更新、充实学生的知识面，推动听说能力的提高。

2. 学生对英语听说存在心理障碍及对策

（1）学生英语听说心理障碍的形成及表现

很多高校学生对英语口语缺乏信心，普遍存在着自卑与逃避的心理，不敢开口讲英语。有些学生胆小不爱说话，有的是口语学习中因挫折形成了某种心理障碍，有的则因为基础差而失去学习与练习的兴趣，虽然他们也知道不开口就学不好英语，但就是战胜不了自己，不能冲出自己所设的圈子。由于语言基本功不够扎实、语音语调不够规范、语用能力薄弱等原因，有些学生就盲目断定自己英语听说能力差，对口语表达缺乏信心，因害怕出错而羞于开口。课堂口语表达是学生获取母语以外新的语言的一种特殊方式。由于学生对用英语表达信心不足，他们的外语"自我形象"实际是很脆弱的。因此，当学生因紧张不安而在口语操练中频繁犯错误时，面对他人的异样表情，他们难免要以防范心理对待有可能威胁到其"自我形象"的外界反应。

为了避免重复失败的经验及再次"出丑"的尴尬，他们宁愿放弃用英语进行表达，从而产生某种程度的压抑感。抑制心理使得学生不再积极主动发言，对课堂上用英语表达缺乏强烈的渴望，并以一种沉默静坐的被动状态对待课堂听说，尤其口语活动。从心理学角度分析，这种由于缺乏自信而产生的焦虑感是影响学生英语口语提高的一大心理障碍。

（2）克服英语听说心理障碍的对策

第一，改变语言弱势心理，建立语言自信。在课堂上如果学生不愿开口说英语，

---

① 斯温（J.E.Swain）. 世界文化史（下）[M]. 李天纲，译. 上海社会科学院出版社，2022.

很大程度上是由于词汇量缺乏、语法功底薄弱和句型积累不足而自卑怯场。这种自信的缺乏与"理性教育模式"有关。这种教育模式过分强调大脑的理性和认知功能的培养,其最终结果是产生"情感盲区"或"自信危机"。面对陌生的外语学习,语言输出的自信更受到语言体系差异的冲击。从开始接触外语时,有的学生便淹没在两种语言的差别及因差别而引起的错误纷扰之中。久而久之,学生便习惯了找寻错误和差别。

尽管纠错式的学习有助于个体凭借语法、语用规则完成语言表达。然而,过度的自我监控会导致个体对语言错误、语言形式和结果过度关注,因而导致语无伦次、信息失落、信心丧失,进而陷入语言弱势心理的恶性循环。

要摆脱语言弱势心理的影响,关键是要换种心态审度语言和语言错误。外语学习是一个理性认知过程,这种理性便体现在寻找出两门语言在语音、词法、句法、语篇、语用各层面的模糊重合,即大体则有、具体则无的意合。对模糊的承受能力越强,搜索语言信息就越快,模糊重合就发现得越多,也越能领悟语言的精髓,学习效率就越高。因此,教师应根据学生的语言水平、交际能力、性格差异提供或介绍语言材料,设计活动模式,提出任务要求,规范操作要领,引导学生发现和领悟口语输出的共性和模糊重合。这有助于学生提高审视语言的视点,改变学习的方式和心态,使学生在心理上让语言差异最小化,弱化外语输出的心理压力,变语言弱势心理为势能等衡,为自己建立起一种源于语言平等或相似的自信。同时,教师还应精心设计课堂教学,通过灵活多样、新颖有趣的教学活动,为学生创设真实性口语交际活动,淡化学生的语言弱势心理,鼓励学生探索性地使用语言。教学实践表明,非语言中心的过程真实性交际活动能给学生带来参与动力,增强学生自信心,降低学生薄弱的语言功能所产生的负面影响。

第二,改变性格弱势心理,建立性格平等意识。许多学生在学习英语听说时面对的另一个情感问题是性格弱势心理。他们自认为是"内向型"学习者,对口语表达缺乏兴趣或胆量,很多逃避口语交际的学生往往自认为或被周围人认为缺乏交际能力或性格有问题。长期以来,人们受"交际能力"观念的影响,误以为内向型学生交际能力差。这样就伤害了学生的自尊心,深化性格弱势心理的阴影,更影响听说水平的发挥。既然个体心理素质是指心理发展的生理条件,并且不能决定心理的内容和发展的条件,那么素质上的缺陷是可以通过实践和学习获得不同程度的补偿的。首先,应帮助学生确立性格平等意识。就事物的本性而言,性格是无所谓好坏强弱的。但在语言输出时,性格的强弱势便凸显出来。外向型性格善于言辞、精于沟通,但莽撞、粗糙;内向型性格长于思索、谨于言行,但犹豫、多虑。某些性格类型在常态也许不是交际适宜性格,但通过教师有针对性的任务、角色设置和学生的积极配合,性格的弱势便能转化为优势。教师不仅需要具备性格平等意识,而且应适时而巧妙地向学生传递这种意识,使处于"性格弱势"的学生从理性角度审度强弱、树立信心。其次,应帮助学生进行性格补偿优化。性格平等意识一旦在学生心中确立,就能挖掘他们的潜能,即性格补偿优化。心理学提出的关于"补偿作用"显示了人类个体某方面的缺陷会由其他高度发展的能力所替代或弥补。从补偿理论来说，对于学生某些所谓不适应性格的适度抑制或调控，可能会诱导出与之相对应的某种凸显性格，从而产生口语适应性。

对于那些缺乏勇气的学生，教师应多给他们机会，但不宜操之过急；对于那些过度注意语言形式错误的学生，应淡化正确率，关注产出的情感和意念；对于那些过度关注任务结果的学生，可以减少对任务结果好坏的评论，但应认可他们的参与；对于取得阶段性进步的学生，欣赏他们对自我的超越、自信的提升、交流的成功，并肯定他们在语言方面的长进。内向型学生大多敏感，对自身的优缺点比较了解，性格上有着某种"不可渗透性"，过分明显的赞扬或批评都会使他们产生微妙的排斥心理，往往不能激发学习的动力。因而，针对学生的性格进行口语教学，既需要矫枉但不能过正，又需顺其自然，不揠苗助长，才能收到预期的效果。

另一相关现象是，学生一方面不期待教师过高的干预度，另一方面却对教师的投入程度、性格因素、情感联系以及互动性有着很高的期待心理。这充分说明了内向型学生的"补偿心理"作用，他们往往在潜意识里期望来自教师的外向性格、主动意识、平等情感等能产生情绪感染或心理行为传递，使自己较为被动的弱势性格得到补偿、开拓和优化，以达到口语训练的最佳效果。

第三，建立开放型任务教学体系。学生在观念上和心理上建立的语言平等意识和性格平等意识不能直接导致有效的口语学习，而仅仅是导向口语输出的先决条件，有助于学生产生较高的自信度和参与动力。而开放型任务的设置才是直接诱导正面、积极的口语输出情感因素。开放型学习任务强调活动的多样性、创意性和真实性。开放型任务的多样性体现在它的可选性、灵活性、丰富性以及活动本身的兼容性。尤其是兼容性，它根据学习者个性、风格、情感差异设置的各种任务，使长期习惯于单一表述性知识学习的学生有机会浸润于过程性学习中。过程性学习的显著特征之一就是诉诸事物的形象、声音、动感、触觉、情感等，即启发学习者右脑思维的各类学习活动。学生可任意选择左脑或右脑功能主动性活动，以使口语活动和学生性格能充分融合，有利于积极情感因素的生成。开放型学习的标志性元素便是它的创意性。创意不仅来自教师，而且来自学生。创意性学习不强求一致，尊重学生的个体差异，鼓励个性化参与，满足每个学生的成就感，因此也更易于学生在自主意识的作用下热情参与口语活动。开放型学习的真实性，既指教材的真实性，也指交际过程的真实性。开放型口语教学中过程真实性避免了第二语言学习过程中常见的程式化和表演性质，课堂里发生的一切更接近自然状态：无须过细的指令，没有太多的竞争氛围，无须太充分的准备。开放型学习任务往往是导向某种交际关系与交际合作的工具。开放型任务体系以平等、交流、合作以及情感、创意作为教学目标和要素，这使人际关系更为融洽，小组更具合作精神，而语言的进步和习得则是这种关系和合作的自然结果。

第三节 大数据背景下高校英语听说策略探讨

一、信息技术辅助听力教学应用策略

利用信息技术辅导听力教学,就是最大限度地激发学生的学习兴趣,在打好语言基础知识的基础上,提高学生的听力水平。听力训练是一个复杂的心理和生理过程,是听者运用已经具备的语言基础知识、社会文化背景知识以及学习策略等,对听觉刺激所产生的信息进行加工,从而理解说者的思想和情感。在建构主义基础之上,社会语言学家对听力理解做了具体深入的分析研究,其中以安德森提出的感知处理、切分和运用三阶段模式和布朗的辨认信息、搜索记忆、新信息备案和使用新信息四阶段模式影响较大。

(一)语音分辨能力培养策略

一段外文资料,学生听了之后是否理解,其首要条件是语音分辨能力。所谓语音分辨能力,就是说话者通过发音器官的运动产生言语声波,这些信号通过空气介质传播到听者的听觉器官耳朵。

对语音的分辨不单指单个因素或单词,而是对一系列语言流中的信息进行感知和分辨。在影响听说教学的因素中,大部分学生选择了语言基础知识,即词汇量、语音语调、语法和语速。因此,做好语言的矫正和辨别,逐步过渡到单词、短语、句子、对话尤为重要。如语音分辨能力较差的学生在听完一段对话后没有听懂,而当他把这段文字稿看完一遍就完全理解了。因此,在采用信息技术辅助听力教学过程中,教师要密切关注语音分辨能力较差的学生,在提供语音信息资料之外,还要根据学生的实际需求准备不同难度的语音训练内容,通过人机交互,选取适当内容,并将重点放在语音分辨上,可针对连读、弱读、语音语调等进行重复的练习。

例如,thirteen [θɜ'tiːn] 和 thirty ['θɜti] 的发音分辨。两个单词重音不同,读音相近,许多学生在听力中很容易将两者混淆。所谓重音,就是单词中读音特别响亮的音节。在双音节词和多音节词中,必有一个音节读得较其他音节重且强,这个音称为重读音节。重读符号为"'",标注在重读音节前左上方,其余的音节读得轻而弱,称为非重读音节。有的多音节词可能有两个重音,其中一个是主要重音,另一个是次重音,此类单词的发音,学生语音分辨的弱点是重音分辨能力较差。首先,必不可少的是进行反复的语音听力练习。其次,采用录音功能,学生进行跟读练习,让学生真切感受语音。最后,可通过多媒体软件,对两个词汇的不同发音位置进行演示,使学生通过视觉感受掌握正确发音,提高语音分辨能力。在学生自主进行人机交互练习时,可根据学生的基础知识状况扩展语音分辨教学内容,在丰富词汇量的基础上进行语音语调的反复练习。

（二）对照注释能力培养策略

听力理解的第二步是对照注释能力。对照注释能力是指学生根据听到的声波辨别出独立的意义单位后，要与自己大脑里储存的信息相对照，运用大脑里的词汇意义和语法结构进行注释。

在注释过程中，学生的词汇和语法结构知识缺一不可，它们是相辅相成的。针对对照注释能力的训练，教师在制作多媒体课件时，以帮助系统的形式组织相应的词汇解释补充及语法知识注释。只要学生遇到这二者之中的问题时，就可以通过远程交互寻求帮助，消除学习障碍。这样，可以解决学生在常规学习中遇到的困难，提高学生的学习效率。特别是针对那些因为害羞而不能向教师公开请教的学生，可积极主动地借助人机交互解决问题。同时，可以利用多媒体课件提供动画或视频，与听到的语音信息相对应，通过反复的训练和学习，学生可以积累丰富的词汇和语法知识，提高其对照注释能力。

（三）领会记忆能力培养策略

领会说话者的意思并记住传播者的信息是听力训练的关键一步。学生对接收到的信息进行分辨、对照后，还需要进一步的加工才能真正领会说话人的意图，这就是领会记忆能力。比如说话者的一句话，是用来表达疑惑、肯定、祈使或否定的意思时，学生必须领会上下文的联系及其逻辑关系，才能准确领会其含义。这就需要教师在信息技术辅助听力教学中，注重文化背景、生活习惯、价值观念等的描述和表达方式，再让学生结合自己的经验知识等领会语意。当学生对说话内容的原意有了较完整的领会后，就容易将这些内容保存在短期记忆里。相反，如果只领会一些不连贯的只言片语，那么就不容易记住。为了训练学生的领会记忆能力，可以通过安排摘录有关的背景介绍，来帮助学生准确领会其原意。有了这一基础，学生就可以比较完整地领会短文或对话，达到准确的短期记忆，还可以唤起学生的联想，起到举一反三的效果。另外，一个重要方法是扩大学生的阅读量，不断扩大自己的知识面，更多地了解英语国家的生活习惯、风土人情等。

（四）猜测推理能力培养策略

猜测推理是听力理解中的一项重要技能。猜测推理能力是指听者运用自己对所听内容语境特征的了解以及自己掌握的文化知识和经验，来猜测听到的陌生词语的意思，预测将要听到的话语内容。基于猜测推理能力，学生可以在没有听清或听懂某些词汇或音节时，根据自己的猜测而自动弥补。在这个意义上，学生可以不必过多地注意听清每一个词和每一句话。

在信息技术辅助听力教学过程中，可以采用特意安排一些意义相近但用途特别的词汇或语句，或者故意省略材料中的某些词或短句的方法，来训练学生结合前后词语预测整句的原意，以提高学生的猜测推理能力，并使其在以后的学习和应用中遇到同样问题时能充分发挥自己的猜测推理能力，从而实现听力理解的成功率和准确率。

二、信息技术辅助口语训练应用策略

在许多口语教学中，主要的教学手段是教师提供一定的教学任务和主题，学生根据感知和记忆进行机械模仿，导致教学效果不理想。利用信息技术辅助英语口语教学，可以通过多姿多彩动态的画面、动听的音乐创设情境，刺激学生的兴奋中心，培养学生的观察能力，使学生由被动学习变为主动学习，有效地激发学生的学习兴趣，增强学生的求知欲。通过对事物的感知产生积极的心理反应，使学生处于真实的氛围中，从而对所听到的和看到的信息做出及时的反应。

（一）语音训练策略

首先，在进行语音因素训练时，教师可以利用各种软件帮助纠正学生的不正确发音，学生通过模仿和反馈可以训练比较准确的发音。其次，在进行语调训练时，教师可以选择内容各异的音像资料让学生体会真实的语言环境中英语语音语调的特点。

在教学过程中，针对不同基础不同层次的学生可以通过创设学生自主选择板块，使学生可以自由定格或选择资料内容。可以通过人机对话，模拟教师与学生的双边交流，从而改变传统语音教学中过分单一的操练形式。这种教学模式极大地调动了学生的视、听、发音等感官系统在语音语调学习中的作用。信息技术在连贯话语各项技能训练的辅助教学中，通过多媒体语音教学，人机对话、信息反馈等途径，使学生由被动的信息接收者转变为积极的参与者。

在学习过程中，学生可以将自己的声音输入设备，通过将自己的发音与正确发音进行比较来纠正发音，还可以直接与音像设备进行情景对话。在这种交互中，学生可以训练完成连贯表达中的各项技能，并通过电脑的评级系统了解自己的学习情况。通过这种形式的语音学习，学生能够发现自己的发音与标准语音之间的差距，并在学习过程中不断改正，克服母语发音习惯及地方音的影响，在真实的语言环境中培养英语语感。

（二）口语训练策略

英语口语训练需要输入、模仿、分析、记忆等一系列的习得之后才能形成，多媒体英语教学软件为英语口语学习提供了帮助。在信息技术辅助口语教学过程中，教师通过应用软件，引导学生进入情境并积极思考，提高学生的学习热情和口语表达能力。

口语教学中最关键的就是交流。具有一定的语言基础知识积累和表达能力后，教师可以引导学生进行交互热身练习。交互即沟通和交流，教师在课堂上主要利用人机交互和生生交互形式要求学生根据屏幕提示的画面进行对话练习，这样可以减少口语表达有困难及心理素质较差的学生直面他人时的紧张情绪。对于口语表达能力较强的学生来说，人机交互练习可以促使其口语会话更加完善。之后，教师可以利用信息技术设备将学生进行编组，要求他们根据计算机提供的动画图片运用所学的词汇、短语和句型组织即兴对话，教师可利用监听键进行巡回指导。由于学生只能通过耳机听到彼此的对话和教师的适时指导，可以很好地放松心理，从而提高学习的积极性，加强口语交际能力。

利用人机交互进行口语训练时，可设计为三种基本题型，即回答问题、口译句子和复述段落。在回答问题中，可以设计针对某一专题进行提问，也可以设计为一般综合性或实践性问题，这主要是训练学生的语言组织和口语表达思想意见的能力。在口译句子中，要求学生听到完整句子后马上口译，可以训练学生的语言功底和短时记忆能力。在复述段落中，连续播放两次相同材料后，可以要求学生对原文进行复述。这不仅可以测试学生的听力水平，而且对学生的语言组织能力要求更高。需要注意的是，在选材中，内容要接近教材或贴近实际，并注意从简单的句子开始，循序渐进，逐渐加深难度。在人机交互练习中，教师可以利用其监听功能了解和掌握学生的口语训练情况和进度。

教师可以通过软件在聊天室中构建有外国情调的模拟环境，利用虚拟人物设置不同的情境。学生可以利用已掌握的语言与不同的虚拟形象进行对话，教师可设计相关软件对学生的表现予以评判，也可以通过局域网将不同的学生联系起来，建立虚拟情境，让学生充分发挥想象力和创造力，这将大大提高学生英语口语的实际应用能力。

第九章　大数据背景下的英文写作教学

第一节　主要写作教学法

写作是一个创造相关句子及其内部联系的过程，作者为了表达自己的情感，通过写作影响或者打动读者的一个复杂、创造性的过程。广义的写作称为书面表达，不仅训练写作者的字、词、句、段，而且教授不同文体的写作。其中，思想内容是根本，语言形式是思想内容的载体，服务于内容。英语写作其实就是英语书面表达，即合适的词语放在合适的位置上，就是用恰当的手段把恰当的词语联系起来，恰当地表达作者的思想并使这种思想形成连贯内容的过程。

一、结果写作教学法

（一）概念

结果写作教学法这一概念首先运用在心理学中，最早出现在拉丁语教学中。它是以行为主义为理论基础并且基于句子层面的自下而上（Bottom-up）的写作教学法。结果法着重加强学习者的语法练习，强调他们遣词造句的能力，即如何从一个句子入手，发展到段落，最终到篇章的过程。在整个过程中，教师一直处于课堂的中心地位，在训练学生写作技能时侧重引导学生从语法练习开始逐步过渡到自由写作的阶段，引导学生模仿范文的形式创作一篇与范文类似的高水准的文章。结果法的基本课堂操作步骤如下：首先，教师要把教授语法、修辞和写作技巧作为首要重点内容。其次，提供范文，讲解并且帮助学生分析范文。最后，提供一篇写作题目，要求学生根据范文进行模仿并进行写作。

（二）理论基础

行为主义理论是指人或者动物的行为可以通过一定的外界环境刺激来实现。该理论认为，反复的环境刺激可以影响并改变人的行为模式。它的基本假设是：行为是学习者对外界环境刺激所做出的反应。它们把外界环境看作刺激，把随之产生的有机体行为看作反应，认为所有的行为都是可以习得的。

行为主义理论的代表人物是美国著名心理学家伯尔赫斯·弗雷德里克·斯金纳（Burrhus F.Skinner）。其主要的行为主义学习理论包括以下几方面：

1. 学习的过程就是刺激与反应的联系，即学习者针对外界环境刺激做出反应的过程，是形成联系、增强联系、调整联系的过程，通过不断地对学习的行为进行"塑造"，最终达到有效的学习。

2. 学习过程中，教师和学习者的关系是明确的。教师是教学活动的设计者和组织者，是训练者，而学习者在教师创设的教学环境中被动地接受知识，充当接受者、被领导者。因此，学习者对知识的掌握依赖于是否能够在教师创设的外界环境刺激下做出合乎需要的反应，并通过反复练习，在得到及时的反馈下最终强化巩固所获知识。

3. 教学被看作需强化的事件以促进学习，因此高效的教学就是教师要为学习者创设能够对学习刺激做出反应的机会，并在学习者做出反应之后，产生随之而来的及时的反馈。

4. 行为主义学习理论强调当所要塑造的行为较复杂时，有必要将其拆分为几个小步骤来分别呈现，对学习者的任何反应立即做出反馈，通过对每个小步骤逐一学习直到掌握整个复杂的行为。

行为主义理论对外语教学有很大的影响，通过创设好的外界环境对学习者进行分步骤刺激、强化来实现有效学习。因此，基于行为主义理论的结果写作教学法就要求教师创设精心制定的外部强化刺激，依赖课堂上反复的操练、巩固，最终形成相应的行为习惯。

（三）内容及评价

国内外关于结果法的研究历史相当悠久。巴特斯通（Batstone）认为，结果写作教学法能够帮助学生意识到目的语中的相异结构，为他们提供一个明晰的框架，使他们成功分离出这些结构达到使用的目的。根据马斯洛需求层次理论，结果法的优点在于能够满足学生的很多需求，比如，强烈的位置感和方向感，以及他们急需的安全感和目的感，最终起到激励学习者的作用。

长期以来，结果法是一种在我国占主导地位的写作教学法。作为一种经典的教学方法，结果法可以有效地增强学生的语言能力，提高他们的应试写作水平，且课堂活动操作简单，学生容易入门。结果写作教学法模式下，教师会在写作课上以分析讲解范文为主，包括句法、语言结构、段落衔接手段等，帮助学生模仿范文的文体、结构写作，在一定程度上影响学生的思维模式。通常，教师会选择典型的三段式范文，即开头段、展开段和结尾总结段，这有助于训练学生在写作中对文章整体结构的把握。在三段式作文中，教师可以更加明确地进行指导：如何在开头段中引入话题，来吸引别人继续读下去的兴趣；在展开段中如何将所要求表达的要点阐述清楚，逻辑清晰有条理，衔接连贯；在结尾段中如何概括整个文章的中心思想，做到画龙点睛。因此，学生在拿到写作题目后就会开始构思文章的布局，即如何安排三段式的结构。另外，针对不同的考试，教师会总结出常出现的几种写作题型，在写作课上一一进行范文分析讲解，帮助学生熟悉和掌握不同题型的写作规律。例如，根据历年高考作文命题规律，可将作文题型分为对比观点论述型、问题解决型、图表分析型、主题阐述型和看图写作型。经过结果写作教学法的训练，学生可以将写作过程简化为针对题目要求选择对应的题型模板，填写主题句及具体细节。在这种模式下，经过反复的训练，不管学生程度如何，只要掌握了这些写作题型，熟背一些常用的句型和短语，学生在写作上会有不同程度的提高。由于学生整个写作过程都是在教师的完全支配下完成的，毫无自由创作的空间，因此写作成了机械的输入和输出的过程，枯燥乏味。即使学生对不满意的作文进行重写，结果也是毫无意义的，因为没有正确的写作过程的指导。教师将大量的时间和精力放在了写作的技术性细节上（包括格式、拼写和语法等方面），而学生只关心分数的高低，对教师的评语和修改的部分往往不认真阅读，同样的错误在以后的作文中依然会出现。学生只是一个对所学语言结构的操作者，而教师则相当于编辑或校对人员，他不注重文章的思想内容和语言表达，而只注意语言的形式特征。整个过程，教师关注的是写作的结果，强调语言的正确、文章的结构和质量。结果写作教学法忽视了写作过程的复杂性，对学生在写作过程中的困难缺乏了解。写作内容不是学生自己的思想，说出的不是自己的声音，不可能产生内在动机。写作在教师的掌控下进行，学生没有创作的空间，缺乏写作热情和动机，害怕写作。而写作的产品常常是内容空洞、结构生硬、语言匮乏、千人一面。学生单独写，教师单独评，没有在写作过程中交流、讨论和修改等发挥主观能动性的活动。这种模式往往忽视了教学中的情感问题，学生容易产生焦虑、抑制、自尊心受损、动机消退等消极情绪，从而导致写作的心理障碍。结果写作教学法无法解决学生面临的心理和认知方面的困难，于是人们开始把研究的重点从写作结果转移到写作过程上来，开始关注写作者的具体行为和写作活动。

二、过程写作教学法

1971年，珍妮特·埃米格（Janet Emig）首先用个案法和记录分析法研究美国8个中学生的写作过程。她还首次使用有声思考过程法（think-aloud）来发现学生写作是怎样一种过程。她的重大发现是：写作过程并非像传统范式提出的那样是一个由写前准备阶段、正式写作阶段和修改阶段等组成的完整的线性过程，而是一个循环往复的过程。这一发现从认知角度阐明了写作行为的特征，奠定了过程写作法的重要地位。

（一）概念

过程写作教学法是教师把写作教学重点放在写作过程中的一种教学方法，它强调教师在学生写作过程中的指导和监控，通过师生互动、生生互动等多样化的活动，切实提高学生对写作过程的认识，开发学生潜能。在理论上，过程写作教学法视写作为循环式的心理认知过程、思维过程和社会交互过程，强调写作过程中思维的重要意义，强调写作者的主体意识和能动作用；在实践上，它改变了结果写作教学法片面强调语法、结构和机械模仿的倾向，把实际交际能力和智能的培养放在首位，因而它强调写作过程，提倡学习者的相互合作，让学习者通过一个"过程性"的学习获得好的写作成品。

（二）过程写作过程的认知模型

过程写作教学法最初是被应用于一语写作教学，后在20世纪80年代由Raimes和Zamel倡导被应用于二语教学。在对写作过程的研究中有学者提出了几个著名的写作过程认知模型。

1.海耶斯（Hayes）和弗劳尔（Flower）的第一个写作过程认知模型

在充分分析几十个写作口述材料的基础上，海耶斯（Hayes）和弗劳尔（Flower）于1980年提出了他们的第一个写作过程认知模型。

该模型由三个部分构成：任务环境、作者的长期记忆和总体写作过程。第一部分，即任务环境包括可能影响写作的几个外部因素：首先是写作任务，其次是已经输出的文本。第二部分，即作者的长时记忆，包含三方面的知识内容：关于写作题目的基本知识、与交际目的相关的有关读者的语用知识（pragmatic knowledge）和储存在作者大脑中的有关不同类型文章篇章结构的语篇知识。第三部分则详细描述了写作过程本身，它由三个子过程组成：构思过程（planning process）、成文过程（translating process）和修改过程（reviewing process）。这三个子过程是由一个监控器（monitor）监控实施的。在这一模型中，这三个子过程不是按照线性顺序渐次展开的，而是循环往复的。

这一模型第一次对写作过程做了详尽的描述，把人们看不见的，发生在大脑内部的复杂的心理过程以流程的形式展现给世人，因而一经提出就受到了人们的关注。但是这一模型也受到了质疑和批评：首先，不同的人会采取不同的方式来完成写作任务，因此单一的写作模式无法包容各种不同写作者的不同的写作过程。其次，该模型过于笼统，对于理论模型和人们在实际写作中的操作之间的关系没有做详细的解释。

2.斯卡德玛丽亚（Scardamalia）和波里特（Bereiter）的双过程写作发展模型

相比海耶斯（Hayes）和弗劳尔（Flower）的单一的写作过程认知模型，斯卡德玛丽亚（Scardamalia）和波里特（Bereiter）提出了两个写作模型：知识陈述模型（knowledge-telling model）和知识转化模型（knowledge-transforming model），因为他们认为一个刚从事写作的学生和一个成熟的有经验的写作者所采用的写作过程肯定是不一样的。知识陈述模型描述了写作者在给定作文题目、用一个自己熟悉的体裁（genre）写作时生成文本所使用的方法。这个模式展示的是没有经验的写作者的直线型写作过程，这些写作者在写作过程中不会进行复杂的问题求解等认知活动，而是想到什么就写什么、想到哪里就写到哪里，缺乏对宏观的控制。

知识转化模型则描述了熟练写作者在处理复杂的写作任务时的反思性（reflective）写作过程。在这一模型中，写作者在内容空间（content space）和修辞空间（rhetorical space）之中的一个空间解决这些复杂问题，问题在其中一个空间得到解决之后再进入另外一个空间。而写作任务要求作者在构思阶段对问题做出分析，设定目标，并形成一个问题求解的计划方案，其中包括内容生成、内容整合、读者期待、作者意图、篇章类型、语言风格、组织逻辑等。

斯卡德玛丽亚（Scardamalia）和波里特（Bereiter）提出的双过程写作模型描述了不同水平写作者在完成不同难度写作任务时所经历的不同的写作过程。

3. 海耶斯（Hayes）的写作过程新模型

海耶斯（Hayes）在1996年提出了另外一个"个体—环境"模型，作为对1980年所提的模型的完善与发展。

这一模型相较于1980提出的模型，至少在三方面进行了改进：其一，强调工作记忆在写作中的作用。其二，写作者的动因和情感因素在写作过程中起着重要作用。其三，模型中的认知过程进行了重大调整，修改为文本解释（text interpretation），构思归入更宽泛的反思过程（reflection）中，而成文被归入了文本产生过程（text production）。通过以上的变化，我们不难看出，这个模型更加强调社会因素和工作记忆在写作过程中的作用，这是因为写作首先是一个社会行为，发生在一定社会环境中，起到交际的作用，因此不可忽视社会因素对写作过程的影响。同时，海耶斯（Hayes）认为写作离不开工作记忆，那些没有形成自动化的活动都需要靠工作记忆来完成。

4. 王文宇和文秋芳的二语写作过程模型

上文所提到的三种写作过程认知模型均是研究者针对一语写作研究而得出的。针对二语写作，王文宇和文秋芳在2002年提出了二语写作过程模型。该模型由三部分构成：任务环境、认知处理和作者的长期记忆。这个二语模型的突出特点是研究者对写作过程中写作者所主要依赖的语言思维做了详细的划分。二语写作者往往完全用二语来思维，而在构思内容、结构时，在寻找相关的主题知识和语篇知识时，写作者主要依赖母语思维。[①]

（三）过程写作教学法的主要阶段及特点

迄今为止，语言学家对写作过程的描述及阶段的划分仍未达成一致的观点。比如，兰农（Lannon）认为，写作过程可分为计划、写初稿、修订三个阶段。古斯（Guth）提出，写作应分为触发（triggering）、收集资料、成文、修改和编辑五个阶段。苏翁（Soew）把写作教学分为写前准备、写初稿、修改、校订四个阶段。除此以外，还可以在写初稿之后加上反馈、评估、写作后活动等阶段。而克劳迪娅·凯（Claudia L.Keh）则把写作分为七个步骤，它们分别是输入阶段（input）、写初稿（write first draft）、同学互评（peer-evaluation）、写二稿（write second draft）、教师批阅（writing workshops）、师生交流（student-teacher sessions）和写定稿（final draft）。

但无论哪一种划分，都可以总结为写前阶段、写作阶段和修改阶段。在写前阶段，学生要通过各种方式收集信息，占有资料，进行构思，教师则要启发学生开阔思路，

---

① 王文宇，文秋芳.母语思维与外语作文分项成绩之间的关系[J].外语与外语教学，2002(10)：17-20.

帮助学生根据自己现有的知识结构选定题材、体裁，弄清主题和写作目的，拟写提纲。在写作阶段，学生应尽可能地把自己的想法表达出来，先不必过分在意语言形式正确与否。教师应当让学生明白写初稿是一个反复进行的思维创造过程。在修改阶段，学生需要通过同伴间和师生间的交流和帮助，反复就文章的内容和形式进行修改，直至最后达到自己理想的效果。教师在这一阶段应参与其中，起到指导、帮助和鼓励的作用。

过程性写作最明显的特征就是注重思维训练和作者的能动作用。布朗（Brown）曾把过程写作的特点归纳以下：以引向最终写作结果的写作过程为中心；帮助学生理解他们的写作过程；帮助学生学会各种有关构思、初稿、修改等方面的策略；给学生足够的时间去写和重写；特别重视修改初稿的过程；让学生自己去发现他们想写的东西；在整个写作过程中，教师都应该给学生反馈意见，使学生能更切合地表达自己的意思；教师和学生都积极地提出自己的意见；整个写作过程都伴随着教师与学生之间的个别交流。

三、过程体裁教学法

（一）过程体裁教学法的提出

体裁教学法是随着体裁理论（genre theory）的发展而出现的。交际目的是体裁的核心思想，它使某类语篇具有大体相同的图示结构，而这种图示结构影响着语篇的内容和语言风格的选择。体裁的本质是：语篇的目的性决定了体裁的存在，形成了语篇的图示结构（schematic structure），影响着语篇的内容和风格的选择。例如，由于记叙文和说明文的交际目的不同，因此它们各自的图示结构也不相同，其语篇内容和语言的选择也就完全不同。一旦学生掌握了某种体裁的特点，写作就变得简单很多了。体裁教学法建立在语篇的体裁基础上，主张把体裁和体裁分析理论自觉地运用到课堂教学中，围绕语篇的图示结构开展教学活动。

学者们通过研究发现，成果教学法、过程教学法和体裁教学法三种写作教学法各有优劣。成果法的优点是强调学生需要关于所写文章的语言知识，强调模仿是学习的途径之一；不足是对写作计划等技巧重视不够，学生本身已有的知识和技能没有得到重视。过程法的优点是注重写作技巧，认为写作过程中学生课前准备对写作能力的培养十分重要；缺点是各类文章的写作都采用同一套过程，没有注意文章的体裁类别，输入不够，特别是语言知识的输入不足。体裁法的长处是强调写作活动是受特定社会情景制约的，是为特定目的服务的，学生可以通过有意识的模仿和分析范文提高写作能力；短处是对写作技巧重视不够，学生在学习中显得有些被动。

英国斯特林（Stirling）大学的理查德·巴杰（Richard Badger）和古德蒂·怀特（Goodith White）两位学者通过研究发现，成果教学法、过程教学法和体裁教学法三种教学法各有利弊，但彼此之间又是互补的，因此在2000年提出了过程体裁教学法。巴杰和怀特认为写作应包括语言知识、语境知识、写作目的和写作技巧等要素。写作目的、语言知识和语境知识都可以为写作者提供足够多的语言输入，可以使写作者有话可说，调动写作者的写作潜力，而写作技巧的训练可以使写作者知道怎么说。从特定的情境出发，教师为学生提供所需的语言知识和写作技巧，引导和帮助他们完成写作任务。

（二）过程体裁教学法的理论依据

1. 建构主义理论

建构主义（constructivism）的核心可以用一句话概括：以学生为中心，强调学生对知识的主动探索、主动发现和对所学知识意义的主动建构。建构主义认为，知识不是通过教师传授得到的，而是学习者在一定的情境即社会文化背景下，借助获取知识的过程及与他人的沟通交流中，利用必要的学习资料，通过意义建构的方式获得的。"意义建构"是整个学习过程的最终目标。在学习过程中帮助学生意义建构就是要帮助学生对当前学习内容所反映的事物的性质、规律以及该事物与其他事物之间的内在联系达到更加深刻的理解。

在过程体裁法的教学过程中，学生在教师的引导下，通过对第一个范文的分析，对该体裁有了初步的了解，然后又通过模仿分析第二个范文，进一步了解了这一体裁的篇章结构和语言特点，这一过程是意义建构的过程。在模仿写作/独立写作阶段以及编辑修订阶段，学生自己借助教师、范文、任务、环境等中介因素和外围环境，积极主动地建构写作知识。

2. 语言习得理论

美国语言学家斯蒂芬·克拉申（S.D.Krashen）在20世纪80年代初提出了输入假说（i+1假设），他认为，只有当习得者接触到足够的"可懂的语言输入"，而他又能把注意力集中于对意义或对信息的理解而不是对形式的理解时，才能产生习得。斯温（Swain）认为语言输出有三个作用：促进学习者对语言形式注意的功能；提供学习者进行检验自己提出假设机会的能力；提供学习者有意识反思机会的功能。语言输出能帮助学习者提高使用语言的流利程度，使学习者意识到自己在使用语言时存在的问题，并以语言对假设进行反思。从认知的角度来看，语言输出对二语或外语习得都是必要的。

因此，语言习得理论奠定了过程体裁教学法中关于写作准备阶段的理论基础，教师在写前对学生进行大量的信息输入，如阅读范文、分析范文、提供有关的体裁知识和篇章结构特点等，使学生在足够的语言输入之后实现写作过程的顺利输出。

3. 体裁分析理论

秦秀白将Bhatia的体裁定义分为四点：（1）体裁是一种可辨认的交际事件。（2）体裁不是一般的交际事件，而是一种内部结构特征鲜明、高度约定俗成的交际事件。（3）在建构语篇时，我们必须遵循某种特定体裁所要求的惯例。（4）尽管体裁有其惯例和制约性，内行人仍可在体裁规定的框架内传达个人的意图或交际目的。

体裁分析既涉及文体分析又涉及语篇分析，其根本宗旨是研究语篇的交际目的和语言使用策略。体裁分析将语言学分析方法与社会学和心理学方法紧密结合起来，语言学分析方法主要用来描述语篇的语言特点；社会学方法则是把语篇作为社会现象和社会行为来研究，探讨语篇的社会性和规范性，从而揭示特定体裁结构之所以形成并得以沿用的社会文化因素；心理学的分析方法则研究语篇的认知结构和建构策略，探讨特定的交际目的如何在特定语篇中予以实现。

因此，运用过程体裁法进行英语写作教学时，学生在教师的指导下通过分析范文掌握了某一特定的体裁知识，有助于学生作文时进行更有效的输出。

4. 图示理论

图示理论认为，人们在理解、吸收、输入信息时，需要将输入信息与已知信息（背景知识）联系起来，对新输入信息的解码、编码都依赖于人脑中已存的信息图示、框架或网络。输入信息必须与这些图示（schema）相匹配，才能完成信息处理的系列过程，即从信息的接受、解码、重组到贮存。图示分为三类：语言图示、内容图示和形式图示。语言图示是指读者对语言的形式结构、语义结构等的了解；内容图示是指关于物体、思维或现象的概念或一系列相关的概念；形式图示也叫结构图示，是指关于文本篇章结构的知识，即对文本格式的安排、结构排列等的熟悉程度。

在过程体裁法的写前信息输入阶段，学生通过阅读、模仿范文来建构起必要的图示知识，掌握了体裁的内涵、内容和文章的整体脉络，对于后来的写作阶段起到了不容忽视的重要作用。

（三）过程体裁教学法的实施步骤

过程体裁教学法将教师、学习者和文本视作三种写作输入源，分别作用于写作的不同环节。过程体裁教学法认为，写作是一个复杂的心理认知过程和创造过程，写作教学应该重视写作的情境，帮助学生明确写作的目的，并充分考虑话语方式、话题范围和话语基调然后再生成书面英语，最后成文。

通常，过程体裁写作可分为以下几个阶段：写前信息输入、写中信息输出、写后反思定稿。这几个阶段不是彼此孤立的，而是相互渗透、互相作用的。在教学过程中具体的实施模式以下：

1. 写前信息输入

（1）阅读范文。图式理论强调写作离不开阅读，因为要学会某一体裁的特定规则并运用于写作，学习者必须阅读才能熟悉该体裁的模式，提高对体裁的敏感性，形成知识网络并储存于大脑。认知心理学认为，阅读模仿是一个有意识地积极主动地摄取信息、建构图示的学习过程。

（2）范文分析。成熟的体裁有特定的结构和语言特点。不同体裁的语篇交际功能不同，从而使语言风格和组句成篇的语步和模式各异。教师选择特定体裁的例文，向学生讲解这一体裁的结构、语言特点，使学生充分了解这一体裁的情景语境，包括话语范围、话语基调和话语方式。只有通过把语篇结构与语言形式相结合进行写作的语篇式教学，才能使学生对这一体裁的形式和内容都有全面的了解，学生才能将所获得的有关此类体裁的语篇结构和语言的特点方面的知识转化到原有的知识结构中，为之后的写作阶段打下坚实的基础。

2. 写作信息输出

（1）模仿写作。学生了解了某一体裁知识并分析之后，还未能真正学会使用语篇知识来建构语篇。从模仿写作开始，学生要进入学会提取存储的信息进行强化的过程。有意识地引导学生运用上一个步骤中所获得的某一特定体裁的知识进行模仿写作，帮助学生将这一体裁的结构特点、语言特点"内化"到其知识结构中，保障其在以后写作同一体裁文章时能做到得心应手，发挥自如。

（2）独立写作。在信息输入和模仿写作之后，学生对特定体裁的语言内容和形式已经形成了一定的图示。但是，要能真正把所学的东西运用于写作还需要一个思维组织过程。因此，在学生就某个题目开始独立写作之前，教师应启发学生剖析题目，如明确论点、提供论据、列出写作步骤等，并鼓励学生畅所欲言。

（3）修改编辑。写作是一个互动的交际过程，它的互动性表现在从作者到读者又从读者到作者的角色交替。写作能力不仅指写成文章的能力，还包括修改能力、评判能力、总结经验教训的能力等。这个步骤包括学生自己修改、小组互改和教师批改等。一方面，这使学生意识到与他人合作的重要性，从自评和互评中受益，在不断的修改中形成新的思路；另一方面，教师可以有重点地对作文进行更有针对性的有效反馈。

3. 写后反思定稿

在完成以上步骤之后，学生在定稿前需要对自己的文章进行反思，这样既可以使学习过程和学习结果的评价能够达到和谐统一，也可以培养学生自我监控、自我评价的习惯。学生要充分考虑前期各个阶段得到的信息，包括教师对其他同学写作的点评给自己带来的启发和启示，在教师批阅及其反馈意见的基础上最后一次整理和润色，这也是过程体裁写作的最后一个步骤。定稿作品的质量直接影响着过程体裁写作法的成功与失败。

虽然过程体裁写作法不是写作教学中的灵丹妙药，但该方法在促进英语写作教学上的独特优势不容置疑。学者们普遍认为该方法具有合理性、可行性和实效性，适合我国英语写作教学的现状。该方法充分发挥成果教学法、过程教学法和体裁教学法的优势，既重视交际法在具体写作环节的应用，发挥学生的主动性和创新性，又将写作活动置于特定的社会语境中，使其为特定的交际活动服务，同时保存了成果教学法对各种文体篇幅结构和修辞手法予以关注的优点。该方法对特定语境加以设置，可以有效监控学生的写作过程，同时要求教师尽可能地展示同一主题的多篇范文，可以促使学生随时校正写作思路，避免反馈与讨论的无序化，缩短写作流程。该方法重视阅读在写作中的作用，有利于提高学生的英语综合写作能力。读写结合能使学生了解地道的英语书面表达方法，从而保证文章的语言质量。同时，阅读还能培养学生观察语言、假设判断、分析归类、推理验证等逻辑思维能力，使学生在变化莫测的语言现象中把握规律，不断构建自己的语言系统。个别实证研究证明，对应用型为主的专业，运用过程体裁法提高学生英语书面与口头表达能力的效果十分明显，原因是该方法侧重于各种体裁文章的模仿和写作，便于学生今后接触并熟悉各类应用性文本，与他们走上工作岗位实际运用英语的最终目标一致，也与侧重于应用文体写作的大学英语等级考试作文的精神相符。

四、写长法

（一）写长法的提出

我国二语习得专家王初明教授曾指出，在我国学外语，众多的学生无机会体验真实的目的语使用环境。[①] 在课堂学习中，学生之间使用外语交流并非自然的交际，基本上属于语言操练。尽管教学改革中强调采用交际教学法，但也未能从根本上改变操练语言形式。在这样的环境下，学生的大脑中充斥着外语形式和汉语语境知识的结合物，语言形式和功能的匹配容易出现错误，实际运用语言时，学生会感到很困难，无法自然流畅地表达自己的想法。另外，对青年学生来说，来自外语交际的压力较小，使用外语的动力较弱，他们或许因为发音不好，或许因为害怕犯错丢面子，容易造成心理障碍，不愿多开口进行语言交流。但由于多年的英语学习，他们往往都具有一定的语言表达能力，有较成熟的思想，对客观事物有自己独特的见解。根据这样的学习环境和学生特点，王初明教授针对我国国情，集各种教学法之长，设计了外语学习写长法的教学模式。

（二）写长法的理论基础

写长法的理论基础有建构主义理论、情感理论、中介语理论。由于前一个理论在本书中已有简介，这里重点介绍后两个理论。

1. 情感理论

克拉申（Krashen）的情感过滤假设理论认为，情感屏障对学习语言非常重要：屏障低，学生学习积极性高，兴趣浓，就会学到更多的语言；反之，如果屏障高，学生在学习过程中挫败感强，就会产生焦虑紧张甚至恐惧心理，这种不自信的消极情感会使语言认知活动慢慢停止或者效率大幅降低。

阿诺德和简指出，"情感因素在外语学习过程中起着至关重要的作用"。由此可以推断出，学习态度、动机、自信、毅力、自我概念等情感因素决定外语学习最终是否取得成功。外语学不好的一个重要原因，是这些因素没有充分发挥积极的作用，或是学生出现了学习心理障碍，对自己的学习能力评价低，信心不足，导致半途而废的情况。因此，情感因素对外语教学的成败具有决定性的影响。受积极情感影响而自尊、自信、自强，学习效果就可以事半功倍；反之，受消极情感影响而焦虑、恐惧、自卑，学习效果往往事倍功半。

---

① 王初明. 应用心理语言学 外语学习心理研究［M］. 长沙：湖南教育出版社，1990.

王初明指出，写长法是建立在满足学生情感需要之上的一种外语教学方法，它鼓励学生先有再完善，放开写，放胆写，写出自信，写出表达能力，获取成就感。成就感反过来可以增强学好外语的信心，消除写外语的恐惧心理，变"要我学"为"我要学"。[1]在实际操作中，教师应采用打对勾或给予肯定性评价的方式激发学生的正面积极情感，同时通过集体评阅好作文来激励学生努力提高自己的作文水平。写长法采用的这种纠错方式是典型的快乐式纠错，是纠错的一次观念性大转变，在真正意义上解决了外语学习者的情感问题。

2. 中介语理论

中介语指的是第二语言学习者独特的语言系统，这个语言系统在结构上处于本族语同目标语的中间状态。中介语的语言具有过渡性、动态发展、自成体系的特点。王初明指出："从理论上讲，外语学习者的语言是过渡性质的，在不断发展变化，但自成体系；从学生的眼光看它是合法的语言，无对错之分。"[2]在二语习得过程中，由于学习者语言处于不断波动和不稳定状态，出错是在所难免的。正是通过大量语言的输入输出，学习者才能在大量的语言接触中不断提高英语语言水平。中介语只有在不断的语言习得中才能逐渐完善成目标语，因此教师应该以肯定习作优点为主，不纠结习作中的错误。

过多地强调中介语的错误，反倒会造成错误的固化。其实，学生犯错是进步的阶梯，通过大量接触语言的正面输入，随着英语水平的不断提高，许多错误会自行消失。根据学习者中介语发展的需要，写长法提倡不改错或少改错，其纠错原则是肯定优点、间接改错。学生作文中出现的错误，大致可分为两类：一类是学生自己完全能改得过来的，如常用词拼法、名词、代词、动词的曲折变化，动词的基本时态，语态，等等。另一类错误是学生尚未弄明白的较高层次的语法、词汇用法以及语篇上的错误。对于学生自己能改得过来的这类错误，要求学生在成稿之后反复检查，自行纠错。教师在批改过程中如发现此类错误，可用红笔画出，提醒学生纠正。对于较高层次的语法、词汇用法以及语篇上的错误，由于这类错误是外语学习过程中不可避免的过渡现象，教师在批改过程中可以暂且忽视，不予以纠错。随着学习的深入，学生自会对它们产生系统的认识。

（三）写长法的特征

写长法是以写的方式促进外语学习的方法。该方法从提高学生自信心入手，通过设计适当的写作任务，促使学生在表达真实情感的过程中逐渐加大写作量，从而提高英语写作的能力。

写长法的基本思路是：针对学外语多年而不会运用的困境，以设计激发写作兴趣的任务为教学重点，在一定的学习阶段，顺应外语学习规律，通过提交作文长度要求，逐步加大写作量，使学生在表达真情实感的过程中冲破外语学习的极限，由此增强学

---

[1] 王初明.应用心理语言学 外语学习心理研究［M］.长沙：湖南教育出版社，1990.
[2] 王初明.应用心理语言学 外语学习心理研究［M］.长沙：湖南教育出版社，1990.

习成就感,提高自信心,将外语知识加速打造成外语运用能力。

写长法的教学理念如下:(1)写长可以打开学习者的情感通道,促进外语学习。它鼓励学生放开写,放胆写,写出自信,写出表达能力。"写"不同于"说",它给学生造成的心理压力要小得多。在写长法作文评价上,教师以肯定习作优点为主,不纠结习作中的错误,这样不但提高了学生的自信心,有动力去写长而且乐写不疲。(2)外语技能是学出来的,不是教出来的。它强调以写的方式去学外语,以写促学,淡化学习写作,教师给学生提供一个操练平台,让学生有内容可写,愿意写,能够写,写得长,以量促质。(3)写长可以加快知识向运用层面转化。语言产出性运用(说和写)有助于学习者检验目的语句法结构和词汇的使用,促使语言运用的自动化。当学习者用英文表达意思时,不得不主动调用已学过的英语知识,斟酌句法规则的运用,琢磨词语的搭配,掂量词句使用的确切性和得体性。(4)写长可以帮助学生超越自我,开通思路,挖掘学习潜力。外语学习成败的因素错综复杂,难以驾驭,但是作文长度这个变量却易于调控。写长法根据学生的语言能力变化,调节作文长度要求,层层加码,让学生每次多写一些,不断超越自我,使每个学生的潜力发挥出来,主动地把注意力投入到外语学习中去。

写长法的操作分为以下几个步骤:(1)教师设计写作任务。(2)每周一篇作文,课内布置,课外写作。(3)每周挑选一两篇优秀作文在课内集体评阅。(4)不改或少改错误,采用打钩的办法或使用简单的评语如(Excellent、Good、Right、OK)等标出准确的用词、精彩的句子、思想的亮点等。(5)学生得到足够的写作锻炼之后,再适当精讲一点英语作文法。(6)采用百分制,作文长度占40%,作文结构、作文思想、语言表达各占20%。其中,在作文任务的设计方面,应注意任务的多样化,可以是命题作文或半命题作文,也可以让学生写读后感,甚至续写故事。另外,还应注意作文体裁的多样性,可包括记叙文、抒情散文和议论文等。还应当根据学生的实际能力,对作文长度设定不同要求。需要特别注意的是:作文长度只设下限,不设上限。

写长法的实施能否取得成效,决定于三个环节能否落实到位:(1)精心设计能够激发写作冲动的作文任务,这是写长法的关键。教师设计出的促使学生语言发生波动的好的写作任务,应具备以下特征:首先,能够唤起学生表达思想的欲望,有内容可写,写得长。其次,能够有效拓展学生的语言能力。通过不同的写作任务让学生受到不同的语言锻炼。(2)要求学生课外每周写一篇有一定长度的作文,并根据学生的外语能力变化,不断调整对作文长度的要求;但是在教学过程中,应防止凑字数、抄袭等不良倾向的产生。(3)教师要活跃课堂气氛,多鼓励,树榜样,让学生有追赶的目标,同时要使学生看到自己在进步,产生成就感,乐意坚持写下去,增强学生外语学习的兴趣与信心。

第二节　信息化与英文写作教学

一、多媒体辅助法下的英文写作教学

（一）多媒体辅助法教学特点及由来

"多媒体"一词译自英文"multimedia"，而该词是由"multiple"和"media"复合而成的。媒体原有两重含义：一是指存储信息的实体，如磁盘、光盘、磁带、半导体存储器等。二是指传递信息的载体，如数字、文字、声音、图形等。多媒体辅助教学就是利用多媒体计算机综合处理和控制文字、符号、图形、动画、音频和视频的多媒体信息，把多媒体信息按照教学要求进行有机结合，形成合理的教学结构并呈现在屏幕上，然后完成一系列人机交互操作，使学习者在优化的学习环境中进行学习。

多媒体辅助教学具有以下特点：

资源海量化：各类信息、资源呈指数级快速增长。

形式多样化：如文本、图片、音频、动画、视频等。

活动交互性：人与人互动、人与机器互动，跨越时间与空间限制。

学习主动性：学习主体可自主选择、探究学习内容。

学习开放性：远程教育得以真正实现；资源可以向更多人群开放，并被其充分利用。

最早将计算机应用于教育领域的是美国IBM公司的沃斯顿研究中心，其在1985年就研制了世界上第一个计算机辅助教学系统，该系统可以用来教学生进行二进制练习，并根据要求产生相应的练习。该研究中心还研制了世界上第一个专用于编写课程程序的"写作语言"。

美国专家考兹玛（Robert B.Kozma）在1991年"Learning with Media"中展示了学习者与媒体积极合作建构知识的观点，这与那些认为媒体只不过是教学传递手段的看法形成了鲜明的对比。他的研究表明，特定媒体如能和充分发挥该媒体优势的教学方法结合在一起，确实影响学习者表达和处理信息的方式。从这个意义上来看，对特定学习者和特定学习任务而言，一种媒体可能产生与其他媒体不同的学习效果。他认为，集成的多媒体环境把各种媒体的符号和处理能力集中在一起，帮助学习者将知识和其他领域联系起来，交互视频环境有助于学习者建立分析问题（尤其社会情景问题）的情景思维模式。多媒体环境是用于帮助学习者在文本和其他符号表达间建立关系，并建构这些关系的意义。

法国教育部1998年年初提出"将法国社会带入世纪"的计划，其目标是使法国的所有学校（包括幼儿园、中小学、大学）全部实现计算机化。未来的学龄儿童将在计算机上学习画画，小学生将学会使用电子信函，并从互联网上获取信息。中学生将掌

握更加高级的计算机技术，中学毕业生和大学毕业生将拥有个人的电子信函地址。法国政府认为让未来的公民得到有关信息和通信技术的专门训练，掌握必须具备的新的通信工具，是政府教育目标之一。

（二）基于多媒体和网络的过程体裁教学法

1. 写作网络教学平台设计

以互联网为大环境，以校园网为依托建立写作网络教学平台。写作网络教学平台包括体裁知识库、范文习作语料库、词典库、语法导航、交流论坛、作品展示、电子学档和写作素材。体裁知识库是该教学平台的核心，发挥着教材的作用。鉴于语篇体裁的多样性，为便于分门别类，可采取变通方式，先确定各专业领域再分出每一领域内常见体裁，可基本分为通用写作、应用写作、学术写作、新闻写作、法律写作、外函写作、公关写作、财经写作、管理写作，亦可根据本校实际情况进行缩减或增加。通用写作主要包括记叙文、描写文、论说文和说明文四种基本体裁的写作知识，旨在培养学生一般的写作能力；应用写作针对学生生活与求职目的，包括便条、信件特别是私人信件、求职/学申请信、简历等；学术写作针对学生学习过程中涉及的各种体裁，如读书报告、试验/项目报告、毕业论文等。写作教师通过资料调研以及与专业教师和学生交流和问卷调查，了解确定每一领域内常用的体裁。以公关写作为例，公关写作要包括公关致辞、演说稿、会议纪要、备忘录、调查问卷设计、调查报告、评估报告等。范文语料库由经典范文语料库和学生习作语料库两个子库组成。前者是教师从有关书籍及网站收集而来的示范性文章，供学生分析以获得有关体裁的知识。学生习作语料库属于一个在建型语料库，具有开放的特性，教师在教学过程中不断将学生习作按体裁分门别类收录。这两个语料库既可以为教师的教学研究提供语料，也为学生写作提供思想及表达上的支持。词典库和语法导航为学生提供词汇及语法方面的支持。交流论坛为师生之间、生生之间的交流提供一个平台，与此相连的是作品展示，教师将优秀学生作文在网络上进行展示供所有学生参考和评论。电子学档是学生学习过程的记录，学生在学期初根据教师的教学计划在电子学档中制订个人学习计划。学期过程中，学生对文章的分析、学生作文、同伴及教师反馈、学生的反思和总结都将记录在电子学档中。学期中及学期末，学生随时可以调出电子学档中的记录反思总结学习方法，教师则可以参照电子学档对学生的写作能力发展做出客观的评估。电子学档针对学生个人和教师开放，学期末，征得学生本人同意也可向其他同学开放。写作素材则是定期从报纸、杂志及网站收集来的报道、文章，注重时事性、趣味性和话题性，目的是为学生写作提供素材。此外，该教学平台还建立了与校园数据资源的链接及其他写作网站的链接。

2. 教学流程

每一专业写作教师根据本专业的特点和需求确定所授体裁的内容，在基础阶段以讲授通用、应用写作为主，到高年级阶段讲授与专业相关的体裁。教师在学期初的教学计划中应明确告知学生，对教学计划之外的体裁内容学生可以根据个人爱好和选择方向通过网络平台自学。课上，学生利用校园局域网保证教学的快捷；课下，学生可凭学生证号码登录该平台，从而实现课堂内外的无缝链接。每一体裁的教授流程可安排以下：

（1）教师通过公共电子信箱通知学生阅读体裁知识库及经典范文语料库中某一体裁的知识及范文。

（2）教师通过范文分析这一体裁的交际目的、社会语境、语篇结构及语言特征。学生以小组方式分析其他范文。

（3）学生收集这一体裁的文章进行分析，提交到电子学习档案。教师通过公共电子信箱布置作业。

（4）学生以小组或结对方式互评作文，教师给予指导，作文及反馈记录于电子学习档案。

（5）学生修改作文后提交到电子学档，教师评改后，再修改提交。教师将优秀作文放入展示区，学生作文收录于学生习作语料库。

（6）教师调出有代表性的学生作文进行评析，和学生共同分析、总结这一体裁的特征。

3. 该教学模式的优势

这一教学模式在教学内容（网络教学平台）的设计上以体裁理论为指导，在教学过程的操控上则兼顾体裁理论和建构主义理论。多媒体、网络技术为这些理论的实施提供了环境和技术支持。它的优势主要表现在以下方面：

（1）充分利用全校各学科教师资源，做到了资源共享。各专业以讲授通用写作、应用写作、学术写作及本专业写作体裁为主，但学生可以根据个人兴趣及未来规划了解其他学科专业的写作体裁。网络写作教学平台使教师和学生根据各自情况各取所需成为可能。

（2）多媒体、网络技术将课堂延伸到课外。课上教师可以将主要精力用于指导学生分析某一体裁文章的社会语境、交际目的、体裁结构、语篇及语言特征，学生之间通过互评作文进行交流和互动。课下，通过电子学习档案和交流论坛，师生之间、生生之间进行沟通，提高了效率，做到了课堂内外的无缝链接。

（3）网络所具有的开放性特征尤其符合写作教学的特点。纸质教材的更新通常较慢，利用网络教学平台，教师可以根据学生的具体情况不断调整和增减教学内容。教师和学生在教与学过程中不断收集有关体裁的典型文章充实到范文语料库，学生习作本身就是建立二外语教学与研究的最佳语料。这两个语料库的建立和不断充实不仅有利于学生写作过程中查询句型和搭配，还为教师进行教学、测试和研究提供了真实材料。教学平台上与校园数据库及主要写作网站的链接为学生自主学习提供了更多的知识支持。

（4）在多媒体、网络环境下，过程写作的优势可以得到最大可能的发挥。借助于软件，学生可以轻松地对文章进行修改和编辑。范文习作语料库不但为学生提供例文参考，还可以凭借其强大的索引检索功能为学生写作过程中的语言表达提供帮助。学生互评和网络习作展示会对学生起到强大的心理暗示作用，当学生意识到他的作品将受到他人特别是同学的评价甚至全校范围内的浏览时，他们会感到用英语写作不仅仅是完成教师布置的任务而且是在用另一种语言与他人进行交流，他们潜意识中的主动性和创造性将会被充分调动起来。电子学习档案完整记录下学生的学习过程，便于学生前后对照、反思和总结，也便于教师对学生能力的发展做出较为客观的评价。

二、写作批改系统和平台的发展

（一）自动作文评价系统的发展

对于英语教师而言，作文评阅是最费时费力的工作，教师在教学中不愿意给学生布置较多的英语写作任务，但是学生英文写作水平的提高需要大量写作练习。另外，由于作文评阅带有极大的主观性，即在作文评阅过程中分数的给定依靠评阅人的主观判断。在大规模评阅过程中，评阅人的个人因素可能会影响对作文质量的客观评价，从而影响作文得分。随着计算机技术的快速发展，自然语言处理技术得到了很好的发展，作文自动评分系统成为解决这一难题的一个突破口。

自动作文评价系统在 20 世纪 60 年代就已经在国外开始研发。国外具有代表性的三种作文自动评分系统有 PEG（Pmjeet Essay Grade）、IEA（Intelligent Essay Assessor）和 E-rater。PEG 是资格最老的作文自动评分软件，基于浅层的语法特征，主要对作文形式进行评估，其不足在于只衡量作文的语言质量，并未涉及作文内容和篇章结构。而 IEA 注重对作文内容的分析，能合理客观地分析作文内容的质量，不足的是其未顾及作文的语言质量，对文章的篇章结构也不做分析。在用 GMAT 作文所做的一次试验中，IEA 与人工阅卷的基本一致性在 85%~91%。然而，对作文进行评分一般要从语言、内容和篇章结构三个主要方面对作文的整体质量加以衡量。以上两种系统的评分效度遭到较多质疑。E-rater 是 ETS（Educational Testing Service）开发的一套作文自动评分系统，从 1999 年开始已被应用于 GMAT 的作文评分环节。E-rater 采用的是整体评分方式，而非传统的分析性评分方式。由于综合使用了统计方法和自然语言处理技术，E-rater 提取的反映作文质量的语言特征更符合人工评分标准。据称，E-rater 应用于 GMAT 的写作评分时，与人工评分的一致性高于 97%。相对于 PEG 和 IEA，E-later 既注重形式又注重内容，考虑到了更多的作文评分要素，因此更符合写作测试的要求。虽然这些评分系统在评分方法和机器评分效度等方面存在一些问题，但不可否认的是，这些作文自动评分系统为我国自主开发作文自动评分系统提供了借鉴。

我国对基于计算机的自动作文评价系统的研究起步较晚，最早涉足自动作文评分领域的是梁茂成。他开发的"大规模考试英语作文自动评分系统"申请了国家专利，并得到了很多知名学者的肯定。他的研究采用 220 篇已评分的作文样本，以其中 120

篇样本作文为基础得到评分模型后，再通过另外100篇作文样本对该模型的可信度进行了交叉验证。梁茂成的建模方法兼顾了PEG和IEA的长处，取得了较高的评分准确率，与人工评分相关系数高。但由于作文样本来源数量少，范围窄，且提取的特征主要是文本浅层特征，未涉及文章的句法结构及搭配和词块的使用，因而有待进一步验证与加强。目前，国内一些企业开发了适用于高校的英语作文自动评分系统，如"冰果英语智能作文评阅系统""计算机自动评阅系统"等系统。

（二）基于语料库和云技术的智能写作平台

语料库是由大量在真实情况下使用的语言信息集成的、可供计算机检索的、专门做研究使用的巨型资料库。语料库语言学不仅是新型语言研究方法，更是数据加理论发展起来的新的语言哲学科学。

计算机云技术是指基于云计算商业模式应用的网络技术、信息技术、整合技术、管理平台技术、应用技术等的总称，可以组成资源池，按需所用，灵活便利。云计算（Cloud Computing）是由分布式计算（Distributed Computing）、并行处理（Parallel Computing）、网格计算（Grid Computing）发展来的，是一种新兴的商业计算模型。中国网格计算、云计算专家刘鹏给出以下定义："云计算将计算任务分布在大量计算机构成的资源池上，使各种应用系统能够根据需要获取计算力、存储空间和各种软件服务。"[①]狭义的云计算指的是厂商通过分布式计算和虚拟化技术搭建数据中心或超级计算机，以免费或按需租用的方式向技术开发者或者企业客户提供数据存储、分析以及科学计算等服务，比如，亚马逊数据仓库出租生意。广义的云计算指厂商通过建立网络服务器集群，向各种不同类型客户提供在线软件服务、硬件租借、数据存储、计算分析等不同类型的服务。

批改网（www.pigai.org）是基于语料库语言学与计算机云技术开发的一套线上作文评阅系统（软件服务商业运用系统）。该系统目前在国内市场同类产品中市场份额最大，一定程度上体现了作文评阅系统的发展特点。

1. 系统和功能

（1）作业收发系统功能强大

支持按照作文号、教师个人网站等多种方式收发作文。

支持教师布置作文、摘要、论文、书信、汉译英、润色、默写、句子训练、读后续写、朗读等题型。

支持一键重新布置一篇同样题目、要求、设置的作文，支持一键复制作文要求。

支持布置看图作文，并在线直接显示图片。

支持教师自主创建班级，并可对班级进行修改、删除、导出等管理。

支持提交作文时自动绑定班级管理功能。

支持写作文时定时自动保存作文数据，浏览器等发生故障时可恢复作文数据。

---

① 刘鹏.基于计算机仿真的三坐标测量机非刚性误差补偿技术研究［M］.重庆：重庆大学出版社，2015.

支持提交作文时添加备注和附件。

（2）作文批改系统智能化

支持作文、摘要、论文、书信、汉译英、润色、默写、句子训练、读后续写、朗读等题型的系统自动智能批改，且反馈分析次数可随意设置，学生每次提交作文后可立即直接显示分数、评语、按句点评等内容，并可以多次修改多次提交。

打分公式可自定义，教师可自由选择、编辑打分公式，支持应用文（书信）、高校三级、高校AB级、四级、六级、托福、雅思、考研等打分公式。

支持自动评分，自动评分能够对词汇、句子、篇章、内容等多个维度进行评分。

支持教师对词汇、句子、篇章、内容等多个维度进行权重调整。

支持词汇、句子、篇章、内容等192个机器打分评价指标，包括形符、类符、段落、段句、段词、残句、病句、从句类型、主语从句、关系从句、连词、动词、标点等指标，并提供相关参考范围，以及提供每一篇作文的192个指标测量值自动生成个性化评语且不重复。

支持按句点评实时反馈，包括拼写错误、语法错误的自动识别，自动给出易混词汇、高分短语、高分句型、搭配统计，能够自动识别中式英语。

支持基于英美本族语语料库自动识别中式英语，并进行相应的提示。

对于1000个英文单词以内的文章，系统能在5秒内给出分数、总体评语、按句点评等内容的具体反馈。

支持学生多次提交并存储，详细记录学生每次提交的版本、修改的内容、提交时间、本版本的分数，并明显地标记出任意一个版本和上一版本的不同之处，包括修改、增加、删除的地方。

支持作文体检报告，能够自动显示作文各项测评维度测量值。

支持抄袭检测功能，能够显示相似度指标和具体抄袭的句子，可设置相似提醒值，对超过提醒值的相似文章进行标记并立即提示教师，并能提供抄袭源证明。

支持跑题检测功能，能够通过班内内容相关维度得分区分主题相关度，并立即直接提示教师。

支持异常作文检测功能，能够将学生的消极写作内容、一逗到底的作文以及乱写情况进行检测并提示。

（3）写作训练系统较完备

支持题库训练功能，针对高校院校提供高校高专英语写作题库，包括商务英语、旅游英语、应用英语、英语教育、PRETCO A级、PRETCO B级等多种类型的题目，同时支持四级、六级、专四、专八、雅思、托福、考研等的训练题库。

支持教师自行布置写作任务，学生自主练习。

支持英汉、汉英在线查询，查询内容包括词、搭配、双语例句。

系统和服务提供方应提供在线实时答疑功能，答疑包括技术、功能等方面，可以导出提交的作文列表。

（4）教学支持系统提供多重服务

支持教师一次或多次人工批改，支持系统一次或多次自动批改，并可设置人工批改与自动批改的各种组合。

教师可修改学生分数、总评语，以及对文中句子、段落、知识点加入人工点评，可通过划词点评的方式，通过个性化点评对学生进行知识点辅导，并提供高分档、中分档、低分档评语模板供选用。

支持语音点评功能，教师可以直接在线录制语音点评，学生可以在线播放教师的点评。

支持学生互评功能，教师可发起学生互评功能，发起互评后，学生具有教师权限可批改教师指定的文章。

支持教师对学生作文给予重写处理，学生可立即收到重写提示。

支持学生留言，师生可进行在线交流，并提供论坛供师生互动。

支持教师开通个人网站，教师网站可设置个性域名，显示全部作业、推荐作文以及上传推荐给学生的文档，还可以查看最近访问的用户和各项统计指标。

支持多种班级管理方式，包括教师创建班级后让学生选择班级、教师导入班级、教师导出班级 Excel 表后修改班级信息等创建班级方式，可以显示和导出班级的作文提交情况。

支持学期总评，可将学生一个时间段内（学期可自定义）的作业提交情况进行整理总结，并帮助教师计算学生平均分。

支持导出或打印全部或部分学生作文数据和批改情况。

作文截止时间到达时，系统自动统计提交作文的学生数量、修改作文的总次数，以及修改次数最多的学生等相关信息，并通过邮件方式发送报告到教师邮箱。

系统自带语料库资源，教师和学生可利用语料库对作文中的词、短语、句、语法现象等知识点进行查阅，辅导写作和科学研究工作。

语料库资源实时更新，可在任意两个语料库中进行数据比对和分析统计。

（5）教学数据分析系统覆盖面广

支持教师查看学生写作轨迹，存储学生提交的所有历史版本写作。

支持教师查看学生用词分布情况。

支持错误分布分析功能，教师可查看一个题目下一批学生作文的各种错误结果，具体指拼写错误、搭配错误、用词错误、句子不规范等，并可实现原文追溯。

支持薄弱点分析，包括个性薄弱点分析和共性薄弱点分析，教师可横向对比作文词汇、句子、篇章、内容四大维度的测量值，分析学生薄弱点。

支持批量学生作文中词汇分布分析，教师可检索任何词汇的学生应用情况。

支持批量学生作文中搭配分布分析，教师可检索学生作文中各类搭配和语段的应用情况。

支持学生和学生之间、单个学生和整体平均水平之间的用词情况、句子复杂程度、篇章情况等的对比分析，并生成分析图表。

支持两个题目下的两批学生作文在词汇、句子、篇章等维度的测量数据对比，并生成对比图表。

支持本校数据和其他学校数据对比分析，并提供数据查询、数据对比分析结果显示等。

支持实时的跨校、跨地区、跨国作文数据及语料库数据等对比分析及共享。

（6）后台管理系统支撑性强

支持学生管理、学生使用情况、趋势分析图。

支持教师管理、教师使用情况、趋势分析图。

支持教研室管理和使用情况数据分析。

支持学校师生各个学期趋势分析、报表查询。

支持教师周报表等管理有关功能。

2. 批改原理

批改网具有智能导师系统的特点。智能导师系统是指"具有某一学科领域的学科知识和相关的教学知识，能对学生学习进行个别化教学，即根据学生对知识的理解掌握程度，选择相应的教学策略，在一定程度上模拟人类教学专家进行教学活动的软件系统"。一个完整的智能导师系统一般由三个基本模块构成：一是领域知识模块（又称专家模块），它包含了系统试图传授给学生的知识，代表了专家的智能。二是学生模型，它指学生已经知道什么和不知道什么以及学生的认知特点，代表了学生的智能。三是教师模型（又称教学策略模块），主要提供有针对性的教学策略，代表了教师的智能。此外，智能导师系统还包括一个能理解自然语言的人机接口模块，即智能导师系统的用户界面。

批改网将学生作文视为一个学习者语料（Learner Corpus），每篇作文的成绩由192个子维度构成，通过对比学生的作文和标准语料库，将测量出来的距离通过映射转化成学生作文的分数、评语和反馈。整个学生作文的批改过程就像一个教师从多个维度对学生的作文进行批改，给出一个整体反馈，并进行"按句点评"，指出每个句子存在的问题，同时该系统支持教师通过网络在线批改学生作文，教师在系统提示的基础上进行进一步的批改。"语料库"相当于智能导师系统中的"专家模块"，"作文"等同于智能导师系统中的"学生模型"，"评语""句评"和"分数"相当于智能导师系统中的"教师模型"。192个维度相当于智能导师系统中的"诊断规则"。学生提交作文后，系统自动通过192个维度"诊断规则"将学生作文与专家模块目标语"语料库"进行搭配，打出相应的作文分数，给出相应的评语，并将学生的作文进行逐句分析，指出问题所在。批改网打分引擎是综合自然语言处理技术、语料库分析技术和教育测量技术研发的英语作文自动打分系统，该系统能够自动提取作文中反映英语写作水平的数据指标。

目前批改网有10多个不同类别的语料库，其中语段库有33亿个，而且所使用的语料库每天都会进行更新。学生通过"完善作文"的功能，按照"逐句分析"的批改提示对文章进行修改，修改完成后再次向系统提交作文，系统再次进行即时分析，通过"按句点评"给出修改建议，如此反复，指导学生进行再次写作，直至最好。在整个写作批改过程中，批改网扮演着一个写作教师的角色，是一个比较典型的智能导师系统。批改网对学生的作文进行批改时参考了篇章结构、词汇、句子等子维度，然后在子维度下又有更低一层的子维度，如类型比、平均词长、平均词长均差、平均句长以及学术词汇所占比例等维度。通过分析学生作文的这些属性，并与标准语料库进行比对后，给出相应的成绩和批改提示。

（三）智能写作平台的教学模式探索

高校生英语教学中存在的问题如下：学生课前预习效率低，很多学生无法完成自主学习部分；学生课堂参与度不足，师生互动比较困难；学生写作水平参差不齐，缺乏写作动机和兴趣，部分学生对写作持应付态度；作文批改量大，教师不愿经常布置写作作业；对学生写作评改不及时，给学生的教学反馈有限；等等。对此，我们探索基于智能写作平台的教学模式来尝试解决这一问题。现举例如下：

1. 课前自主驱动

以"商务邀请函"写作教学为例：在课前，教师将录制的微课"如何撰写商务邀请函？"上传至课程网络平台，并在相应班级的QQ群里发布包括观看微课在内的三个课前任务；学生课前接收任务后，登录课程网站，观看"如何撰写商务邀请函？"微课，归纳词句，并记录在自己的笔记本上，根据在微课视频中所学知识，写出英文商务邀请函，将英文商务邀请函上传到批改网。批改网能在线批改、即时反馈，同时学生在学习过程中，可以在线咨询教师或者其他同学，帮助自己完成课前学习任务。

对于学生在写作中使用手机有道词典，教师传授甄别策略，要求学生不能简单采用"拿来主义"。对于手机有道词典提供的翻译，在采纳前，应从语法、例句等多方面进行甄别、确认。

2. 课中任务引导

教师提前设计好课堂活动，开展教学活动。根据学习者特征，教师可确定以下教学目标：①知识目标。掌握英文商务邀请函的写作内容、结构和常用词句（重点）。②技能目标。能恰当运用所学词汇句型，撰写内容完整、语言准确的商务邀请函（难点）。③素质目标。培养团队协作精神以及在大数据背景下的自主学习能力。

教学活动流程包括五个环节：

第一，词汇热身环节10分钟，教师介绍课堂教学内容后，让学生用手机玩flash游戏，掌握相关词汇。

第二，语篇构建环节15分钟，让学生打开手机批改网APP，完成任务一病文诊断，任务二建构思维导图。

第三，语言强化环节20分钟，任务一词句扩展，任务二相互纠错，将学生的表现记录在学生考核评价表中。

第四，写作训练环节 35 分钟，任务一检查自己课前撰写的商务邀请函初稿，任务二岗位分析，任务三修改个人的英文商务邀请函初稿，让学生打开手机批改网 APP，结合批改网给出的分数、评语以及教师发现的问题，进一步对自己的初稿进行修改，再上传到批改网 APP，查看修改商务邀请函后得分。

第五，评价总结环节 10 分钟，每个学生的商务邀请函从三方面的评价进行总结，作文得分 = 批改网 30%+ 学生互评 30%+ 教师评价 40%。这样的教学设计思路是借用批改网 APP，向学生布置动态的任务，引导学生掌握英文商务邀请函的写作技巧和方法。

在教学过程中，为了让学生完成任务，教师在应用批改网时，应发挥自身的引导作用，通过人机结合让学生体验快乐，获得成就感，进而提高学生学习兴趣，达到理想的效果。

3. 课后强化巩固

学生通过课前自主学习、课中实际操练，与教师共同突破重难点；课后教师布置任务，设计真实情境，让学生基于自己的英文商务邀请函进行 role play 创作，并制成视频，上传至 QQ 群或平台进行分享。

（四）智能写作平台的不足和教师的作用

根据研究，批改网可提高高校学生的写作能力，但对不同水平的高校学生作用各不相同：低水平学生在词汇、语法等语言表层结构的学习上得到显著提高，但在句法复杂度上未见明显效果；高水平学生在词汇的完善方面有显著效果，但在流利、复杂度上未见成效。另外，对于高校生在英文写作上出现的一般性错误，批改网能在第一时间指出，有助于刺激学生反复修改作文，从而提升学生写作动机。

以批改网为代表的智能写作平台的不足及改进方向如下：

1. 自动评分系统在对学生作文进行反馈时，更多关注的是语法篇章结构等方面，对于文章的趣味性、与主题的相关性等抽象内在因素的评判不尽如人意。这就需要教师来弥补计算机自动评分系统的空缺与不足，充分利用系统反馈信息更加深入、细致、全面地进行写作评价，在培养学生语言知识的基础上，关注学生作文的思想内涵与语篇写作能力。平台可考虑增设"同伴反馈"功能，以此来提高学生的读者意识、自主学习和自我评估意识，培养学生的批判性思维和分析技能。

2. 自动评分系统的反馈存在一定错误。例如，把作文中正确的表达判断为错误，或给出"低频警示"，判断为"疑似中式英语"；未能识别出某些错误，如某些拼写错误和搭配错误。智能写作平台可通过加强语料库建设、技术手段等，降低反馈的错误率。

首先，教师在英文写作中的主导作用不能忽视。在日常英语写作教学中，教师应当把注重学生语言知识的功底与着力培养学生英语思维的两项基础任务并驾齐驱，渐进式地减少学生在英文写作中的中式英语错误。同时，让学生的写作训练在智能平台的帮助下，从模仿好的英语文章开始，模仿文章的总体构思、组织结构方式，从篇章总体布局着眼，训练地道的英文思维和写作习惯，掌握好文章段落之间、句子之间衔接和连贯的正确手法。

其次，教师的反馈和修改意见应该在写作教学中引起足够的重视。不能否认的是，智能写作平台能够给出非常及时的反馈，并且参照语料库对学生作文中的语言使用情况给出大致的评分。然而，智能写作系统还不能全面、细致、具体地进行精准的评价和反馈。因此，教师反馈的参与自然是英文写作教学中不可或缺的并且是最重要的环节。教师要对个体学生作文的主题相关性、篇章逻辑性、措辞适合度和思想性、流畅性等进行详细审阅和及时反馈，在作文教学的每一个环节中都尽量提供有个体针对性的反馈。

最后，教师在英语作文教学过程中要重点关注学生在英文句式多样性方面所产生的问题。句式多样性是学生英语写作习练过程中的短板，这是一个普遍性的问题。实际上这是人工智能平台写作习练过程尚不尽如人意的一个侧面。所以，仅仅依靠自动批改写作平台无法完全弥补学生在句式多样性方面的缺陷。因此，教师在日常英语教学中要加强对句式多样性的关注，强化状语从句、表语从句、同位语从句和定语从句的训练和使用，鼓励学生将从句、简单句等灵活转换为各类复杂句式，以提高学生句法复杂性方面的英语写作能力。

第十章　大数据驱动下大学英语教学评价的多元化改革

高等教育的网络化对大学英语教学提出了新的要求，其不仅要求大学英语教学更新理念、改变方式，还要求对教学评价进行反思与评价。现在大学英语教学的突出问题就是教学评价存在不完善、不合理的层面。因此，当前的大学英语教学应该以互联网作为支撑，对教学评价体系进行改革，使教学评价更具多元化与科学性。本章将对大数据驱动下大学英语教学评价的多元化改革进行研究。

第一节　大学英语教学评价概述

一、教学评价的界定

很多人一提到评价，就将其与评估、测试等同起来，其实三者有着一定的区别与联系。简单来说，测试为评估与评价提供依据，评估为评价提供数据，评价是对教与学效果的整体评估。三者既有紧密的联系，又有明显的区别。就关系层面来说，三者表现了一种包含与层级的关系。测试充当其他两者的支撑信息。在包含与层级关系的同时，三者又存在明显的区别，具体表现为以下三个层面：

（1）三者的目标不同。从某方面来说，测试主要是为了满足家长、学校的需要，因为他们需要知道自己的孩子或学生的情况，且与其他学校是否存在差距。当今社会仍旧以应试为主，因此测试为家长、学校提供了很多信息，也是家长、学校关心的事情。评估主要是为教师、学生提供依据，如学习效果、学习中遇到的问题等，有助于教师提高教学的质量，也有助于学生提高自身的学习效率。评价有助于行政部门制定政策，对教学进行合理配置。可见，三者的作用不同，导致开展的范围与采用的方式也有明显的不同。

（2）三者的数据信息不同。测试所收集的数据一般是学生的试卷信息，反映的也是学生的语言水平。从学生的语言运用能力来说，有些部分是无法用测试来评判的。评估可以划分为终结性评估与形成性评估两大类，前者依据的是测试，后者依据的是教与学的过程，注重学生对任务的完成、概念的理解等层面。当然，其依据更多的是定性分析，而不是定量分析。评价所依据的信息多为问卷、访谈、测试、教师评估等，是定量分析与定性分析的结合，是一种综合性评估。

（3）三者的展示方式不同。测试的展示方式往往是考试，这在前面已经有所论述，最终结果也通过分数排序来展现。相比之下，评估与评价往往是以鉴定描述或等级划分的方式展现出来。

总之，评价在人们的社会活动中广泛存在。有人认为："评价是确定课程能否达到既定目标的一种手段。"也有人认为："评价是运用不同的渠道，对学生的相关资料加以收集，并将这些收集的资料与预定的标准相比较，进而做出判断与决策的过程。"还有人认为："评价是对相关信息进行收集、综合、分析，从而用这些信息促进课程的发展，对课程的效度、参与者的态度进行评定。"但是，更多的人将评价等同于价值判断。就英语教与学来说，评价指的是学生能否达到某种能力，学生能够实现课程目标，教师的教学与学生的学习能否帮助学生实现既定目标的一种判断手段。

二、教学评价的划分

由于评价的方式、内容等存在明显的差异，因此对评价的划分也有所不同，具体而言可以划分为以下几种：

（一）过程性评价与目标达成评价

所谓过程性评价，即在学习过程中，对学生的学习活动进行评价与判断，目的在于将学生的学习行为能否与学习目的相符解释出来，且用于评判学生能否实现学习目标。评价的内容包含学习策略、阶段性成果、学习方式等。

目标达成评价既可以是对课堂教学目标达成情况的评价，也可以是对单元学习目标达成情况的评价，还可以是对学期教与学目标达成情况的评价，其包含理解类、知识类与应用类三种目标达成评价方式。理解类目标评价方式表现为解释与转化，往往会采取阅读理解、听力理解等方式，会对阅读文本、听力文本进行选择与匹配等。知识类目标评价方式主要表现为对知识掌握情况的评价，并采用再次确认的方式，一般选择填空都属于这类评价方式。应用类目标评价方式即采用输出表达的方法，要求学生根据阅读与听力材料，进行转述或表达。

（二）表现性评价与真实性评价

所谓表现性评价，是指让学生通过完成某一项或者某几项任务，将自身所掌握的知识与技能表现出来，从而对其获得的成就进行评价。简单来说，表现性评价就是通过对学生完成任务的表现情况及获得的成就进行的评价。表现性评价属于一种发展性评价，其核心在于通过学生完成现实的任务，将自身所掌握的知识与技能展现出来，促进自身学习的进一步发展。一般来说，表现性评价具有以下几点特征：

1. 属于教学过程的一部分，其要与课程教学相互整合。
2. 其关注的是学生知识与技能的发展，而不是对知识与技能的再次确认与回忆。

3. 一般情境都是真实的，往往需要学生将现实学习中遇到的问题进行解决。

4. 学生需要完成的任务一般较为复杂，往往需要学生将多个学科的知识与技能相融合。

5. 对于学生的发散性思维是非常鼓励的，也允许不同的学生给出不同的答案。

6. 其是形成性评价与终结性评价的结合。

综合来说，表现性评价有助于对学生的学习过程与学习结果展开更真实、更直接的评价，能够将学生的文字、口头等表达能力以及想象力、应变能力等很好地展示出来，因此对于英语教学是非常适宜的。

所谓真实性评价，是指基于真实的语境对学生的表现进行评价，是一种要求学生完成真实任务之后，对自身所学知识与技能的掌握与运用情况进行的评价。与表现性评价相比，真实性评价更加强调真实，即任务的真实，一般来说其任务都是人们现实生活中遇到的问题。

真实性评价也具有表现性评价的那些特征，是表现性评价的一大目标。由于真实性评价要求评价成为教学过程的一个重要组成部分，因此真实性评价也具有形成性评价的特征。同时，真实性评价又注重任务的整体性与情境性，对终结性测试有很大的影响，因此真实性评价又具有终结性评价的特征。可以说，真实性评价综合了多种评价手段，是多种有效评价手段的结合。

（三）形成性评价与终结性评价

所谓形成性评价，即在教与学的过程中，通过对信息进行收集与整合，进而促进教与学的发展。简单来说，形成性评价即在教学过程中，教师与学生获得反馈信息，对教与学加以改进，让学生真正地掌握知识的系统评价手段。一般来说，形成性评价具有以下几个特点：

1. 往往作为教与学的一部分而在教与学过程中呈现。

2. 不是将等级划分作为目标，而主要是将指导、诊断、促进等作为目标。

3. 学生往往充当主体的作用参与其中。

4. 评价的依据是在各个情境下学生的表现。

5. 通过有效的反馈，教师判断学生的水平是否达到预期。

形成性评价集过程性评价、真实性评价为一体，其对大学英语教学有着广泛的意义，具体而言总结为以下几点：

1. 改进学生的学习。形成性评价可以将教材中的问题凸显出来，这便于改进学生的学习。教师在批改完试卷后，会将试卷返回给学生，学生通过与答案进行比对，从而发现自己学习中存在的问题，并进行改正。

如果教师在评阅时发现很多学生都会遇到同一问题，这时候教师可以在课堂上进行讲解，为大多数学生答疑解惑。

当然，由于面对不同的学生，教师在给出建议时要考虑符合学生的形式，单独进行讲解，这样才能让学生把握和理解。

2. 强化学生的学习。形成性评价有助于对学生的学习进行强化，因为学生通过教师的肯定，能够激发其进一步学习的积极性，从而提高自己的认知与情感。

3. 记录学生的成长。无论学生学习什么内容，都期待自己可以获得进步。同样，在形成性评价中，教师需要根据学生平时的表现来进行评价，无论是每一堂课的表现还是每一个单元的表现，教师应该将这些表现记录下来，从而构建一个成长记录袋或者电子档案，这不仅可以为之后的评价提供依据，还可以为终结性评价提供参考。

终结性评价是一种对教师的教学与学生的学习结果的评价，是在教学结束之后，对教与学目标实现程度所进行的评价。因此，其又可以称为"总结性评价"。从定义中可以看出，终结性评价往往出现在教与学结束之后，用于对目标达成情况进行的评价。因此，这一评价方式有时可以等同于之后要讲述的目标达成评价。

对于教学而言，终结性评价是一个普遍的评价手段，但是其作用是不容忽视的，具体表现为以下几点：

1. 评定学生的学习成绩。在教学中，终结性评价最常见的用途在于评价学生的学习成绩。通过平时测试、期中与期末测试，教师可以了解学生是否有所进步、是否实现既定目标，进而为学生下一步的学习提供建议。

一般来说，终结性评价的总体成绩是平时测试、期中测试、期末测试的综合体。也就是说，在进行评价时，教师应该把这些成绩综合起来评定，最终获得学生的总体成绩与平均成绩。

2. 确定学生的学习起点。终结性评价的结果可以为学生进一步的学习提供依据，同时能够反映出学生的情感与认知。但是，要想将这一评价发挥到最大作用，还需要结合学生具体的分数，以及教师对学生的评语。这样才能帮助教师做出合理的评价。

3. 对学生的学习提供反馈。终结性评价大多在某一阶段结束之后或者某一学期结束之后展开。如果其测试的是学生某一阶段的学习情况，那么所选择的试题应该能够反映学生这一阶段的学习情况，这就是说这一阶段的终结性评价可以为学生前一阶段的学习提供反馈，且这种反馈具有鼓励性与积极性，同时能对前一阶段学习中出现的问题进行纠错。

如果其测试的是学生某一学期结束之后的学习情况，那么所选择的试题应该进行合理的编制，并且对学生的学习情况进行恰当评分。同时，学生可以从自己的测试结果中获取有效信息，从而改进自己的学习情况，了解自己学习中存在的问题以及成功之处。这些信息有助于为下一学期的学习确定目标。

三、英语教学评价的功能

英语教学评价能够不断促进学生在学习过程中的成功与进步，从而使学生能够真正地认识自我，促进他们综合能力的发展。另外，英语教学评价能够为教师提供反馈信息，从而不断改进自己的教学情况，提升自身的教学水平。总体而言，英语教学评价有以下作用：

（一）导向与促进

英语教学评价应该有助于英语教学目标的实现。我们知道，英语教学评价不仅需要评价学生对知识的掌握情况，还需要评价学生的学习态度、发展潜能等，只有通过综合性评价，学生才能在英语学习中保持积极的态度，从而形成有效的学习策略，并且具备跨文化的意识。英语教学评价应该为英语教学目标服务，这样就要求学生从目标出发，制订自己的学习计划，并不断检验自己的学习方法与学习成果，这样才能将自身的潜力充分挖掘出来，提升自身的学习效率。因此，英语教学评价对于学生来说有着积极的导向作用。

英语教学评价会对学生日常学习表现、学生学习中获得的成绩、学生学习的情感与态度等展开评价，通过对学生学习的激励，可以帮助学生对自己的学习过程进行调度，让他们逐渐获得自信心与成就感，培养学生之间的合作精神。为了让评价与教学过程有机融合，学校与教师应该采用宽松、开放的评价氛围来评价学习活动与效果，可以建立相应的档案袋等，这样对教师与学生进行鼓励，从而实现评价的多元化。

（二）诊断与鉴定

英语教学评价对教与学的情况进行了整体评判。在教学过程中，学生往往会通过评价量表等对教师的教授情况、学生的学习情况展开检测，这样便于学校、教师、学生了解具体的教与学情况，判断学生学习过程中有无偏差，从而找出出现问题的原因，并加以改进与完善。

（三）反馈与调节

师生通过问卷访谈等，发现教与学中的优点与不足，对教与学过程中的得失进行评价。通过评价，教师以科学的方式反馈给学生，促进学生建立更为全面与客观的认识，为下一阶段的教与学规划内容与制定策略，有效地开展教与学活动。

（四）展示与激励

英语教学评价对学生的学习过程是非常关注的，让学生认识到自身学习中的成功之处，不断鼓励自己，获得更大的成功。当然，教师还需要适当地指出学生学习中的错误，让他们产生一种焦虑感，从而更加勤奋地参与到英语学习中。这种正反鼓励方式，都会不断提高学生学习的主动性与积极性。

第二节　大数据驱动下大学英语教学评价的基本原则

一、主体性原则

所谓主体性原则，即英语教学评价主体需要考虑教学价值主体本身——学生的需求，对教学价值客体进行评价。

在学习中，学生处于主体地位，但是传统的英语教学评价将教师置于核心地位，认为教师充当教育主体的地位，是知识的灌输者，而学生仅是知识的被动接受者，这样导致教学评价主要是针对教师来说的，评价的内容也主要是教师的教学情况。

显然，这类评价主要是评价学生能否接受教师传授的知识以及接受的程度；评价学生的学习情况来对教师的教学内容与教学方法的合适程度进行审查；评价教师的学习策略是否得当；等等。简单来说，这种教学评价是为教师服务的，并没有体现出学生的主体地位。

当前的教学强调有效教学，即发挥学生的认知主体地位，因此教学评价的对象需要从以教师为主导转向以学生为主体，对学生学习情况的评价内容与手段应该从单一转向多元，如对学生学习动机、学习兴趣等都可以进行评价。基于此，教学评价的对象才能转向学生，当然这里并不是说不对教师进行评价，只是说以学生的评价为着眼点，为学生创造更多适合其学习的环境，且对教师的评定标准也是考虑学生来制定的。

因此，主体性原则要求将学生作为评价主体，即评价活动以学生的发展作为目标，评价设计要有助于学生的多元化、个性化发展，发挥学生的主观能动作用，帮助学生形成积极的态度，同时不能伤害学生的自尊心，要对学生予以爱护与尊重。

二、过程性原则

英语教学评价应该坚持过程性原则，这主要体现为两点：

1. 要全程性，即评价要贯穿学生学习的全过程。

2. 要动态性，即对发展过程加以鉴定、诊断、调控等，对整个过程的发展方向加以把握。

英语教学评价对于过程评价非常关注，正是这一点，有助于提升学生的学习兴趣，增强学生英语学习的动机与主动性，从而有助于帮助学生自主学习。

三、多样化原则

英语教学评价应该坚持多样化原则，这主要体现为三大层面。

1. 评价主体要多样化，即不仅涉及教师，还涉及家长、学生等，通过宽松、开放的评价氛围，对教师、家长、学生的参与予以鼓励。

2. 评价形式要多样化，即对学习过程予以关注，要从不同的内容与对象出发，考虑采取自评、互评等评价方式的多元化。

3. 评价手段要多样化，即可以是教师观察，可以是学生量表等，教师从不同学生的学习差异与策略出发，采用恰当的评价手段，选择适合他们的评价方式，从而彰显出学生自身的优势，让每一位学生都可以体会到成功的喜悦。

四、实效性原则

英语教学评价强调实效性，这主要是从教育的现实意义与评价行为等层面考量的，其要求在具体的评价实践中，能够将评价的实用价值体现出来。

英语教学评价的实效性原则体现在评价方式上是非常方便的，即不要使用烦琐的程序，但是要保证评价的时机与质量，因此在设计评价内容与方式时，不能与英语教学的目标脱离，要非常关注评价之后产生的实际效果。

五、发展性原则

英语教学评价应该为学生的发展服务，注重学生信心的树立，发现学生发展过程中所出现的问题，通过反馈对这些问题进行解决，推进他们更好地向前发展。对于发展性原则，一般包含以下几点：

1.发展性原则要求英语教学评价应该从学生主体出发，将学生的需求作为出发点与落脚点。

2.发展性原则要求英语教学评价的目的是促进学生的发展，即只要是对学生发展有利的层面，任何手段与技术都可以运用其中。

3.发展性原则要求英语教学评价对每一位学生的个性特点与原有基础有所把握与关注，从而为每一位学生获得最佳的发展而做出努力。

通过评价，教师才能更好地引导学生对学生的原有基础、认知水平等进行鉴定，认识自己在发展过程中的不足，从而有针对性地进行改进与调整，对自己的学习过程进行优化，使学生获得最佳的发展。除此之外，发展性原则还要求教师对学生的态度、情感等进行关注，以帮助学生形成正确的价值观。

第三节 大数据驱动下大学英语教学评价体系的构建

一、网络评价系统设置

在网络影响下，英语教学评价体系也得到了进一步完善与发展。当前，基于互联网技术构建的英语评价系统有以下几方面：

（一）网络实时评价系统

网络实时评价系统以网络通信手段为依托，通过利用文字、图像、音频、视频等方式进行相互交流，在沟通过程中实现具体的评价。利用这一评价系统，学生可以不再受时间、空间方面的限制，及时获取教师的有效反馈。这一系统可以帮助教师有效监控、管理学生的学习，可以大大提高学习效率。

（二）网络考试系统

网络考试系统通常涉及针对学生的考试系统、题库系统、自动批阅系统等。学生可以随时随地登录这一系统，从题库中抽取试题进行回答，在完成之后就会给出结果，系统会对学生的题目回答情况进行评判。教师可以利用这种系统进行阶段性测试或者综合性测试，学生也可以自由控制题型、时间、难度等。网络考试系统通常可以自动生成答案，并且给出评估报告，对学生的学习风格、学习效果、学习倾向等进行汇报。

（三）网络答疑系统

网络答疑系统一般包括在线讨论、互动交流两种形式。当前，很多外语教学网站中都设置了在线互动讨论区，学生在这个讨论区中可以自由发帖发表自己的学习看法与成果，并通过回帖与其他学生进行沟通与互动。网络答疑系统可以对学生提出的知识难点进行记录，教师可以通过系统记录的难点分析学生的学习情况，进而发现自己教学中存在的问题，及时调整与改变教学策略。通过网络答疑系统的搜索引擎功能，学生可以通过关键字搜索等技术快速得到问题的答案。

（四）网络多媒体考试系统

网络多媒体考试系统是对网络在线考试系统进一步改进之后所形成的。在传统文本考试的试卷上，网络多媒体考试系统增加了一些多媒体数据，如音频、视频、图像、漫画等，利用虚拟现实技术组建虚拟的考试环境，非常适合运用到英语网络教学评价中。网络多媒体考试系统使得全面、多元的评价成为可能。

二、互联网技术评价法

互联网技术评价法的评价过程可以划分为制定评价标准、应用评价标准进行测量、划分测量结果等级、给出评价结论四个步骤。

（一）制定标准

制定评价标准的过程就是把评价目标的主要属性细化为一系列具体、可测量的指标的过程。划分好的指标构成一个相对完整的评价指标体系，它能反映评价目标的主要特性。在构建评价指标体系时，应该注意列举能够反映目标的那些主要特性，对于重叠、交叉的指标需要进行一定的合并重组。下面来看一则多媒体作品质量评价案例。

因为多媒体作品的质量难以直接观察到，因此首先需要列举能够反映多媒体作品质量的主要指标，比如，内容、界面、技术等。可以看出，这些指标仍然不够具体、难以测量，因此需要把这些指标进一步划分，比如，反映多媒体作品质量的内容特性，可以从主题是否明确、内容是否科学、文字是否通顺、有无错别字来判断。通过这样的方式直到划分出的每一个指标都能够代表评价目标的主要特性，并且每一个评价指标都是明确、可测量的。经过划分后可以得到多媒体作品质量评价的一个指标体系。

对于反映评价目标来说，每一个指标的重要性程度是不一样的，重要性程度用权重来表示。可以给每一个指标赋予一定的分值，这个分值反映了这个指标在整个指标体系中的权重。确定指标权重有专门的方法，比如，专家评定法、层次分析法等。在教学过程中，教师也可以根据自己的经验来划分，但是这样划分的结果其可信度往往会受到怀疑。教师可以给多媒体作品质量指标体系赋予分值。

（二）进行测量

测量是依据评价指标体系，用数值来描述评价对象的属性的过程。测量是一个事实判断的过程，即测量是反映评价对象的客观状态，不对这种状况进行主观评判。凡是测量都需要有测量的标准或法则，这是测量的工具。教学中的测量工具不像测量身高用的皮尺、测量体重用的秤一样直观，需要评价者按照评价标准中的每一个指标对评价对象做出实事求是的判断。

（三）划分等级

教师需要对评价对象实施测量以后的测量结果进行界定，界定这个结果达到了什么程度。对测量结果的界定通常采用划分等级的方法，比如，在以百分制计分的测量中，一般把 90 分以上称为优秀，80~90 分称为良好，70~80 分称为中等，60~70 分称为合格，60 分以下称为不合格。在划分测量等级时，采用了定量评价与定性评价相结合的方式，这样能充分发挥定量评价和定性评价的优势。

（四）给出结论

评价的最后一步是根据测量结果对评价对象进行价值判断，给出评价结论。评价结论包含了被评价内容能否通过评价的判断，有时候也会对评价对象达到什么水平进行界定，并且对评价对象的优势与不足做出判断。根据以上的过程来看信息技术教学评价，可以发现教学中通常采用的纸笔考试并不是评价的全部。考试是评价中的测量环节，考试成绩（测量的结果）并不是评价要得到的唯一和最终结果，如何使用学生的考试成绩分数是每一位教师都应该关注的问题。

三、网络测试法

在互联网教育背景下，测试是最基本的方式。一般来说，测试分为网络随堂测试、网络期中测试、网络期末测试三种。

网络随堂测试是在一节课中对当次课堂教学的知识和技能进行评价的方式。这种评价应该围绕教学目标，对当次课的教学重点和难点进行测验，以检测学生的学习效果。在开始上课时教师还可以组织诊断性评价，对以往学习的知识和技能进行测验，了解学生对原有知识和技能的掌握情况，为本次课的教学提供支持。课堂测验属于形成性评价，为改进教学提供了重要依据。

网络期中测试通常是在一个学习单元或模块学习结束以后，对整个模块涉及的主要教学目标进行测验。单元测验主要检查学生对整个单元、模块知识和技能的掌握情况。网络期中测验涉及的教学目标比课堂测验多,在进行测验时应该设置对单元、模块知识和技能综合运用的项目,涉及的教学目标类型往往为掌握、分析、综合、评价层次,以检测学生的总体把握情况和对单元知识灵活应用的能力。网络期中测验属于形成性评价,是为改进整个单元、模块的教学服务的。

网络期末测试是对课程的总结性评价,是检查学生学习成就和教师教学效果的重要方式。网络期末考试应该从课程整体目标中的重点、关键点、难点出发,检查学生对基本概念、基本技能、核心知识、主要方法等的掌握情况。网络期末考试可以采用上机测验、作品制作等相结合的方式进行。在评价的同时可以兼顾学习过程中学生的表现,最后对学生做出总体评价。

四、学习档案评价法

学习档案评价法是当前应用较为广泛的评价方法。所谓学习档案评价法,是指对学生个体的各种信息进行收集。一般来说,其收集的内容具有多样性与动态性。

学习档案积累的材料代表的不仅仅是结果,更是学习过程与学习活动,其包含选择学习内容、比较学习过程、进行目标设置等。学习档案评价可以有效提高学生的自主学习能力。

在档案建立之前,教师可以组织家长与学生阅读学习大纲,理解档案构建的必要性,并对如何构建、使用进行指导,为以后有效地使用档案袋做准备。

五、自我评价表

自我评价表(self-evaluation questionnaire)的设计可以采取量规(rubric)方式,也可以采用问卷调查表的形式。

1. 量规

量规是一种结构化的定量评价标准,往往是从与评价目标相关的多个方面详细规定评级指标,具有操作性好、准确性高的特点。

在评价学生的学习时,运用量规可以有效降低评价的主观随意性,可以教师评,也可以让学生自评或同伴互评。如果事先公布量规,还可以对学生的学习起到导向作用。

2. 问卷调查

问卷调查是通过提问题,让学生根据自己的实际情况进行判断,并做出回答。问卷调查表可以帮助学生通过回答预先设计好的问题来产生某种感悟,促使他们对自己的学习过程和学习结果进行重新审视和修改,提高他们的自主学习能力。

参考文献

[1]黄河.大数据背景下高校智慧课堂精准教学研究:以"大学英语"课程为例[J].教书育人(高教论坛),2022(36):107-109.

[2]刘颖.大数据背景下信息技术在大学英语慕课中的应用[J].英语广场,2022(29):95-98.

[3]张乃之.大数据背景下高校英语个性化教学实践研究[J].英语广场,2022(29):106-109.

[4]杨祎帆.新媒体大数据背景下高校英语教学方法研究[J].科技资讯,2022,20(19):143-146.

[5]张显枝.信息化时代高校英语教学的优化转向研究:评《信息化背景下大学英语教学的变革与探索》[J].中国高校科技,2022(9):109.

[6]李晓丽.大数据视域下高校英语教学模式研究[J].海外英语,2022(16):135-136.

[7]于放,历明坤.新形势下高校英语教学评价信息化途径研究[J].大学,2022(23):14-17.

[8]吴美欣.大数据背景下高校英语个性化教学实践研究[J].现代英语,2022(11):83-86.

[9]杜泽兵."互联网+"背景下的高校英语教学策略[J].山西财经大学学报,2022,44(S1):187-189.

[10]邓妍.互联网背景下高校英语教学管理优化途径研究[J].海外英语,2022(6):124-125+149.

[11]张瑜.大数据技术在高校英语教学中的应用研究[J].成才之路,2022(9):7-9.

[12]金俊霞.大数据时代高校教学中英语翻译策略分析[J].海外英语,2022(5):25-26.

[13]李丽辉.课程思政融入高校英语教学的反思与重构[J].北京财贸职业学院学报,2022,38(1):58-62.

[14]刘婷婷.大数据背景下高校英语移动教学互动模式建构应用研究[J].校园英语,2021(46):35-36.

[15]朱枝.大数据背景下高校英语个性化教学实践研究[J].教育理论与实践,2021,41(30):59-61.

[16]陈美容.媒体融合技术对大学生英语教育教学的影响:评《基于课堂教学行

为大数据的教学反思方法与技术》[J].中国科技论文,2021,16(7):820.

[17]杨公建.大数据时代高校英语教学的创新与发展[J].教育信息化论坛,2021(7):12-13.

[18]马一杰.课程思政理念融入高校英语教学的路径分析[J].现代交际,2021(11):166-168.

[19]王黎蕊,黄毅.浅析大数据时代高校英语教学创新与发展[J].校园英语,2021(10):27-28.

[20]龚园媛.教育信息化2.0背景下高校英语教师的角色重塑[J].中国文艺家,2020(12):125-126.

[21]刘晶晶.大数据背景下高校英语教学改革探讨[J].科技资讯,2020,18(34):173-175.

[22]李智英.大数据时代高校英语教学创新与发展[J].就业与保障,2020(22):141-142.